Luiz Carneiro

POR UMA EDUCAÇÃO PECULIAR

Por uma educação peculiar

Editora Edgard Blücher Ltda.

Publisher Edgard Blücher
Editor Eduardo Blücher
Coordenação editorial Jonatas Eliakim
Capa Leandro Cunha
Imagem da capa istockPhotos

Blucher

Rua Pedroso Alvarenga, 1245, 4° andar
04531-934 – São Paulo – SP – Brasil
Tel 55 11 3078-5366
contato@blucher.com.br
www.blucher.com.br

Segundo Novo Acordo Ortográfico, conforme 6. ed. do *Vocabulário Ortográfico da Língua Portuguesa*, Academia Brasileira de Letras, 21 de julho de 2021.

Dados Internacionais de Catalogação na Publicação (CIP)
Angélica Ilacqua CRB-8/7057

Carneiro, Luiz
Por uma educação peculiar / Luiz Carneiro. – São Paulo: Blucher, 2022.
220 p.: il.

Bibliografia
ISBN 978-65-5506-349-3 (impresso)
ISBN 978-65-5506-350-9 (eletrônico)

1. Educação I. Título.

CDD 531

Índice para catálogo sistemático:
1. Educação

Para Helena Brandão Amancio, o esteio de uma nova
e linda estrada com infinitos e múltiplos horizontes.

Para a Lucy de *Elfen Lied*, por seu ato radical pela liberdade (Nyuu!).

Para Suzumura Rio, de *The God's Lie*, pela doçura e pela resiliência.

Para Matoi Ryuko, de *Kill la Kill*, pela força e por não aceitar imposições.

Para Safiri, de *A princesa e o cavaleiro*, pela coragem e pela sabedoria
e por ser a fundadora de minha inteligência simbólica.

Para Éowyn, a princesa guerreira de *O Senhor dos Anéis*, de "longos cabelos [...] como um rio de ouro", "forte e rígida como o aço", "filha de reis", hábil com as palavras e com a espada, a derrotadora do Nazgûl-rei, por ensinar o enfrentar da sombra e a cura pela decisão de se curar.

Para o Capitão Faramir, pela cultura, pela destreza e pela sabedoria,
mesmo em meio às mais profundas trevas.
Ao rei Aragorn, Passolargo, por ser a espada,
o ombro amigo e o olhar protetor que faz florescer.

Para Dwandaalee, por ser a ponte.
Eu amo você, numa medida que não ouso colocar em números.

Para meu tio-avô João Carneiro, por me ensinar a desobediência.
Para Ransom Riggs, por ter escrito os livros fundadores desta obra.

Para Richard Feynman, por ser tão genial como não acabrestado
e tão contra as hierarquias artificializantes.

E para François Truffaut, por ser um herói cada vez mais necessário.

No desenvolvimento de uma educação peculiar,
até mesmo as obviedades se tornam peculiares,
porque seu público as lê com seus olhos ternos e cultivadores.

"– Que crianças corajosas e maravilhosas. Vocês são milagres, cada um de vocês, e qualquer ymbryne se orgulharia de poder chamá-los de pupilos."
(Balenciaga Wren, em *Cidade dos Etéreos*, de Ransom Riggs)

"Viva e seja livre"
(Violet Evergarden)

APRESENTAÇÃO

Prefaciar um livro é uma tarefa difícil, quando se trata do livro de um amigo.

Conheci o Luiz enquanto estávamos no mestrado em Comunicação e Semiótica na PUC SP por volta de 2008. Eu havia voltado de uma viagem incrível ao Japão, onde passei por uma imersão na cultura Jpop mais intensa que se poderia imaginar. Voltei cheia de expectativas e ideias para compartilhar, mas é difícil compartilhar algo de interesse tão especifico.

O Luiz se vestia num estilo Rockabilly e gostava de *Watchmen*. Já eu, carinha de europeia no estilo "quero ser japonesa". Conversávamos sobre histórias em quadrinhos, animês, mangás, animações ocidentais, cinema, *games* e tudo mais. Em um belo dia, quando estávamos no ponto de ônibus, ele viu do outro lado da rua algo bem peculiar. Alguém havia grafitado o muro com a frase: "WHO WATCHES THE WATCHMEN". Imagine se ele não ficou se achando o centro do universo! Era um sinal! Se até o momento ele teve alguma dúvida sobre seu projeto, essa dúvida morreria ali mesmo, instantaneamente.

Luiz seguiu sua caminhada no mundo geek e nos reencontramos no Centro Universitário Senac/SP. Eu estava como coordenadora do curso de graduação em Animação e precisava de um professor de Roteiro de Animação. Quem mais poderia chamar? Ali, tivemos uma experiência incrível, preparando o curso para a grande chegada da comissão avaliativa do MEC. Para tal, reescrevemos o Projeto Pedagógico, reestruturamos as disciplinas do curso, compramos livros fantásticos para a Biblioteca (*nerds*, claro), preparamos os laboratórios com o que havia de melhor na área (e outras universidades vieram copiar nosso modelo) e tivemos apoio dos alunos, das alunas, dos professores e das professoras para criar o melhor curso de Animação que estivesse ao nosso alcance. Fomos com 5 na avaliação (nota máxima) e isso não entra no nosso currículo, mas a experiência de construir algo tão incrível para os alunos e para as alunas nos moldou e mudou para sempre. Lógico que muitos se levantaram contra nossa parceria para desestabilizar o sucesso que conquistamos, mas nada no mundo vai abalar a lembrança daqueles olhares orgulhosos tanto dos alunos e das alunas quanto da equipe toda envolvida. Foi fantástico! E isso basta. Nos anos seguintes seguimos por rumos distantes, mas não muito.

Sempre mantivemos um bom papo chamado CRONICAS DE...

Antes, eram "Crônicas do Trem". Cada coisa que se vive no trem de Pinheiros a Jurubatuba que não está no gibi.

Mas com as mudanças de cidades, agora, muitos anos depois, reiniciamos as crônicas como "Cronicas de Whatsapp": de fotografia de um cara no banco que tirou o sapato para coçar entre os dedos enquanto o gerente não chamava, até placas com português assassinado. É diversão garantida para os velhos nerds. E se você não tem um amigo assim, deveria correr para encontrar logo.

Caso seja um nerd como nós, me diga francamente, você deixaria de comprar uma história em quadrinhos só porque "já passou da idade"? Um mangá? Deixaria de assistir um animê ou algo incrivelmente fascinante como um seriado da saga *Star Wars*? Te digo com muita certeza que a idade exata para parar de gostar dessas coisas é: nenhuma. Por isso até que incentivamos as crianças e os/as jovens a gostarem disso. E sabe por que? O que o mundo precisa não é de trabalhadores braçais, apertadores de botão, passadores de prova do Enem. O mundo precisa do(a) criativo(a)! Pessoa estudiosa, pesquisadora, curiosa, que seja capaz de buscar solução sem conflito, que tenha inteligência emocional para realizar e encabeçar projetos, que pense diferente dos demais, que seja destemida, que veja as coisas por outro ângulo, que trabalhe bem em grupo e que no momento adequado seja capaz de gerir uma equipe, que transforme o óbvio em algo fantástico...

São infinitas as possibilidades para uma criança e para um/uma jovem que só está começando sua história, e você pode fazer diferente, deixando essa pessoa pensar de forma diferente. Não é mais uma tábua rasa, uma gaveta livre ou uma tela em branco. É ver a criança e o/a jovem como portador(a) de inúmeras possibilidades que a maioria de nós não teve a liberdade de ser! Deixar uma pista de skate no pátio do colégio é sinal de fracasso para você? Pode ser a chance de aprender sobre física, energia, velocidade, queda, massa e inúmeros cálculos. Uma sala de cinema e discussão é demais? A quantidade de filmes, documentários, animações e seriados que podemos usar para ensinar História, Geografia, Ciência, Biologia, Filosofia, Sociologia, Química... O nosso entorno é um grande laboratório, em que adultos aprenderam a falar: "não toque nisso, não cheire aquilo, vai se machucar, vai quebrar, vai se sujar..." e, aí vem um tablet, um *smartphone*, uma *smarttv*, para ocupar a criança ou o/a jovem que estava "correndo riscos"! Vamos ***re-escolarizar***, vamos dar liberdade criativa para as crianças e os/as jovens! Ensine a limpar a tinta, ensine a pegar na terra para plantar e cuidar, depois é só lavar as mãos e os pés e você verá o sorriso mais agradecido da sua vida. Estabeleça limites e regras, pois crianças e jovens precisam de rotina, um *planner* é uma boa, principalmente quando tem uma premiação no final (serve até estrelinha dourada ou cartela de adesivos), e lembre-se de colocar um tempo com você. Seja uma horinha de videogame, a leitura de um livro bacana, um filme de super-herói, um desenho animado, enfim, compartilhe as coisas que você gosta. Crie laços!

E, do nada, você vai reparar que a criança ou o/a jovem quer mais tempo de qualidade com você. Querem pintar o cabelo? Qual o problema? Cabelo cresce. Ter um parceiro em casa, na escola ou na vida, com quem possam contar, isso ajuda na autoestima e na solução de problemas. O aprendizado se torna divertido. O dia a dia fica mais leve. E teremos crianças e jovens que não saberão o que é sofrer de ansiedade, porque estavam ocupados demais aprendendo e se divertindo com qualidade.

Educação é coisa séria, séria ao ponto de ser divertida. Educação peculiar é para você, ainda que não tenha tido uma educação divertida como a nossa e tenha sido debaixo de cobranças, você pode fazer diferente. O Programa REescola do Luiz é um espaço para ensinar e dividir experiências que dão frutos, bons frutos!

Falando rapidamente sobre o REescola (não posso deixar de falar dessa ideia incrível), é um misto de assessoria educacional e formação de professores (educadores e educadoras de Ensino Fundamental I e II e de Ensino Médio de escolas públicas e/ou privadas, de todos os sistemas de ensino), mas serve para pais descolados. É um trabalho em que se propõe um modelo educacional mais adequado às novas gerações, focado na utilização de referências culturais que crianças e jovens apreciam, como o uso de games, jogos de tabuleiro, animês, mangás, histórias em quadrinhos, desenhos animados e séries como ferramentas pedagógicas.

Não é maravilhoso?

Agora some o aprendizado desse livro a um programa desses, e ainda mais, a vivência no cotidiano com crianças e/ou jovens peculiares e você verá a diferença! **Skadoosh!!!** (referência ao *Kung Fu Panda* que não poderia faltar).

Que a força esteja com você!

This is the way!

Roberta R. de Almeida Santos

Mestre em Comunicação e Semiótica, pesquisadora, curiosa na área de animação e histórias em quadrinhos, e amiga do Luiz.

CONTEÚDO

PREFÁCIO

Vamos começar estabelecendo um parâmetro claro, adotando a dicotomia "Não é – é". Primeiramente, vamos definir o que este livro não é, para, em seguida, delimitar o que ele é.

Este não é um livro acadêmico. Ainda que certamente nomes de grandes pesquisadores como Bakhtin, Peirce e Foucault possam ser mencionados, o objetivo não é discutir conceitos, deslindar e descobrir significados ou construir conexões entre teorias e modelos de pensamento. Este é um livro propositivo: com a certeza de ter descoberto um viés que demanda uma exploração urgente e profunda, resgatarei obras de arte algo desvalorizadas e as alçarei a um patamar no qual recebam a devida atenção.

Este não é um livro "faça como eu faço". Não se trata de receitas de bolo, até porque receitas – quaisquer que sejam – não são seguidas à risca. Há aqui modelos a serem pensados e adaptados e até mesmo apontamentos estruturais e criativos para que se realizem adequações que possam se mostrar necessárias, de acordo com locais e com contextos de trabalho.

Este não é um livro tradicionalista, pois esta obra propõe um caminho alternativo de educação. Este é um livro inovador: falarei de linguagens e de plataformas. O tempo todo, citarei e enfatizarei a exploração e o uso pedagógico de referências como o cinema, os animês, os *games* e as séries. Além disso, discorro sobre a inserção de plataformas como a Netflix, o Amazon Prime, a Globoplay, a Disney+, o Crunchyroll, o Spotify e o TED como ferramentas de ensino válidas e profundamente impactantes.

Este não é um livro de validação da cultura oficial. Este é um livro de diálogos, pois, ainda que muitas vezes a discussão seja apoiada nos cânones mais validados, abrimos constantemente espaço para a contracultura, para a cultura pop, para os mundos *nerd* e *geek* e para o que se condicionou chamar de "baixa cultura".

Este não é um livro neutro. Este é um livro que atende a uma intuição e que procura construir uma idiossincrasia. Partindo da série de livros da Srta. Peregrine e dos *Contos Peculiares* de Ransom Riggs, buscamos a construção de um modelo educacional que dê conta dessas novas e belas gerações que são, cada vez mais, focadas no desenvolvimento de suas singularidades e de um padrão de convivência que não se ancora na exclusão, mas na inclusão das diferenças.

Este não é um livro sobre o que é comum, este é um livro sobre o que é peculiar. Os dicionários definem a peculiaridade como uma qualidade do que é especial, singular, diferenciado. Este livro é sobre – e para – pessoas (reais ou ficcionais) especiais, singulares e diferenciadas, sobre obras de arte que essas pessoas apreciam ou nas quais figuram e que têm, elas mesmas, essas características de seus apreciadores e/ou personagens.

Este não é um livro de repetições, este é um livro de geração do novo, pois não é possível educar as novas gerações da mesma forma que se educou as gerações de seus professores. As mudanças cognitivas e de constituição do pensamento que aconteceram desde a década de 1990, em especial, tornam imprescindível uma educação mais aberta, menos escolástica, mais elástica e mais abrangente.

Essa nova educação deve ser capaz de aproveitar os diversos eixos de interesse das crianças e dos/das jovens e concatená-los em um modelo sempre em beta e sempre propositivo, capaz de aglutinar as inclinações e as sugestões das alunas e dos alunos do mesmo modo que engloba teorias e conceitos validados de pesquisadores, de pesquisadoras, de autoras e de autores renomados.

Nesse sentido, é preciso uma noção diferenciada do papel do professor e da professora, no que concerne ao garimpar das referências a serem trabalhadas em sala de aula. Talvez com exceção do TED, em todos os outros eixos artísticos e comunicacionais trabalhados aqui, os mais profundos conhecedores são os alunos e as alunas. Quem os ensina deve, para melhor desenvolver seu trabalho, aprendê-los e conhecê-los, senão com profundidade, ao menos com respeito e com razoáveis níveis de comprometimento e de imersão.

No universo dos animês e dos mangás, em especial, é praticamente impossível competir com os/as estudantes em amplitude e em profundidade do conhecimento, uma vez que costumam ser enciclopédicos, conhecendo demografias, categorias, cronologias, narrativas e criadores e criadoras. Uma sabedoria equivalente em geral nasce da relação com as séries e com os *games*. Portanto, é importante que as professoras e os professores se posicionem como alunas e como alunos dos alunos e das alunas, aprendendo com eles e com elas quais são as referências mais relevantes devem levar para a sala de aula.

Os mesmos princípios podem e devem ser adotados por pais e responsáveis. Utilizando-os, será possível construir uma preciosa via de acesso às novas gerações, fundada premeditadamente em referências que são profundamente relevantes para elas. Essa ligação funciona e é maravilhosa de ser explorada, pois conduz à exploração das mentes e das subjetividades das crianças e dos/das jovens, abrindo escopo e espaço para a metacognição, para o "aprender a aprender", para a consciência do aprendizado, para o "pensar sobre o pensamento", que são os melhores presentes que se pode dar a alguém.

Educar usando esses recursos será significante e propulsionador, mas principalmente edificante. Com a mais absoluta certeza, se pais, responsáveis, educadores e educadoras forem abertos aos temas deste livro e se os utilizarem com atenção e constância, perceberão o quão diferenciadas e o quão instigantes são as respostas que as crianças e os/as jovens dão a essas referências e o quão inteligentes são as derivações que fazem a partir delas.

E, no momento do concretizar dessas percepções, começa outra parte do desafio: a de manter este trabalho com as devidas atualizações, o que proporcionará cada vez mais possibilidades de dialogar e de educar as novas gerações por meio do que para elas é importante (princípio que, aliás, deveria ser a base de qualquer proposta pedagógica).

Portanto, este não é um livro de definições congeladas, este é um livro de um vulcânico recomeço.

CAPÍTULO 1

UMA BUSCA POR PAIS IDEAIS

Dica do autor: "Sejam" a Lorelai Gilmore.

Alguém que se embrenha pela primeira vez nos universos dos mangás e dos animês pode estranhar um fato: nas histórias, em muitas ocasiões, crianças e adolescentes são ou órfãos ou parecem, literalmente, viver sozinhos, abandonados pelos pais. Em histórias como *The God's Lie*, *Elfen Lied*, *Lúcifer e o Martelo* e *Another*, os pais ou não aparecem ou aparecem raramente ou, ainda, aparecem e são retratados como ausentes, indiferentes ou relapsos.

Por isso, crianças e adolescentes assumem responsabilidades e posturas que seriam reservadas somente a adultos e formam comunidades fortemente calcadas em vínculos não consanguíneos. Esse é, na verdade, um dos encantos dos animês e dos mangás: personagens quase inacreditavelmente maduros, dotados de uma força interior e de uma clareza de mente invejáveis.

As leis de formação dessas comunidades são muito interessantes. Muitas vezes, há uma aparente aleatoriedade em sua composição. Personagens com histórias e características distintas parecem se misturar de maneira incongruente. No mais das vezes, o desenvolvimento da narrativa mostrará que havia sim razões lógicas para a reunião.

Há, também, questões de afinidade eletiva. Um personagem simplesmente escolhe gostar de outro, sem nem sequer saber se há entre eles uma aproximação natural. Um caso bastante emblemático é o do animê *Kill la Kill*, em que uma personagem secundária, Mako, simplesmente decide gostar da protagonista Matoi Ryuko e se coloca imediatamente e sem reservas como amiga (ver o Episódio 1, "Se eu tivesse espinhos como um cardo").

Inicialmente, há resistência por parte de Ryuko, mas, no decorrer dos episódios, a ligação inicial, arbitrária, se transforma em uma amizade real e profunda. Este é outro encanto dos animês: o que parece ser a lição geral de que o amor independe, inclusive, da anuência do objeto amado.

Um problema que esse contexto evoca, indiretamente, é um dos que me levou a escrever este livro: o isolamento dentro da própria casa. Como trabalho diretamente com jovens e algumas vezes com crianças, e como os conteúdos com que trabalho são premeditadamente próximos deles e delas, é bem comum que surjam conversas e, por meio delas, falas claras ou disfarçadas que me permitem percepções apuradas dos relacionamentos que as novas gerações têm com suas famílias.

Os pais e as mães realmente não entendem seus filhos e suas filhas. Sei que isso não é novidade e essa é uma via de mão dupla, mas o problema maior é que, em uma parcela bastante considerável das situações, os pais NÃO QUEREM entender seus filhos e suas filhas ou, ao menos, querem de um jeito estranho: sem fazer nenhum esforço. Isso vale também para educadores e educadoras, com relação aos alunos e às alunas.

Não estou falando aqui de perspectivas gerais, como na contestação inerente à clássica e nefasta pergunta: "o que você quer da vida, afinal de contas?" (como se percebe, a própria pergunta é carregada de uma predisposição ao não entendimento, expressa pelo "afinal de contas" e de suas presumíveis variantes). Estou falando do tema central deste livro: dos objetos que as crianças e os/as jovens adoram.

Sinceramente, boa parte dos pais e dos educadores(as) não quer entender por que os filhos(as) gostam tanto de animês, da Netflix, de *games* ou de séries, simplesmente porque é mais fácil não entender. É mais fácil condenar filhos, filhas, alunas e alunos como alienados do que ir aos objetos, os fruir, os pesquisar e montar redes de diálogo (uma ferramenta educacional poderosíssima) a partir deles. É uma pena que isso aconteça.

É claro que dá trabalho, e pode ser que dê muito trabalho, mas o esforço certamente será recompensado. Ao contrário do que se pensa, não é preciso ser um "iniciado no universo *nerd*" para isso. Basta procurar saber do que tratam esses objetos, olhando-os como ricos em linguagem e em conteúdo, além de como bons ganchos interacionais com as crianças e com os/as jovens.

Não adotar essa perspectiva é continuar sem a oportunidade ímpar de ter um tipo de acesso precioso a suas filhas, a seus filhos e a suas alunas e a seus alunos: um acesso não hierárquico e construtor de interações singulares. Caso aceitem o desafio, este livro lhes ajudará, mas preparem-se: essas maravilhosas novas crianças e esses(as) maravilhosos(as) novos(as) jovens entregam preciosidades inesperadas todo o tempo.

Estejam preparados para ter acessos quase enlouquecidos de orgulho e indesatáveis nós na garganta quando descobrirem que há seres humanos quase assustadoramente profundos no quarto ao lado ou em sua sala de aula, esperando o suporte adequado – incondicional e sincero – para que tomem os próprios caminhos (e, sim, cometer os próprios erros faz parte disso).

Ao contrário do que muitos pensam, o fato de esses joviais e geniais seres humanos usarem camisetas de *Naruto*, *Death Note*, *Stranger Things*, *The Last of Us* e *Breaking*

Bad não é um atestado de alienação ou de preguiça, mas um claro apontamento de que são mais do que capazes de se prover sozinhos de uma riquíssima educação sensorial, emocional, de linguagens e de significações. Isso definitivamente não é pouco.

Sim, essas obras de arte são ferramentas educacionais, não no sentido tradicional, mas num sentido muito mais relevante: são acionadores de diversidade e de singularidade, com parâmetros claros e maleáveis. Trata-se, na verdade, de uma estrutura muito interessante: essas produções, ícones de uma indústria que se proclama e que erroneamente se condena – quase unicamente – como indústria do entretenimento, são ícones da construção de eixos fundadores.

E uso aqui "fundadores" no sentido mais sólido do termo, ligado ao direcionamento de tudo o que é posterior. Isso é outra coisa que percebi: animês, *games* e séries deixam marcas de significação relevantes, de múltiplos e profundos significados, que perduram na memória, encontrando refúgios afetivos, simbólicos e cognitivos que fazem com que sejam sempre relacionados com outras construções culturais, ao longo do tempo.

É, realmente, um processo muito potente, pois esse é o próprio núcleo da constituição da cultura e da construção da inteligência, uma vez que o cérebro é uma ferramenta relacional. Mais interessante ainda é outro fato impactante: mesmo que intuitivamente, as crianças e os/as jovens sabem deste efeito, lidam com ele e transitam por seus meandros de maneira muito fluida, pois é algo natural em suas vidas.

Quer mais? Eu descobri que, se você perguntar, eles estão mais do que dispostos a te contar as razões pelas quais gostam tanto desses objetos. Uma pergunta simples como "M., de quais animês você gosta?" pode levar a conversas ininterruptas de ao menos 3 horas, algumas de 6 horas (sim, experiência própria). De novo: estejam preparados, preferencialmente com uma pesquisa feita, para fomentar a conversa. Essa pesquisa pode levar outras 3 ou 6 horas, mas, se você acha isso muito, vá fazer outra coisa que não ler esse livro, ou outra coisa que não ser um pai, uma mãe, um professor, uma professora ou qualquer outro tipo de profissional ligado à educação.

Se você não ficou com raiva ou incomodado com meu comentário no fim do parágrafo anterior e não parou de ler, tenho umas dicas para você, na forma de algumas indicações de modelos de paternidade e de maternidade aplicáveis também como modelos de tutoria professoral. Guarde esses três nomes: Valdir Bündchen (sim, o pai da famosa Gisele), François Truffaut e Richard Feynman.

Como se percebe, esses três referenciais são bem diferenciados entre si: um consultor empresarial, um cineasta e crítico de cinema e um físico de renome internacional. Essa tríade, levantada em pesquisas para variados cursos e em leituras randômicas, não tem a função de ser um guia ao estilo "comporte-se assim", nem um "faça exatamente a mesma coisa", mas tem a intenção de apontar parâmetros que possam ser usados como modelos adaptáveis e mesmo como inspiração.

Valdir Bündchen é pai da internacionalmente famosa Gisele. Mais do que a paternidade daquela que é considerada por muitos a maior modelo da história, o que me interessa é a abordagem educacional que Valdir aplicou com suas filhas, conforme relatado no livro *O óbvio que ignoramos* (2016), de Jacob Petry.

O livro fala sobre "simples atitudes [que] podem fazer você obter sucesso em tudo que realiza", conforme evidenciado em sua capa. Bom, em termos de sucesso, não é muito difícil perceber que um dos "projetos" de Valdir deu BEM certo. A obra fala também do foco no que é essencial, infelizmente sempre tão esquecido.

Petry cita um dos trabalhos de Valdir, chamado de "Estudo de Perfil Pessoal" (pág. 17). Segundo ele, "à medida que cada uma de suas filhas completava 14 anos, [Valdir] usava o Estudo de Perfil Pessoal para descobrir suas habilidades. Depois, sugeria que investissem numa área que desenvolvesse esse potencial" (pág. 17). Simples, com certeza, mas pouco utilizado no cotidiano (e nas escolas).

O autor cita uma explicação de Valdir para este foco nas potencialidades: "Construir sobre o talento faz com que as pessoas despertem a curiosidade e a paixão que trazem dentro de si, e não há fonte de energia maior do que essa" (pág. 17). Mais uma vez, para enfatizar: simples com certeza, mas pouco utilizado no cotidiano (e nas escolas).

Talvez por conta da competitividade instalada na sociedade, ou por conta de algo que pode ser classificado como uma "síndrome de ostentação das conquistas", pontos fracos são tratados como imperfeições merecedoras de correção e tratamento. Esse não é um problema exclusivo das escolas, é disseminado em todos os setores humanos. Todavia, como trato aqui de educação, é sobre a extensão desse problema em ambientes educacionais que falarei.

Nas escolas e nas famílias, é normal que se trate de pontos fracos sob uma perspectiva de sua correção. Como Petry aponta, um aluno com dificuldades em matemática recebe ênfase no fato de que não é bom na matéria e, acoplado a isso, aulas extras de matemática. Uma aluna para quem a gramática seja difícil recebe a mesma "medalha de ruim em algo" e aulas extras de gramática.

O foco perverso do "você é ruim nisto" quase não precisa ser apontado, de tão óbvio. A neurociência, a programação neurolinguística e a psicologia sabem o quanto este tipo de condicionamento pode ser prejudicial. Existem muitas pesquisas sobre isso e ilustrações eficientes, como a série *13 Reasons Why.*

Na série, a protagonista Hannah Baker se suicida porque sofreu, como ela mesma diz com outras palavras, um acúmulo de construções negativas. Os efeitos desse tipo de condenação podem não ser todas as vezes – ainda bem – tão radicais, mas são de qualquer forma nefastos.

Além disso, o foco no negativo gera replicação, ou seja, mais foco no negativo. Um aluno ou uma aluna obrigado(a) a estudar uma disciplina em que tem baixo desempenho por horas e horas, estudando para "ficar melhor", é alguém a quem se impõe algo próximo a uma tortura psicológica: "já que você é ruim nisto, engula isto como remédio para sua inabilidade". E, não bastasse o fato de as mensagens subjacentes serem tão cruéis, elas ainda são ineficientes.

Por mais que a coerção faça com que o estudante se dedique às suas "deficiências", como o gasto de energia com esse processo é enorme (pelo lidar com a coerção e pelo estudo obrigado), Petry enfatiza que "melhoramos em nossos pontos fracos e pioramos em nossos pontos fortes" (pág. 18), o que possibilita, no máximo, atingir a média (inclusive, provavelmente, baixando as médias das disciplinas em que os/as estudantes se saem bem).

A média não é suficiente, ainda mais para essas novas gerações que, como já apontei, são muito desviantes dela. As novas crianças e os/as novos(as) jovens são cada vez mais e em maior porcentagem fora da curva, pontos fora do mediano, fora do espectro da mediocridade. Lidar com eles sob os paradigmas arcaicos da velha educação é submetê-los a uma dieta fraca e de gosto ruim, é como alimentar um atleta de alto desempenho com grama seca.

No filme *Viva a Rainha!*, de Esmé Lammers (1995), a protagonista Sara é menosprezada na escola por ter dificuldades em algumas matérias, sendo apenas considerada boa em artes. Na trama, ela demonstra ter elevados níveis de empatia e resiliência. Quando tem a oportunidade de expor e utilizar seus talentos, por meio do jogo de xadrez e do mergulho em sua subjetividade, ganha destaque perante colegas, professor e comunidade.

Sara teve oportunidades (confira no capítulo "Lucy, Frankenstein, Sara e a liberdade para desenvolver talentos diferenciados"), conexões e força suficiente para fazer retrair as condenações que sofria. Hannah Baker não, até porque seus traumas foram mais absolutos e mais difíceis de contornar.

Esperar que nossas crianças e nossos(as) jovens sejam sempre Saras é um ato irresponsável. É preciso dar a eles e a elas "condições de serem Saras", de exercer suas singularidades, que são lindas e profundas e cada vez mais evidentes. As novas gerações não aceitam mais os cabrestos da pasteurização e irão buscar suas oportunidades com ou sem o apoio dos pais ou responsáveis, dos sistemas de ensino, de mestres(as) e de tutores(as). Nem é necessário apontar qual é a melhor opção.

Mais uma vez citando Petry:

> Valdir Bündchen fez exatamente o contrário [valorizar as potencialidades] com sua família. Mais do que ninguém, ele é um investidor no talento pessoal. Desde muito cedo, estimulou suas filhas a descobrirem seus pontos fortes e deu-lhes estímulo para desenvolvê-los. Quando, por exemplo, Gisele foi descoberta, aos 13 anos, Valdir imediatamente passou a investir neste talento, criando um processo de acompanhamento que deu à filha liberdade de fazer escolhas que a conduzissem na direção de seus propósitos" (pág. 18).

Posso imaginar muito pouco além, na concepção de um modelo ideal de educação para as novas gerações, que dar a elas essa liberdade. Para finalizar o resgate das palavras de Valdir Bündchen por Petry: "Não devemos dizer aos nossos filhos o que fazer.

Nossa missão é transmitir valores e ensinamentos aprendidos ao longo da vida, sem jamais impor qualquer ideia. Você pode apenas sinalizar o que pode ser feito" (pág. 19). Nossas crianças e nossos(as) jovens já são excelentes professores(as) para eles(as) mesmos(as), e serão ainda melhores com nosso apoio responsável.

François Truffaut é um dos mais conhecidos e reconhecidos cineastas franceses. Nascido em 1932 e infelizmente morto em 1985 por aneurisma cerebral, é diretor de filmes delicados e extremamente pessoais. E, como dizem Antoine De Baecque e Serge Toubiana em *François Truffaut – uma biografia* (1998), Truffaut era um "cineasta radicalmente independente" (pág. 15).

No mesmo livro, pode-se recolher esse lindo trecho: "De sua infância sofrida e da adolescência no limite da delinquência, ele guardou no fundo de si algumas feridas secretas e uma certa violência que tratou permanentemente de conter" (pág. 15). Esses acontecimentos e essa configuração pessoal deles decorrentes deixaram no cineasta marcas profundas, chamadas de "romance pessoal de aprendizado" (pág. 15), e é bem nesse sentido e em algumas ramificações dele que o cineasta me interessa para a escrita deste capítulo.

Truffaut não foi criado em uma família que o acolheu carinhosamente e ao menos com cuidado e, por isso, adotou a literatura e o cinema como seus refúgios, "para sobreviver e escapar" (pág. 16). Os mundos fictícios dos filmes e dos livros se tornaram, para ele, guias para a construção e para a reconstrução de si mesmo, a todo o tempo, guias que ele usava sem restrição e na medida em que eram necessários.

Esse escapismo pode, a princípio, ser pensado como alienante ou inconsequente, mas não no caso do cineasta francês. Truffaut não se aliena na literatura e no cinema: Truffaut se forma por meio deles, como homem e como artista. Desde o início da adolescência, o jovem François se vê obliterado pelo mundo, mas propulsionado e até mesmo protegido em suas leituras e sessões cinematográficas, em bibliotecas, cinemas e em cineclubes.

Truffaut adota os livros e o cinema como tutores, posicionando-se desde sempre como um aprendiz de escritores e de cineastas, como aprendiz das histórias por eles contadas. Se sua história pessoal não era uma de suas preferidas, as histórias dos livros e dos filmes o encantavam e, por isso, ele quis construir, e construiu, as suas próprias narrativas cinematográficas.

É neste preciso sentido que defendo as obras de arte tema deste livro: elas são formadoras das novas gerações da mesma forma que os livros e os filmes foram formadores para Truffaut. Esses objetos fizeram bem para o francês, permitindo a ele uma vida de sucesso profissional e de expressão pessoal profunda.

Os animês e os mangás, em especial, têm essa natureza muito desenvolvida e, como tal, adotada pelos jovens, e é necessário reconhecer, saber lidar com e aproveitar este profundo serviço que prestam.

Outra questão que permeia a vida e a obra de Truffaut é crucial para este livro e, principalmente, para este capítulo: a paternidade/maternidade. Truffaut não foi criado por seu pai verdadeiro. E não teve a devida atenção de seu pai adotivo, nem de sua mãe. Criado por estranhos ou pelas avós, sempre se sentiu abandonado, excluído.

Esses pais, biológico e adotivo, não o impediram de começar a seguir um mau caminho, marcado por furtos e falcatruas, que por fim o levaram a severas reprimendas. Seu filme *Os incompreendidos* (1959) retrata esse momento de sua infância e do começo da adolescência. O título em português retrata a situação marginal derivada de suas ações, mas o título original, *Les quatre cents coups*, ou "Os quatrocentos golpes", pontua ainda melhor o que foi para ele esse período: uma série de pequenas ações marginais de nenhuma consequência grave, mas que poderiam levar a péssimos desenvolvimentos que provavelmente não o permitiriam se estabelecer como um dos maiores diretores da história.

E Truffaut, se tinha como pais postiços o cinema e a literatura, foi salvo desta marginalidade por um homem de cinema, com quem teve uma profunda relação de amizade e a quem via como um pai: Andrè Bazin. Um dos maiores nomes da crítica de cinema mundial e reconhecido educador, Bazin, mesmo tendo conhecido Truffaut em uma situação adversa de confrontação direta, simpatiza com o futuro cineasta, por seu entusiasmo cinéfilo e por sua ousadia.

Pouco tempo depois, e praticamente ainda sem conhecer Truffaut, Bazin o apoia em sua saída do Centro de Observação de Menores de Paris, onde fora internado por conta de suas dívidas e de seus pequenos furtos. Na ocasião, Bazin visitou a psicóloga da instituição (também um importante apoio que Truffaut recebeu), se ofereceu como responsável por ele e conseguiu um emprego para ele na Associação Trabalho e Cultura, onde trabalhava.

Mais tarde, quando Truffaut já se tornara um crítico reconhecido e apreciado, Bazin também será para Truffaut um mentor intelectual, principalmente em sua atuação conjunta nos *Cahiers du cinèma*, uma das maiores e mais reconhecidas e emblemáticas publicações sobre cinema da história. Resumidamente e em apenas duas palavras: apoio incondicional. É esta a principal diretriz deste modelo de paternidade (e, obviamente, também de maternidade) que deriva da relação de Bazin com Truffaut. Não julgue, não condene. Aposte nas potencialidades.

Claro, não estou falando de acobertamento de atos criminosos. Não considero que Truffaut estava correto contraindo dívidas e roubando, mesmo que esses roubos não fossem graves. Não se trata de fazer apologias ou de apontar apenas a nobreza de caráter ou a pureza de atitude, mas de raciocinar sobre a necessidade do desenvolvimento de um olhar generoso, que saiba ver capacidades latentes.

Essa proteção e este apoio fornecidos por Bazin a Truffaut foram pedras fundamentais na vida do cineasta francês. É a ajuda de Bazin que propicia a Truffaut seus primeiros passos firmes na direção de seu envolvimento concreto e profissional com o cinema, é ela que cria nele a noção de ter uma referência a seguir, uma referência que realmente admira, uma referência que pode tomar sem reservas como modelo. É ela que traz a ele segurança.

Seguro de si e estabelecido em seu campo artístico, Truffaut replica o apoio recebido de Bazin, em outro processo de "paternidade escolhida", na forma do apadrinhamento do jovem artista Jean-Pierre Léaud, que Truffaut escolhe como protagonista de *Os incompreendidos* e de outros três filmes e um curta, que são, sabidamente, os filmes que compõem sua autobiografia no cinema.

Léaud participa de outros filmes de Truffaut, mas o que nos importa aqui é que o cineasta francês escolhe um pupilo e o apoia com a mesma incondicionalidade que Bazin o apoiou. Ou seja, apoio recebido é apoio replicado.

A última relação de paternidade que gostaria de colocar como exemplo é a que existia entre Richard Feynman e seu pai. Feynman é um dos maiores físicos da história, conhecido e reconhecido mundialmente por suas amplas contribuições e teve um importante – e polêmico – papel no desenvolvimento da bomba atômica, durante a Segunda Guerra Mundial. Depois do conflito, ensinou na Cornell University e no Caltech, o Instituto de Tecnologia da Califórnia. Além disso, recebeu em 1965 o Nobel de Física, por sua pesquisa em eletrodinâmica quântica.

Brilhante, contestador e não dogmático, é sempre referido como uma figura disruptiva, alegre, em movimento, insatisfeita, questionadora. Era um homem que não se assustava com o não saber inerente à ciência, e que na verdade se encantava com ele.

Em alguns textos do livro *Os melhores textos de Richard P. Feynman* (2015), o físico fala de seu pai e de sua relação com ele. Além de deixar claro que foi seu pai quem o ensinou a olhar para as coisas com profundidade, Feynman aponta que também herdou dele uma perspectiva de contestação das hierarquias, em especial daquelas montadas unicamente sobre pedestais de formalidade.

O capítulo 1 do livro citado se chama "O prazer de descobrir as coisas". Uma de suas subdivisões é chamada "As dragonas e o Papa". Nela, Feynman conta como seu pai, um vendedor de fardas, odiava as dragonas.

Uma dragona é, segundo o dicionário on-line Priberam, uma "peça franjada na ombreira do uniforme militar", símbolo em geral ligado à alta patente. Alta patente lembra hierarquia, e hierarquia lembra distanciamento formal. Sobre esse contexto cultural, Feynman diz: "Uma das coisas que meu pai me ensinou além da física, correto ou não, foi o desrespeito pelo respeitável [...], por certo tipo de coisa" (pág. 23).

O físico cita uma ocasião em que seu pai o pegou no colo e abriu o jornal, em que havia uma foto do Papa com as pessoas curvadas ao redor dele, em reverência. Na ocasião, aproveitando a foto, o pai de Feynman passou a contestar a forma de respeito demonstrada, calcada apenas em uma posição, em um posto ocupado. Tratava-se obviamente de um homem como todos os outros, com suas necessidades, seus medos, suas imperfeições, idolatrado apenas por ocupar determinada posição hierárquica.

Há infelizmente inúmeros exemplos de situações sociais em que a hierarquia é o eixo norteador, e a escola muitas vezes é uma delas. Basta lembrar os professores e as professoras que exigem respeito a qualquer custo ("porque, na minha época..."), mesmo que não se façam respeitar por seu compromisso com aqueles e com aquelas que educam e pela qualidade das aulas.

A escolha dos objetos deste livro, em especial animês, *games* e séries, tem muito a ver com a dessacralização da hierarquia proposta quase inadvertidamente pelo pai de Feynman. Obviamente, esses objetos são ganchos informais e "informalizantes" para as crianças e para os/as jovens. Sendo assim, são nitidamente desconstrutores da hierarquização.

Na minha experiência, isso dá muito certo. Nitidamente, os professores e as professoras se tornam "parte da turma", não apenas quando levam para a sala esses objetos, mas quando notadamente dialogam com os alunos e com as alunas a partir deles. Não basta, como "mestres" e "mestras" medíocres fazem, "passar um filminho" para a sala, até porque esses objetos são muito mais que isso.

O que é importante é acionar essas obras de arte como construtoras muito potentes de relações horizontais. É o oposto do professor ou da professora que se coloca sobre pedestais, ainda que sejam apenas simbólicos. Claro que a essência da relação mestre(a)-pupilo(a) não deve desaparecer. Afinal de contas, ela é parte fundamental do processo educacional.

Todavia, o que não pode mais haver, o que não cabe mais são o desinteresse e o distanciamento. Ou será que alguém se lembra com carinho de um professor ou de uma professora carrasco(a) ou frio(a)? Listas de professores e de professoras influentes, influentes em sentidos profundos e não formais ou traumáticos, provavelmente não incluem profissionais que, munidos(as) de sua hierarquia arrogante, se posicionavam como superiores(as) a seus alunos e a suas alunas.

Em geral, os professores e as professoras marcantes o são porque, de algum modo, premeditadamente ou não, construíram com seus alunos e com suas alunas alguma relação profunda. Isso pode ser conseguido mesmo com apenas uma fala ou algum movimento impactante, que pode assim significar apenas para um aluno ou para uma aluna vivendo uma determinada situação em um momento específico, mas, creio, isso pode acontecer continuamente, se há em sala e em atividades escolares a desconstrução dos normatismos e das normoses.

Mais uma vez, as obras de arte tema deste livro são ganchos para isso. Em especial, os animês e os mangás, como ferramentas de educação emocional, podem ser preciosos para a instalação desse tipo de processo.

Se o pai de Feynman o ensinou a contestar as dragonas e os formalismos artificiais, conteste também os valores mais tradicionalistas e pedantes da sociedade, pois eles deseducam, ainda mais estas novas gerações. Invista na pessoalidade, na singularidade e na aproximação, montadas na utilização destas maravilhosas ferramentas das quais tratamos aqui.

É bastante provável que Richard Feynman seria um físico de destaque se não fossem as "aulas de informalismo" ministradas por seu pai. Era provável, até, que se tornasse o físico brilhante que se tornou. O que é mais improvável, todavia, é que ele pudesse oferecer em seus textos e em sua atuação lições que vão para muito além da física. Talvez, Feynman não figurasse neste livro, sendo este tipo de exemplo.

E se foi seu pai que o trouxe tudo isso, obviamente, o apelo não é apenas para professores, mas também para pais, mães e para todo o tipo de tutores(as). No capítulo 4 deste livro, fica claro que seus filhos e filhas não são imbecis por gostarem destes objetos, ao contrário do que muita gente pensa. Aproveitem essa certeza, as exemplificações deste livro e o modelo do pai de Feynman e construam relações próximas e horizontais, constantes em suas profundas interseções.

Tenho a certeza de que as obras de arte que aponto podem ser utilizadas como propulsores deste processo, pois são instrumentos acessíveis de conexão com as crianças e com os/as jovens, com suas motivações, com suas verdades, com suas – muitas – buscas profundas.

Além disso, as paternidades dadas como exemplo podem fornecer modelos práticos capazes de serem adotados como paradigmas de atuação, de abertura e de apoio. Não tenha receio de se ater a eles como ferramentas, pois o risco de não tomar esta posição aberta e estimuladora é o de nos tornarmos Peters Van Houtens.

Peter Van Houten é um personagem do belo e bem escrito romance *A culpa é das estrelas* (2014), de John Green. Na obra, Von Houten é um escritor muito admirado pelo casal de protagonistas, Hazel e Augustus, por conta de um romance (fictício) que escreveu, intitulado *Uma aflição imperial.*

Hazel e Augustus admiram muito o romance porque a obra fala para eles com profundidade. Em *A culpa é das estrelas*, recebem de uma entidade filantrópica o financiamento integral de uma viagem para Amsterdã, a fim de conhecer o autor e encontrar respostas para o final inacabado do livro.

Quando finalmente se encontram com Van Houten, o encontro é um desastre: o idílico autor se mostra um homem intratável, mal-educado e até mesmo um assediador psicológico. Os dois protagonistas primeiramente batem à porta e, segundos depois, levam a porta na cara, o que já é bem ruim, mas o pior é o que vem depois: sentindo-se incomodado com a presença dos dois adolescentes, Van Houten os destrata amargamente.

Inicialmente, são tratados como "aparições adolescentes" (pág. 165) e como dotados de algum "retardamento" (pág. 166). Depois, em vez de recebê-los bem e cordialmente, Van Houten prefere se embebedar e opta por tratá-los mal, de maneira ainda mais agressiva.

O escritor aponta o fato de os dois personagens terem câncer como algo profundamente demeritório e ridiculariza o conhecimento cultural e literário de Hazel e Augustus. Além disso, desvia-se das tentativas de interação que os adolescentes, mesmo atacados, tentam realizar.

Van Houten acusa Hazel e Augustus de serem levados por caprichos infantis e por serem dignos de pena, por serem criança[s] doente[s] e por estarem fadados definitivamente à desesperança e à morte. Ele acusa Hazel de ser um efeito colateral, um experimento mal feito da mutação.

Obviamente, este é um caso ilustrativo e exagerado, mas muito útil para fazer enxergar a situação das novas gerações perante boa parte de pais, mães e de tutores(as), diante de uma sociedade que teima em ser pasteurizadora. Falo por larga experiência própria: o efeito da desvalorização e do desmerecimento, o efeito do distanciamento, do não entendimento e da não abertura é um "efeito Van Houten", dilacerante e de indesejáveis marcas profundas.

Como nossas crianças e nossos(as) jovens têm, por natureza, uma mentalidade maravilhosamente elástica e resiliente, por fim, em geral, conseguem lidar com e/ou suplantar tais marcas, mas realmente não é necessário que essas marcas sejam impressas. Não é preciso que as novas gerações tenham que lidar com a falta de plataformas de apoio: elas merecem e precisam delas.

Portanto, se você é um pai, uma mãe, um(a) parente, um tutor ou uma tutora, ou se tem a oportunidade de estar em interação com essas novas gerações de alguma forma, adote a postura de valorizá-las, de valorizar seus objetos culturais típicos. É por meio deles que eles(as) se formam, é por meio deles que acessam os objetos culturais mais tradicionais, construindo com eles pontes conceituais literalmente brilhantes.

Essas crianças e esses(as) jovens são abertos, polissêmicos, derivantes, contornadores(as) das adversidades, conscientes de sua singularidade e desejam fazer muito pelo mundo e por seus amigos(as), familiares e comunidades. Ainda, são profundamente sensíveis, e é esta sensibilidade seu maior valor e seu ponto nevrálgico. Para eles e elas, desvalorizar as obras de arte que gostam, como animês, *games* e séries, é equivalente à desvalorização deles(as) mesmos(as), de suas subjetividades, de seus desejos e de suas potencialidades.

É preciso, então, mudar isto. Vamos fazê-lo.

CAPÍTULO 2

O NOVO CONTEXTO DOS COMPUTADORES: MULTIMÍDIA, HIPERMÍDIA, INTERNET E *WEB*

Para Lívia Grecca, que não imaginava o que fazíamos
com um computador antes da internet.

"Afinal de contas, o que você fazia com os computadores antes da internet?". Essa foi uma pergunta que ouvi certa vez de uma pessoa que viveu na infância a emergência da rede mundial de computadores e, na adolescência, o grande progresso da *web* e das tecnologias móveis. Quando respondi a ela, finalmente me dei conta (na pele) da enorme diferença entre o analógico e o digital, não apenas no tocante às estruturas operacionais de seu funcionamento, mas também no que é relativo às concepções.

Antes da internet, na maior parte do tempo eu apenas jogava *games* nos computadores (em meu amado e lendário MSX), editava textos e programava labirintos de texto em linguagem *Basic* (uma modalidade de *game* baseada apenas em interações textuais não digitais). Por isso, minha resposta continha esses itens. As trocas de arquivos eram físicas, era necessário gravar os dados em um disquete, levá-los à casa de um amigo, inserir o disquete no computador e fazer as transferências.

As impressoras eram matriciais, imprimiam em uma qualidade que hoje acharíamos sofrível e guinchavam alto fazendo isso. O meu computador, um MSX Expert DD Plus, foi uma máquina pioneira, pois trazia já acoplado um *drive* de 31/2 polegadas que, apesar de ser um progresso tecnológico, guardava uma quantidade de dados ridiculamente pequena para os atuais padrões. Alguns amigos tinham de usar fitas cassete para carregar seus dados, o que demorava uma eternidade e, muitas vezes, dava errado.

Era uma experiência radicalmente diferente da de hoje, em que se faz uma multiplicidade de coisas ao mesmo tempo, usando recursos diversos que as máquinas rodam em paralelo. Isso tudo não é novidade, mas o que é importante derivar deste contexto é a identificação de uma mudança do padrão de atividade e de pensamento que os computadores e, em especial, a internet e a *web* proporcionaram.

É preciso entender que, quando as crianças e os/as jovens fazem pesquisas para trabalhos escolares usando apenas ou quase unicamente os primeiros resultados de pesquisa no Google e a Wikipédia, não é porque são preguiçosos ou burros, mas sim porque esses são aos ambientes naturais deles, no que concerne à busca de informações.

Essa utilização desses ambientes é alicerçada pela missão declarada do Google em seu site: "[...] organizar as informações do mundo para que sejam universalmente acessíveis e úteis para todos". Aliás, não coincidentemente, esta era a missão também da *Encyclopedia*, conforme editada por Diderot em 1755: "[...] coletar o conhecimento disseminado ao redor do globo; estabelecendo seu sistema geral para os homens com quem vivemos e transmiti-los aos que vierem depois de nós [...]".[1]

O Google é (muito mais que) a Barsa ou a Enciclopédia Britânica dos tempos modernos. Obviamente, não creio que a pesquisa deva se restringir a ele e a motores de busca semelhantes, por uma série de razões, dentre as quais figura especialmente a superficialidade dos conteúdos e a não certificação das fontes de conhecimento, embora o índice de acerto nas informações da Wikipédia, por exemplo, seja alto e embora o projeto de uma central de conhecimento fundada em trabalho colaborativo seja encantadora.

Todavia, é necessário perceber que, da mesma forma que era natural para um estudante dos anos 1970 e 1980 ir à biblioteca municipal e pesquisar um verbete em grossos volumes encadernados e impressos, é natural às crianças e aos/às jovens das novas gerações buscar a informação em seus *smartphones* enquanto ouvem música, conversam em aplicativos, navegam por redes sociais e andam de metrô ou de ônibus, traçando seus caminhos cotidianos e simbólicos entre as redes de informação.

Nesse contexto, é de extrema importância perceber que as operações típicas de computadores e de *gadgets* integrados à web são, em si, uma linguagem de configuração mental. Quando os computadores pessoais começam a se tornar presentes nas casas das pessoas, em meados dos anos 1970, o que começa a ser traçado é uma revolução da construção do pensamento.

Essa revolução pode ser bem pesquisada no excelente livro *Os inovadores – uma biografia da revolução digital*, escrito por Walter Isaacson em 2014. Em especial, o capítulo 2, "O computador", e o capítulo 8, "O computador pessoal" trazem excelentes definições acerca do desenvolvimento e da popularização dessas máquinas que são hoje (quase) universais.

Basta pensar em um *software* de edição de texto, como o Word, e comparar seu funcionamento com o de uma máquina de escrever. Na máquina não havia uma possibilidade de correção que não deixasse rastros dessa correção. Por isso, muitas vezes se escrevia primeiro o texto à mão, para depois passá-lo para a máquina, em uma operação que precisava ser repetida quantas vezes fossem as cópias necessárias.

---

1 Disponível em: https://quod.lib.umich.edu/d/did/did2222.0000.004/=--encyclopedia?rgn=main;view-fulltext. Acesso em: 18 fev. 022.

Não se podia digitar um texto e mandar a impressora fazer duas, vinte ou duzentas cópias dele. Um pouco depois, as cópias reprográficas feitas pelas fotocopiadoras, comumente conhecidas como "Xerox" (uma marca, na verdade), permitiram que um texto original digitado à máquina fosse copiado quantas vezes fosse necessário e com rapidez, mas havia uma perda de qualidade a cada cópia feita.

Além disso, o mais importante era que, em uma máquina de escrever, não se podia pensar escrevendo, a não ser que não importasse o texto ser limpo e com constantes e indeléveis marcas de correção. Em um texto corrigido nas máquinas de escrever, as correções se faziam evidentes na leitura, porque a correção era física e deixava seus rastros.

Em texto digitado em um computador, o resultado final não traz os rastros das muitas correções que, em geral, são feitas em um texto datilografado. Os usuários não se preocupam em digitar corretamente todas as palavras, pois podem corrigi-las, e porque os programas têm recursos que ajudam a identificar e reparar os erros de digitação e até mesmo de gramática, ainda que essas correções não sejam nem de longe perfeitas.

E este é outro ponto: datilografar em uma máquina de escrever é uma tarefa mecânica de reprodução o mais cuidadosa possível, uma tarefa que pouco permite o "pensar enquanto". Digitar um texto em um computador é construí-lo com a possibilidade constante de reconstrução e de reformatação, com o auxílio da inteligência da máquina.

Gostaria de salientar dois aspectos: a ausência dos rastros e a inteligência da máquina. Obviamente, a possibilidade de pensar escrevendo é maravilhosa e a ausência dos rastros das correções no texto final é um ganho extremamente relevante. Quando isso foi concretizado pelos computadores, o que se ganhou foi uma nova e importante ferramenta de raciocínio.

Todo esse processo é descrito e contextualizado de uma maneira muito clara e eficiente por Steven Johnson em *Cultura da interface* - como o computador transforma nossa maneira de criar e comunicar (2001), leitura extremamente erudita e instigadora e, por isso mesmo, altamente recomendável.

Pode-se presumir, então, que a emergência e a popularização dos editores de texto trouxeram grandes melhorias à construção da inteligência pessoal e coletiva, que tem no compartilhar digital de obras escritas nas mais diversas configurações uma de suas maiores benesses. Todavia, a ausência de rastros nos textos digitados é parte de uma nova configuração de construção do pensamento que precisa ser entendida, e que tem tanto aspectos bons como ruins.

Um texto digitado no computador não guarda e não expõe suas marcas históricas. Ele não é como uma parede de um prédio alvejado em tempos de guerra, marcada por traços encontráveis das agressões que sofreu. Um texto datilografado em uma máquina de escrever e corrigido nela expõe seu processo de escrita. Um texto digitado no computador é o resultado de um processo que, não importa quantos retrocessos sofreu, só mostra seu resultado final.

Tudo isso é possível por conta das reconfigurações que o digital permite. No mesmo sentido, o computador é uma máquina tão útil porque processa informações, porque é possível, com ele, utilizar uma série de informações e de fontes de informações paralelamente, para que se chegue a uma concepção final em qualquer formato desejado ou necessário.

O computador é uma máquina de diálogo entre linguagens, em que todas elas, para coexistirem em seu ambiente, precisam passar por processos ligados à digitalização. É só pensar em uma fotografia analógica que seja digitalizada: ela é e não é igual à fotografia original. É igual porque retrata a mesma imagem; não é igual porque deixa de ser uma imagem que recebe e reflete luz, para ser uma imagem que emite luz (os efeitos de percepção são radicalmente distintos, o que torna a fotografia analógica e a digital objetos de linguagens distintos, de linguagens distintas).

A página de um editor de texto se parece com uma página de papel por razões práticas, principalmente para que haja familiaridade com os objetos. Mas a página de um editor de texto não é uma página de papel, ela é a simulação digital de uma página de papel, com recursos agregados.

Quando qualquer linguagem analógica passa para um ambiente digital, ela passa a operar sob seus parâmetros. Uma história em quadrinhos digitalizada pode ser apenas uma cópia da original analógica, mas sofre obrigatoriamente a mesma transposição da fotografia, passando a ser ela também uma emissora de luz.

Há trabalhos e experimentações, inclusive, que se intitulam "histórias em quadrinhos animadas", que seriam histórias em quadrinhos ou nativas digitais ou que foram digitalizadas e que ganharam características que o meio impresso não permitia. Nesses projetos, as histórias em quadrinhos ganham principalmente movimento e som, o que as descaracteriza como uma história em quadrinhos e como merecedora de um novo nome, ainda a ser engendrado.

Ou seja, o digital é como um ambiente de planificação, em que a digitalização permite as interações entre as linguagens e seus conteúdos e em que se pode aplicar recursos externos, que terminam por se constituir em outra linguagem, em outras formas de significação.

Para as gerações dos anos 1970 e 1980, que foram testemunhas da proliferação dos computadores pessoais, essas passagens e mútuas contaminações foram processos graduais e não muito acelerados. Para as gerações nascidas a partir dos anos 1990, que são gerações nativas digitais, esses processos já são parte do cotidiano. E é aí que está a diferença.

Professores e professoras que estavam acostumados(as) a ensinar gerações que não eram nativas digitais costumam enfrentar dificuldade no contato com as novas gerações. Com certeza, é preciso considerar o simples lapso de tempo em si, mas principalmente um fato que, apesar de óbvio, não tem merecido tanta consideração como merecia: **as gerações digitais têm um tipo de configuração mental diferente**.

A convivência ao longo dos anos com o computador moldou um tipo específico de pensamento e de linha de raciocínio. Gerações que podem pensar escrevendo, com o auxílio de um editor de textos, são gerações que produzem linguagem raciocinando, com o auxílio de uma inteligência artificial. Gerações que transitam com fluência entre diferentes linguagens em um ambiente digital no qual se pode interagir e interferir nas linguagens são gerações que operam a cultura.

Essa definição de operação da cultura merece ser esclarecida. A cultura é um emaranhado de linguagens e de objetos de linguagem, com uma miríade incomensurável de significados a elas associados. Qualquer ser humano, em qualquer sociedade, será exposto a determinado contexto cultural, a seus produtos, às estruturas de linguagem e aos conceitos que o permeiam.

As linguagens têm seus elementos típicos de significação. A literatura trabalha com textos verbais; a música, com sons e ritmos; a pintura e a fotografia, com a composição de imagens; e o cinema, com uma sucessão de imagens que dá a ilusão de movimento. Participar de um contexto cultural sempre foi conviver com as linguagens e com suas formas específicas de entregar conceitos e significados dentro deles.

Quando o computador se torna uma máquina de processar linguagens presente não apenas em grandes corporações, em entidades militares e em universidades, mas também nas casas das pessoas, cotidianamente se começa a conviver com uma máquina de processar a cultura. Por conta das necessidades e das características da digitalização, as linguagens passam por uma planificação digital e, nas máquinas, ficam naturalmente aproximadas, no sentido em que convivem em uma ambiente que as opera, muitas vezes imprimindo nelas características distintas de suas características originais (como no caso acima citado da digitalização da fotografia).

O conceito de "multimídia" expressa efetivamente isso: as linguagens convivendo e se contaminando. Em uma primeira abordagem pode parecer apenas uma questão de configuração das máquinas, mas fica longe de ser apenas isso. O conceito de multimídia era também um conceito no qual as mentes das gerações que cada vez mais conviviam com os computadores estavam sendo – constantemente e com maestria – treinadas.

O conceito da multimídia, com certeza, faz parte do escopo conceitual e de linguagem que nutriu outra ideia importantíssima para a *web* e para toda a cultura que veio após seu surgimento: a hipermídia, que acionou a rede de relações da multimídia e gerou, progressiva e exponencialmente, o conceito e a operação de rede de conexões entre conteúdos e linguagens.

Essas conexões – muito resumidamente e de maneira instrumental – podem ser definidas como "diretas" e "indiretas". Relações diretas são quando, por exemplo, ao se clicar em determinada palavra-link de um site, se é transferido para outra seção. Isso hoje é corriqueiro e parece pouco, mas perceba-se: trata-se da oferta de uma **leitura não linear**.

Em um site, essa leitura não linear é geralmente inter-relacionada, feita entre conteúdos interdependentes. Esse tipo de relação, notadamente, cria por si só um contexto em que é mais fácil entender cada um dos conteúdos individualmente e em seu conjunto.

Em uma plataforma de distribuição de conhecimento, como a Wikipedia ou o TED, esses *links* funcionam de uma forma correlata, mas distinta: o trânsito pode se dar entre conteúdos inter-relacionados, mas, geralmente, a navegação continuada resulta em uma visualização de conteúdos bastante variada, que pode terminar em um tema completamente distinto daquele em que foi iniciada.

Um rápido exemplo da navegação no TED (baseado em uma busca pessoal do autor no site, realizada no dia 29/12/2021 e nos títulos de *links* para apresentações oferecidos): parte-se da excelente apresentação "Do schools kill creativity?" ("As escolas matam a criatividade?"), de Sir Ken Robinson (educador britânico), com mais de 72 milhões de visualizações, para uma lista de outras 4 apresentações com os seguintes temas: "Como gerenciar uma empresa (quase) sem regras", "Os hábitos da felicidade", "Psicologia positiva" e "O paradoxo da escolha".

É fácil notar, pela lista acima, que há algumas relações temáticas de fundo, mas que essas ligações são tênues e que o trânsito entre áreas, contextos e conceitos é grande. Esta é uma das essências da hipermídia, ainda mais potencializada quando se pensa nas conexões indiretas.

As conexões indiretas acontecem não da forma operativa das conexões diretas, com *links* ofertados em conjunto em determinado ambiente. Essas conexões, na verdade, estão na "seara da possibilidade": pela própria existência do conceito de hipermídia e por conta de sua operação na *web*, existem possibilidades praticamente infinitas de relações entre conteúdos.

A rede de conexões da hipermídia tem em si o potencial de aleatoriedade e de randomicidade. Por isso, é muito comum que poucos minutos depois de pesquisar determinado conteúdo se esteja muito distante dele: a configuração da hipermídia permite esses saltos, que são sua própria essência.

Se os computadores com seu caráter multimidiático já emulavam a cultura, quando são potencializados pela hipermídia ganham uma nova função: emulam o funcionamento do cérebro transitando pelos elementos culturais. As múltiplas conexões hipermidiáticas realizam o mesmo tipo de processo que o cérebro humano faz ao lidar com as diferentes linguagens e seus conteúdos: acessam tudo de forma não hierárquica e construindo analogias.

O pensamento humano não é linear, nem ao menos tão absolutamente controlado pela vontade quanto a maioria gosta de pensar. Pela maneira como o cérebro se configurou ao longo da evolução, se especializou em um modelo relacional de pensamento. Por isso, seres humanos gostam tanto de metáforas e por isso a poesia consegue entregar significações tão profundas.

Seres humanos fazem associações para pensar, relacionando informações e formas de expressão de fontes variadas para construir um modelo de análise do que quer que seja. Muitas vezes essas associações beiram o instintivo, e os *insights* são provas disso, pois em boa parte são "sacadas" consideradas surpreendentes e inesperadas.

Se os computadores emulam essa forma de pensar em seu processamento, é muito interessante pensar que, desde seu aparecimento e, em especial, desde o advento dos computadores pessoais, as gerações vêm sendo treinadas a operar uma máquina que tanto opera a cultura quanto o faz exatamente da forma como o cérebro humano funciona.

Esta percepção é importantíssima, mais ainda para as gerações nativas digitais, para as quais o computador é uma ferramenta tão comum quanto um relógio de pulso era para um homem nos anos 1950. As gerações nascidas dos anos 1990 em diante nasceram em ambientes sociais em que não apenas podiam operar computadores, mas em que esses computadores eram máquinas multimidiáticas e hipermidiáticas cada vez mais potentes.

O desenvolvimento tecnológico ainda permitiu que os computadores cada vez mais ficassem menores e que se desenvolvessem nas formas de *notebooks*, *tablets* e *smartphones*. Além de hipermidiáticos e onipresentes, os computadores se tornaram móveis.

A melhoria dos serviços de banda larga propiciou ainda outro desenvolvimento: independência de uma máquina específica, pois o que está na nuvem pode ser acessado de múltiplas plataformas. A emergência de serviços de *streaming* como o Spotify e a Netflix estão aí para provar isso.

E é por essas razões que educadores e educadoras acostumados(as) com alunos e alunas não nativos digitais têm tanta dificuldade em lidar com estudantes das novas gerações. Nativos e nativas digitais são versados(as) em trabalhar com máquinas que emulam a cultura e o pensamento, máquinas que reforçam o caráter associativo da construção do raciocínio.

Não é possível esperar que esses(as) estudantes raciocinem como seus predecessores, pois eles e elas têm outro tipo de mente, uma mente que desde suas infâncias vem sendo treinada para lidar com uma enorme quantidade de informação, treinada para extrair de oceanos de dados conexões inteligentes e elaboradas. É por isso que os/as jovens gostam de computadores dos diversos tipos e de *smartphones*, não porque queiram se alienar utilizando suas máquinas (muito pelo contrário, aliás).

Uma educação responsável voltada para as novas gerações tem que levar essa outra mente em conta. É preciso perceber a aparente desatenção como uma atenção gregária de múltiplo foco e oferecer estímulos para que essas novas características naturais possam ser aproveitadas e desenvolvidas com profundidade.

Quando alunos e alunas passam de um conteúdo para outro, de uma linguagem para outra ou de uma plataforma para outra, estejam em suas casas ou nas escolas, estão realizando esses saltos entre temas e estruturas e – que não se esqueça isso – conseguindo focar em cada um dos conteúdos, mesmo que por pouco tempo. Essa é uma verdade simples, que qualquer pessoa que conviva com adolescentes, por exemplo, pode comprovar: eles e elas são mais do que capazes de focar em mais de um conteúdo ao mesmo tempo.

Os conteúdos com os quais trabalho neste livro são, em seu conjunto, um universo multi e hipermidiático capaz de atrair a atenção das crianças e dos(as) jovens. Utilizá-los individualmente é muito bom, mas mais ainda será construir com eles conexões inusitadas, que sejam emuladoras do funcionamento dos computadores e das mentes das novas gerações, em suas relações hipermidiáticas de linguagens e de conteúdos.

Mais uma vez, é preciso perceber de maneira positiva qualidades que em boa parte das vezes são caracterizadas como negativas. As novas gerações não são desconectadas do mundo, são hiperconectadas, tanto ao mundo como à cultura.

Se é possível dizer que a superficialização do conhecimento acontece, e se é impossível negá-la, é também extremamente necessário ver que ela é fruto de uma falta de treinamento hipermidiático. A educação, além de fundada em produtos culturais pelos quais as crianças e os/as jovens têm admiração e adesão, tem que ensinar a fazer e a extrair das relações culturais uma consciência hipermidiática, que é tanto fazer relações entre conteúdos distintos quanto perceber o processo hipermidiático subjacente.

As crianças e os/as jovens não vão deixar de pensar dentro dessa estrutura, pois é o modo como foram criados e treinados, o modo que para eles é natural. Pais, escolas, professores e professoras precisam considerar a configuração do pensamento das novas gerações como parte de seus paradigmas de ensino, criando assim laços de profunda conexão, laços de profundo respeito com o próprio pensar humano, levando em conta o universo cultural de seus filhos, filhas, alunas e alunos.

CAPÍTULO 3

POR QUE SEUS FILHOS OU FILHAS NÃO SÃO IMBECIS

Pense num mundo ideal.

E se houvesse uma máquina na qual todas as novas gerações são versadas, que operasse a cultura literalmente como o emaranhado de linguagens e de múltiplos significados que é, proporcionando seu constante questionamento e, com ele, crescimento cognitivo e intelectual?

E se houvesse uma quase infindável biblioteca em constante crescimento que ensinasse educação emocional e singularidade, que discutisse temas profundos de maneira leve e que contasse com um enorme poder de atração e retenção de público?

E se houvesse um universo lúdico em que conceitos, estruturas e histórias fossem discutidos em módulos-objeto capazes de treinar múltiplas habilidades cognitivas com efetividade, de adesão espontânea e prolongada, que proporcionasse imersão e interação profundas nos conteúdos?

E se houvesse um nicho de novos modelos de história, alimentado por saberes clássicos de construção narrativa melhorados constantemente por novas abordagens criativas, que oferecesse a todos os públicos conteúdos instigantes e inteligentes, e que além de tudo promovesse noções diferenciadas de configuração de pensamento?

E se houvesse lugares de congregação não hierárquica de obras musicais e audiovisuais dos mais variados estilos, que pudesse ser acessado de diferentes maneiras com custo baixíssimo e que fosse ao mesmo tempo um museu e uma sala de exibição dos mais novos estilos e conceitos?

E se houvesse um serviço gratuito de formação universal e democrática, em que os mais renomados e reconhecidos especialistas oferecessem sua expertise em aulas curtas, dinâmicas e impactantes, com claros objetivos de aprimoramento de capacidades individuais e coletivas?

E se tudo isso acontecesse ao mesmo tempo?

Estes cenários não são parte de um filme de ficção científica. Na verdade, são bem reais e do cotidiano. Na ordem de sua apresentação, são: o computador, os animês e os mangás, os *games*, as séries, a Netflix e o Spotify (e serviços correlatos, como Globoplay, Disney+, Amazon Prime e Deezer) e o TED. Caso fique com dúvidas, releia os parágrafos acima, sabendo mais propriamente do que cada um trata. Veja que não há exageros, apenas a contextualização diferenciada dos objetos.

Acho esses cenários definitivamente empolgantes, e é preciso aproveitá-los na educação, individualmente e em conjunto. Este livro é para que isso aconteça.

Escrever sobre isto foi quase imperativo, pois, pelo menos desde 2015, todas as vezes em que citei em sala uma referência de série, de filme ou de animê (e não foram poucas), algum aluno ou alguma aluna perguntou: "tem na Netflix?".

Muitas vezes, a resposta foi "não sei". Até que, depois de tantas perguntas, eu assinei. Confesso que eu tinha algum ressentimento (idiota) com a Netflix, pois ela tinha "matado", entre outras muitas coisas, minha amada locadora, a 2001 *Vídeo*, em São Paulo.

Bom, para resumir, a impermanência é parte do mundo, e ainda bem. Se tudo permanecesse sempre do mesmo jeito, nada de evolução. Nem das espécies, nem das mentes. Para dizer a verdade, foi BEM fácil superar as perdas causadas pela Netflix, até porque os ganhos apresentados são grandes, óbvios e palpáveis.

Um serviço inteligente, democrático, rápido, sem burocracias e agregador de múltiplos conteúdos só tem de ser valorizado (isso se aplica aos outros serviços de *streaming* também). Mas, em outra esfera que não a do modelo de negócio, eu percebi um problema. E, para variar, esse problema estava no modo como o serviço e seus usuários eram olhados.

Como é costume com relação a algumas linguagens e formas de expressão, tanto em seus tempos de nascimento como em seus desenvolvimentos iniciais e mesmo maduros, a Netflix, tão elegante e tão elástica, também sofria condenação.

Não vi ninguém falar mal da qualidade do serviço, muito pelo contrário. Eu, com certeza, nada tenho a reclamar. Todavia, justamente o excelente funcionamento era um dos alvos dos ataques. "Tem coisa demais na Netflix, os jovens se distraem muito". Como se fossem só os/as jovens.

E "ter coisas demais" é, justamente, o melhor ponto. Na Netflix, por preços bem acessíveis, todo um universo se abre. Há conteúdo para todos os tipos de gosto, literalmente. Filmes, séries clássicas, novas e originais (a grande maioria, completa), animês, animações e documentários.

Em termos de representação, a Netflix é um serviço que emula a cultura e o trânsito cultural, pois promove o tráfego por conteúdos distintos, seja pela sua mera disponibilização, seja ou pelas sugestões cruzadas, montadas de acordo com a navegação e com o gosto dos usuários (esse recurso pode ser considerado uma ótima curadoria de conteúdo, muito acertada em suas sugestões).

Para entender os impactos deste tipo de recurso, uma referência importante é o artigo "Youtubologia", parte do inteligente, criativo e instigante livro *Cultura da convergência* (2009), de Henry Jenkins, um *nerd* assumido e professor universitário de destaque que escreve com profundo conhecimento, amor e admiração sobre a cultura digital.

Este livro deve bastante ao livro de Jenkins, com absoluta certeza. Só o fato de ele se assumir como um *nerd* já é uma inspiração. Todavia, o que sempre mais chamou minha atenção foi a valorização que promove. Este livro, sobretudo, é para promover a valorização de algumas linguagens e de seus objetos.

O nome deste capítulo não é "Por que seus filhos ou filhas não são imbecis" por gratuidade. Meu objetivo é argumentar a favor do computador e de animês, mangás, *games*, séries, do TED e de serviços de *streaming* como a Netflix e o Spotify. O TED, com certeza, não precisa de muita defesa, porque é em geral considerado uma plataforma de ensino e de aprendizagem validada. Mas as outras linguagens e serviços precisam de defesa. Vou demonstrar, nos capítulos dedicados a cada um desses itens, como e por que devem ser aproveitados como ferramentas educacionais.

Uma colocação importante: estou tratando cada um desses produtos, serviços ou obras de arte como plataformas. Netflix e TED são plataformas típicas, com a oferta de conteúdos a partir de uma base. O computador é uma ferramenta-plataforma, capaz de operar todas as outras das quais tratamos. *Games*, séries e animês na realidade não são, mas os tratarei assim por conta da utilização que propomos. Tudo isso ficará muito claro nos capítulos específicos.

Outro ponto relevante é o baixo custo. Computadores, animês, *games*, séries e Netflix têm custos acessíveis ou custo zero, dependendo da fonte. O TED é de utilização gratuita, bastando uma boa conexão com a internet. Isso é fundamental, pois este livro tem a intenção de apresentar práticas facilmente adotáveis e que podem ter excelentes resultados.

Os conteúdos dessas plataformas têm formatações que auxiliam sua adoção como ferramenta de ensino. Uma apresentação do TED tem no máximo 18 minutos (muitas são menores e algumas passam um pouco disso). Um episódio de animê típico, em torno de 25. Isso os configura como objetos de fácil apresentação, por exemplo, em uma aula de 50 minutos. Em uma aula maior, pode-se facilmente contrapor um episódio de animê e uma apresentação TED de temática correlata (existem MUITAS conexões possíveis).Essas características já são boas o suficiente e já justificariam, sozinhas, este livro. Mas o mais importante não é isso. O mais importante é o que essas plataformas e seus conteúdos significam. É aí que a história fica realmente boa.

A abertura deste capítulo colocou os objetos tratados neste livro sob uma perspectiva diferenciada. Eu também farei isto. Este não é um livro tecnicista, ainda que apresente propostas pragmáticas de utilização dos conteúdos abordados, com sugestão de títulos, episódios e sequências.

O que mais me importa é, me remetendo ao título deste capítulo, provar ou ao menos dar pistas significativas porque, ao contrário do que muitos pais, responsáveis, educadoras e educadores pensam, os computadores, os animês, os games, as séries, a Netflix e o TED não são alienantes ou meros passatempos inconsequentes, mas sim elementos culturais de profundo impacto.

"O meu filho não quer nada com nada, só quer saber de Netflix" é uma frase que se escuta com frequência, em diversos contextos. Ela ainda poderia ter o termo "Netflix" trocado por qualquer uma das outras plataformas citadas, carregada da mesma condenação. O TED é provavelmente o único que escapa deste desmesurado ataque, visto que muitos pais o utilizam. Mas os outros...

O problema é com o lugar-comum e também com o preconceito e a ignorância. De forma nenhuma desmereço as ferramentas e os sistemas educacionais mais tradicionais, nem acho antiquados os ensinos da literatura ou da gramática, por exemplo, mas creio profundamente que novos tempos permitem e até mesmo clamam por novas estratégias.

E não sou apenas eu quem falo: o famoso físico Richard Feynman, retrospectivamente, concorda comigo. Um dos maiores nomes de sua área, ganhou o Nobel em 1965 e deixou um legado impressionante. Mais importante do que isso, era sinônimo de pensamento claro e independente, inconformista. Avesso às hierarquias e sempre visionário, Feynman pontuava que é impossível resolver problemas novos com soluções velhas.

A educação não é estática. Ela tem que responder aos educandos e às educandas. Se o objetivo é educar as novas gerações, é preciso fazê-lo dialogando com seus objetos de afeição. Nesse sentido, as famosas e temerárias listas de livros para o vestibular são talvez os maiores exemplos do que não se deve fazer. Afinal de contas, qual é o sentido de obrigar a leitura de obras de mais de um século de edição original, cuja linguagem e contexto são praticamente desvinculados da realidade atual?

Claro que reconheço o valor de autores como Machado de Assis e de autoras como Clarice Lispector. Mas os/as jovens devem chegar a eles e a elas, não os/as receber como um fardo que são obrigados a deglutir e a carregar. Mais valeria pedir autores e autoras como Neil Gaiman, J.K. Rowling, Ransom Riggs, John Green e R. J. Palacio, que já contam com a preferência dos/das jovens e são autores e autoras de qualidade, capazes de instaurar o gosto pela leitura que, naturalmente, guia para nomes como Italo Calvino, Virginia Woolf, Jorge Luis Borges e Mary Shelley.

É justamente dessa expertise de tomar os objetos próximos e trabalhar com eles da qual falo. Se estamos defronte de uma geração que é fortemente ligada ao computador, aos *games*, aos animês, às séries e aos serviços de *streaming* como a Netflix e o Spotify, por que não adotar esses referenciais em sala de aula? Por que não usar o TED, que é uma plataforma digital já feita para isso?

A postura de renegar esses objetos como desmerecedores de uma abordagem séria ou como impossibilitadores de pensamento profundo não é apenas enganada, mas, também, IRRESPONSÁVEL (sim, em MAIÚSCULAS).

Esse é o meu ponto principal. Se as abordagens diferenciadas do início deste capítulo apresentaram esses objetos em contextos diferenciados para promover sua valorização estrutural, é hora de apresentar sua microestrutura, ou seja, seus interiores.

Para ser bem claro: seus filhos, suas filhas, seus alunos e suas alunas não gostam do computador porque é uma máquina alienante, mas porque é uma máquina de raciocínio. Do mesmo modo, eles e elas se afeiçoam aos games por conta da profunda imersão em conteúdos espetacularmente bem montados que os/as permitem navegar e ser os/as protagonistas em histórias profundas. Os *games* são uma ferramenta de protagonismo.

Animês não são apenas "desenhinhos japoneses". Animês são plataformas lúdicas de alto engajamento, dotados de uma lógica interna própria muito forte e congruente, que ensina a singularidade. Precisa mais? Eles são profundamente amados por nossos e por nossas jovens justamente por essa razão, porque as novas gerações são, elas próprias, de lógica interna muito forte, bastante singulares. Neste sentido, os animês são plataformas-espelho, professores geniais de autoconsciência.

Séries, ainda mais as modernas, não são apenas filminhos curtos de passar o tempo. Como Steven Johnson deixa bem claro no livro *Tudo que é ruim é bom para você – como os games e a TV nos tornam mais inteligentes* (2012), as séries são construções de linguagem e de pensamento impactantes, que operam mais de 120 anos de linguagem cinematográfica e outros referenciais artísticos variados. E são legais de se ver. Não creio ser necessário mais algo.

A Netflix é uma plataforma de dois vieses. Tanto oferece séries, animês, desenhos animados, filmes e documentários de produtores diversos quanto conteúdos próprios, alguns dos quais extremamente criativos e facilmente abordáveis por uma série de ângulos em sala de aula. Além disso, conta com imensa adesão dos/das jovens e, certamente, um professor ou uma professora que comenta em sala sobre a Netflix e seus conteúdos ganha pontos. Por isso, usar a Netflix em sala é quase uma obrigação.

O TED é o objeto mais fácil de justificar, pois seus fins são deliberadamente educacionais. A pequena resistência que recai sobre a plataforma é originada no fato de as palestras serem curtas e em tom informal, na maior parte das vezes. O que proponho com relação a ele é que deva ser usado também de maneira criativa, com a adoção dos conteúdos como modelos de pensamento diferenciado e como inspiração para oficinas e aulas práticas. Detalhes de como conseguir isso estão no capítulo 13.

Até agora, escrevi sobre as plataformas e sobre suas características e seus impactos. Para finalizar, gostaria de deixar claro o porquê de todas essas justificativas. Este livro existe como defesa e como promulgação de todas essas plataformas simplesmente por uma razão: porque, ao contrário do que normalmente se pensa, quando as crianças e os/as jovens estão imersos(as) nessas linguagens e nesses conteúdos, eles e elas não estão se alienando: estão se formando.

Por todos os motivos que apontarei em cada um dos capítulos específicos, sim, todas essas plataformas têm a ver com diversão e muitas vezes com a construção de um mundo próprio de proteção e de busca por empoderamento, mas também estão ligadas aos sentidos mais profundos de autoconhecimento e de busca por uma singularidade livre, aberta, em interação com múltiplas fontes de conhecimento e, portanto, construtora, estimuladora dos melhores potenciais humanos.

Se alguma coisa eu aprendi em meus estudos de linguagem e na docência de cursos dos mais variados escopos em uma larga série de instituições e contextos foi valorizar coisas que, a princípio, não são da "alta cultura". Olhar para o que não é oficial, olhar para o que não é referendado pelos "detentores do saber", olhar para o disruptivo, para o desvalorizado, para o diferente, para o monstruoso (mais especificamente, para o que é CONSIDERADO monstruoso).

As novas gerações são muito especiais. Uma boa série de autores e de pesquisadores já notou e já escreveu sobre isso, sob uma série de parâmetros. O meu parâmetro principal vem das próprias crianças e dos/das próprios(as) jovens, do meu contato com eles e com elas, das oportunidades que me oferecem de ensiná-los e, principalmente, de aprender: é preciso e é maravilhoso estar aberto ao que eles e elas são e ao que trazem.

Na série da Srta. Peregrine, de Ransom Riggs (um dos maiores esteios deste livro), o autor discorre sobre uma raça que ele chama de "Peculiares". Os membros dessa raça são algo como uma evolução ou como uma mutação dos seres humanos, dotados, cada um, de uma característica especial ou de algum poder diferenciado.

Quase não é preciso dizer que, por isso, esses Peculiares são odiados, caçados, obrigados a viver isolados. Mesmo sendo capazes de inúmeros feitos com os quais os humanos normais nem sequer sonham, são taxados de aberrações e condenados. Não tenham dúvida de que esse mesmo tipo de postura atinge as crianças e os/as jovens dessas novas gerações.

Uma sociedade que é construída sobre os pilares da pasteurização, da valorização da mediocridade e do não pensamento não pode lidar com o desregrado, não pode aceitar o que, em suas palavras, é "anormal". Só que essas novas e lindas gerações trazem um novo modelo. Agora, os "anormais" são, cada vez mais, a regra.

Há cada vez mais crianças e jovens geniais, mas o modelo educacional continua o mesmo, atrasado em pelo menos um século. Não é mais possível que um pai, uma mãe, um professor ou uma professora pense que seu filho, sua filha, seu aluno ou sua aluna são burros e/ou alienados porque gostam de animês ou de *games*. Isso é lugar-comum demais, enganado demais, pedante demais, CRUEL demais.

Uma vez, conversando com um amigo em uma roda de bar, ele falou de sua sobrinha adolescente, que gostava de "ver desenhinhos" (animês). Disse que não conseguia se aproximar dela, pois a menina ficava isolada e que ninguém entendia "por que ela gosta tanto daqueles desenhinhos".

Eu disse a ele: "Vocês já perguntaram a ela? Ela terá o maior prazer em explicar". O súbito enchimento dos olhos dele de lágrimas e o tom de soluço na sua voz me disseram que não. Minha experiência diz que essas crianças e esses/essas jovens gostariam muito que lhes perguntassem sobre esses objetos culturais dos quais tanto gostam, porque, mesmo apenas intuitivamente, sabem o quão profundos são esses objetos.

E mais, eles e elas sabem que esses objetos são "objetos-espelho", moldados como as novas gerações na multiplicação de linguagens e de significados, tecidos por singularidades evidenciadas e por lógicas internas coerentes e instigantes. Não é mais possível que a educação, os educadores e as educadoras não se apercebam disso, e este livro é uma ferramenta para essa "caída de ficha".

No livro *Contos Peculiares* (2016), também de Ransom Riggs, o autor apresenta uma série de contos que funcionam como uma coletânea de histórias fundadoras da sociedade dos Peculiares. Esse livro é, como bem pontuou outro amigo, em uma mesa de uma cafeteria, o equivalente ao que *O Simarillion* é para *O Senhor dos Anéis*, fornecendo à série de livros da Srta. Peregrine uma base cosmogônica.

Em um dos contos mais emblemáticos, sobre o qual falo mais detalhadamente no capítulo 6, a protagonista, condenada por ser fisicamente diferente, diz que não condena o personagem que a levou ao sofrimento (o pai) e à privação por sua atitude, porque esta atitude não era a de um homem mau, mas sim a de um homem comum.

As novas gerações não são comuns, nunca serão. Elas são singulares. É hora de sermos mais como elas, de dialogarmos mais com elas, via seus objetos e via os profundos significados e aprendizados que eles trazem.

CAPÍTULO 4

UM DIÁLOGO COM JANE McGONIGAL

No TED 2010, a professora, pesquisadora e *game designer* Jane McGonigal fez uma apresentação chamada "Gaming can make a better world" ("Jogar pode criar um mundo melhor", em minha tradução), na qual apresenta uma série de razões pelas quais deve ser estimulado o aumento de horas dedicadas aos *games* pela humanidade como um todo.

A apresentadora diz que essa é uma ideia contraintuitiva e que pode soar estranha, mas apresenta dados concretos e justificativas sólidas que apoiam sua tese. Por isso, uso seus argumentos e os estendo para falar também de séries, Netflix, animês e do próprio TED. Todo o restante deste capítulo, portanto, se apoia em argumentos da apresentação citada.

A afirmação de que se precisa salvar o mundo como se salva nos *games* pode parecer exagerada, como uma justificativa inocente ou enganadamente empolgada para fazer as pessoas gastarem mais tempo jogando, pois seria preciso aumentar e muito as horas dedicadas aos *games* de maneira global, para que boas soluções para os problemas da humanidade possam ser alcançadas.

Todavia, é primordial perceber que isso só parece exagerado se for entendido pela perspectiva do lugar-comum e do preconceito com relação aos *games*. Normalmente, se fala em "gastar" tempo com *games*. Eu proponho que se diga "investir", no mesmo sentido em que, empresarialmente, se pensa em "gasto" e em "investimento".

Um gasto é um custo, algo que se tem a pagar e que deve ser debitado do orçamento como algo negativo, como os vários débitos em uma conta-corrente. Um investimento também é algo que deve ser debitado, mas, diferentemente do gasto, um investimento prevê retorno, é um débito que visa a um benefício e que, muitas vezes, visa a um lucro maior.

É preciso investir tempo em *games*, como se investe tempo na preparação de uma aula, de um plano de ensino, no planejamento de uma viagem. Há vários estudos que comprovam benefícios cognitivos dos *games*, como aumento da autoestima e da confiança, melhoria da visão periférica, desenvolvimento de uma maior e mais apurada capacidade de decisão (jogar um *game* é decidir todo o tempo), maior capacidade de prestar atenção em vários eventos ao mesmo tempo, aumento do foco e do engajamento em ações pessoais e coletivas.

Esses estudos são referendados por pesquisadores reconhecidos em sua área de especialização e por instituições relevantes, e aplicam metodologias científicas que medem esses resultados de forma objetiva. Portanto, além de investir em *games*, é preciso deixar de usar o senso comum, que afirma que games são uma diversão banal e que são alienantes.

Games são instrumentos cognitivos preciosos, pois são um universo lúdico em que conceitos, estruturas e histórias são apresentados e discutidos, ao mesmo tempo que se treinam múltiplas habilidades. *Games* têm adesão espontânea e prolongada e, além disso, proporcionam profundas imersão e interação.

É por isso que *games* podem ser pensados como ferramentas avançadas para a discussão de problemas em níveis locais ou globais. Isso acontece porque, em boa parte dos processos, o foco está nos problemas em si, e não nas soluções. Em geral, ao serem apresentadas a um problema, as pessoas pensam nas dificuldades já geradas ou que podem se apresentar.

O que os *games* fazem, por sua própria natureza, é transferir o foco do problema e das dificuldades para a solução. Um *gamer* é alguém que enfrenta problemas o tempo todo. E mais, um *gamer* é alguém que aborda esses problemas pela(s) via(s) de suas possibilidades de resolução.

Ao enfrentar um problema de um *game*, um *gamer* o aborda de forma ativa, e isso é muito diferente da forma passiva como normalmente se encaram os problemas. Enfrentar uma situação-problema em um *game* é procurar suas soluções de maneira ativa e objetiva, é agir para que se encontre a melhor ou uma das soluções possíveis, é não pensar no problema como algo incômodo, é transformar o problema em um desafio estimulante.

Além disso, *gamers* enfrentam problemas com senso de urgência, sem medo ou com medo controlado, com concentração intensa, com foco profundo. Por isso, as horas de jogo são horas de construção cognitiva intensa, em que se trabalha o cérebro e a mente e, ao contrário do que em geral se acredita, nas horas de jogo também há esforço físico, pois o corpo é a rede de suporte do jogar.

É por isso que, quando resolvem problemas nos *games*, *gamers* têm a sensação de vitória épica, ou seja, a sensação de que alcançaram um resultado extraordinário, de que superaram uma limitação quase intransponível, de que fizeram algo quase além da imaginação. *Gamers*, com frequência, ficam quase chocados ao perceber suas potencialidades e se tornam mais conscientes delas.

Desse modo, é fácil notar o quanto os *games* podem ser usados como ferramentas. Além disso, cada vez mais se fala em gamificação, que é a aplicação das estruturas narrativas e de funcionalidade dos *games* em outras áreas, em especial nos processos educacionais e no cotidiano de trabalho das empresas. O que a gamificação busca oferecer é, justamente, transportar o elevado nível de estímulo e engajamento dos *games* para a vida real.

Só essa abordagem já é boa o suficiente, mas o melhor que se pode fazer é adotar uma perspectiva mais ampla, pela qual possamos nos programar para sermos tão bons na vida quanto os *gamers* são nos *games*.

Nos *games* se atingem mais metas do que na vida, com muito maior constância. Nos *games*, somos mais motivados para fazer coisas relevantes dentro de contextos determinados. Nos *games*, somos mais inclinados a colaborar e a cooperar. E o melhor: nos *games*, somos a melhor versão de nós mesmos, pensando num problema, resgatando nossas melhores capacidades evidentes ou latentes para pensar o quanto for necessário e quantas vezes forem necessárias em soluções efetivas.

Nos *games*, falhas são punidas e os jogadores e as jogadoras são advertidos de seu não sucesso, mas imediatamente é a eles e a elas concedida a chance de tentar de novo. Utilizando seus avatares, *gamers* sempre se levantam após uma queda, com noções mais precisas do que deu certo e do que deu errado, com uma nova perspectiva já preparada, com base nos *feedbacks* recebidos.

Portanto, é fácil perceber que games são ferramentas de se encarar o fracasso e de aprender com ele, são ambientes em que se pode utilizar o *feedback* negativo como motivação, como dado útil para a geração de uma solução mais efetiva e que não promova a falha novamente.

Nos *games*, a derrota é motivação, é inspiração para continuar. Mas o que os *games* fazem para isso, para se constituírem neste tipo de plataforma? É relativamente simples, mas não simplório (pense em "simples", como "o complexo bem resolvido"). Os profissionais que planejam os *games*, chamados de *game designers*, são especialistas em várias coisas, e uma delas é criar missões.

Essas missões não são simples metas ou ordens a cumprir, mas sim realizações possíveis de acordo com o nível de experiência de cada jogador e com a fase do jogo em que ele se encontra. Em boa parte dos *games*, é possível escolher entre níveis de jogabilidade, ou seja: é possível escolher entre travar combates mais ou menos difíceis, de acordo com o nível de habilidade de cada jogador. Esse nível de dificuldade, no geral, pode ser mudado ao longo dos *games*.

Em adição a essas adequações, as missões dadas levam os jogadores a testar seus limites. Os jogadores, sempre, receberão declaradamente ou serão levados a descobrir objetivos que estão no limite do conhecimento do *game* que estão jogando e de suas habilidades cognitivas e motoras.

Game designers habilidosos não estabelecem missões nem muito fáceis nem impossíveis. Mesmo que alguns trechos iniciais das missões sejam premeditadamente tranquilos, com o objetivo de ensinar técnicas e padrões, o desenrolar do *game* vai tornando mais complicado o progresso. E, mesmo que fases ou chefes de fase pareçam às vezes insuperáveis, na verdade não o são.

Nos *games*, sempre é desejável e possível progredir.

E é a natureza desse progresso que é interessante. Não se quer progresso por nada, ou seja, *gamers* querem ter que superar desafios, mesmo que pequenos, para serem recompensados com pontos, vidas ou com o aumento de suas habilidades, mas não querem não conseguir progredir. Por isso, por exemplo, uma fase muito difícil no começo de um *game* é algo muito mal visto, pois uma missão que se sabe impossível não tem o menor sentido de ser dada ou tentada. Não dá para tentar recuperar gotas de água que caíram na areia, é simples assim.

Esse equilíbrio das missões é tão marcante que, em *games* muito fáceis ou que parecem impossíveis, os jogadores tendem a desistir. As missões devem desafiar inteligentemente e serem possíveis de serem completadas, e essa é outra lição dos *games*, outro ponto que a gamificação pode melhorar em muito as instituições escolares: pense em aulas e em atividades escolares montadas com essa lógica.

Para alinhavar este raciocínio, basta pensar em como empregos que não oferecem estímulos são enfadonhos: sem nenhuma desvalorização desses profissionais, pensemos nos cobradores de ônibus, em cidades que trabalham majoritariamente com passes eletrônicos. Literalmente, esses trabalhadores ficam quase sem função, salvo o ocasional esclarecimento sobre o roteiro da linha, a resolução esporádica de algum problema ou a cobrança de uma passagem ou outra em dinheiro.

Cotidianamente, cobradores de ônibus recebem missões pouquíssimo estimulantes. O que todo esse raciocínio leva a perceber é que os *games* apresentam missões que são desafios adequados aos níveis correntes de habilidade, sempre possíveis de serem superados. As narrativas dos *games*, ainda, tornam essas missões importantes dentro do contexto específico de cada *game*: o conceito de uma missão é de algo extremamente significante, muito além de uma mera tarefa, e este algo extremamente significante é construído dentro da narrativa de cada *game*, ensinando a pensar conceitualmente em diferentes contextos.

Assim, *gamers* sempre trabalham no limite de suas habilidades para realizar algo importante. Para quem acha isso pouco, é importante reforçar: há um gigantesco e crescente número de pessoas (os/as *gamers*, obviamente) que estão acostumadas a, cotidianamente, lidar com missões desafiantes que os testam com constância e com perspicácia, e que estão mais do que dispostas a trabalhar árdua e voluntariamente assim.

Nos *games* não há ócio, pois mesmo os momentos de descanso são produtivos. Sempre há algo específico a ser feito ou há a espera que esse algo se apresente ou possa ser encontrado. *Gamers* não são criaturas do desleixo e da alienação, são cumpridores de missões escalonadas propensos a se dedicar integralmente a uma causa.

Ainda, é preciso notar a lição dos *feedbacks*. Games são sistemas de informação e, todo o tempo, dão *feedback* aos *gamers* sobre os resultados de suas ações. Não se trata apenas da exibição da pontuação e do número de vidas disponíveis, mas também de todo sinal sonoro e visual associado às ações realizadas.

Isso é algo que falta e muito na vida: um sistema de *feedback* constante e confiável para ações cotidianas, por mais mínimas que sejam. Um guia desse tipo poderia fornecer orientações precisas e em tempo real, algo que certamente seria uma ferramenta preciosa nos campos pessoal, social e profissional.

Tal sistema pode até ser considerado utópico, mas é importante notar que sua existência nos *games* é capaz de nos mostrar algo interessante: o FATO de que *gamers* são bons recebedores de *feedbacks*. No mundo corporativo, receber bem e de maneira proveitosa os *feedbacks* é um atributo muito valorizado, porque poucos sabem realmente fazê-lo.

Em muitos ambientes corporativos e em especial nos mais altos escalões, o orgulho de ocupar posições hierárquicas muitas vezes impede ou atrapalha que *feedbacks* sejam devidamente recebidos, com abertura e com consideração do que a pessoa que fornece suas percepções tem a agregar. Esse é um problema difícil de resolver e, por isso, bastante estudado.

Um dos maiores sonhos das empresas e de seus administradores talvez seja, justamente, que haja um sistema de *feedback* completo e quase à prova de falhas, bem como a existência de excelentes recebedores e recebedoras desses *feedbacks*.

Nos *games*, tanto o sistema quanto seus usuários existem. *Gamers* são recebedores e recebedoras de *feedbacks* tão bons quanto Serena Williams é boa em ganhar múltiplos torneios de tênis e Usain Bolt era bom em correr 100 metros rasos. *Gamers* recebem com atenção e proatividade os múltiplos e constantes *feedbacks* que os *games* lhes fornecem e os utilizam para decidir suas ações futuras.

Por isso, *gamers* são propensos a receber influências e a considerar informações de múltiplas fontes para construir seu conhecimento de contextos gerais e de situações específicas. *Gamers* são maleáveis, abertos, atentos em profundidade e propensos a agir com base em parâmetros precisos.

Além disso, *gamers* são capazes de filtrar os *feedbacks* mais importantes mesmo em momentos de quase caos, rastreando e encontrando as informações mais relevantes. Isso tudo certamente não é pouco, e o único senão é que essas habilidades sejam utilizadas unicamente no mundo dos *games*.

É vital que a ideia do aproveitamento dessas habilidades seja desenvolvida. Por isso, proponho a valorização dos *games* como ferramentas de ensino e dos *gamers* como pessoas altamente instrumentalizadas. Afinal de contas, como McGonigal afirma, *gamers* passam cerca de 10.000 horas de sua vida jogando, contadas até a época média de sua graduação em uma universidade.

Essa perspectiva aponta os *games* como um caminho educacional paralelo à educação mais tradicional, definição que certamente pode ser estendida às séries, aos animês, aos desenhos animados e a todo tipo de conteúdo correlato. Não considerar essas obras de arte sob essa perspectiva e não as abordar paralelamente aos conteúdos das diferentes disciplinas escolares é quase irresponsável.

Gamers têm, então, uma ampla série de habilidades diferenciadas que podem se tornar recursos pessoais e profissionais imprescindíveis e muito potentes. Outras quatro características dos *gamers* merecem atenção: otimismo urgente, estrutura social estreita, produtividade prazerosa e significado épico. Vamos passar por cada uma delas individualmente.

O otimismo urgente é uma automotivação extrema, aliada ao desejo de agir imediatamente para a superação de obstáculos e para a solução de problemas, com possibilidades bastante razoáveis de sucesso. Nos *games*, as situações são projetadas para parecerem e serem resolvíveis, não importa em que nível de jogabilidade e em que gênero.

Um inimigo que vem em sua direção, por mais fraco que seja, é um personagem que te causará alguma forma de dano ou incômodo e que, por isso, demanda que seja "resolvido", ou seja, espantado, evitado ou eliminado. Um quebra-cabeças que faça parte do *game* é mais facilmente percebido como algo a ser resolvido, mas ambas as situações, como quase todas as situações de *game*, são problemas com os quais se tem que lidar.

Uma vez que esses problemas são constantemente apresentados e se tem obrigatoriamente que agir sobre eles com eficiência e rapidez, sob pena de não continuar o *game*, cria-se esse senso de urgência que, adicionado à perspectiva de sucesso, gera o mencionado otimismo urgente.

A estrutura social estreita é relativa a um aspecto social do ato de jogar, em especial quando se fala de *games* que se joga com outras pessoas (on-line ou presencialmente). Pesquisas apontam que gostamos mais de outras pessoas depois de jogar com elas, mesmo perdendo. Isso se justifica pela relação de confiança que é construída, pois jogar junto é despender tempo compartilhado, adotar as mesmas regras, valorizar os mesmos objetivos e persistir até o fim.

Esses pontos criam ou reforçam laços e confiança, marcam e geram a cooperação e o importar-se com o outro. *Gamers*, portanto, são propensos a investir seu tempo em atividades compartilhadas, a trabalhar com orientações sociais, a ter metas em comum e a não desistir. Quase parece muito bom para ser verdade, mas é.

A produtividade prazerosa tem a ver com a ludicidade e o entretenimento. *Games* são obras de arte feitas para serem fruídas, aproveitadas. *Games* são feitos para serem bons de serem jogados, para gerar prazer pela atividade. Por isso, *gamers* ficam felizes jogando, muitas vezes mais felizes que no cotidiano.

Como esse fato está ligado ao relaxamento e ao entretenimento, isso gera a percepção enganosa de que o tempo jogando é um tempo perdido, inútil. Bem enganadamente, para muitas pessoas, *games* são uma atividade sedentária, perda de tempo e/ou fuga da realidade.

Na verdade, jogar um *game* é uma atividade com incontáveis acionamentos físicos. Obviamente, trata-se de acionamentos físicos de natureza diferente de uma atividade como o futebol, por exemplo, mas é preciso deixar claro que gamers têm os sentidos e o corpo permanentemente em estado de prontidão e de atenção, durante todo o tempo de jogo. Não é por acaso que o termo "*e-sports*" ou *eSports* ou *Esports* (contrações, em inglês, para "*electronic sports*", ou "esportes eletrônicos") se estabeleceu).

Para que as reações aos estímulos dos *games* possam ser geradas com rapidez e com eficiência, *gamers* necessitam da mente e do corpo funcionando congregados e aptos a dar respostas imediatas. Mais que isso, essas respostas precisam ser corretas, no contexto de cada *game* e de acordo com os desafios propostos. Isso exige grandes esforços físicos e mentais.

Outro fator relevante é que se trabalha duro nos *games*. *Gamers* aceitam os desafios dos *games* voluntariamente, sabendo que provavelmente serão bastante exigidos. Por isso, jogar um *game* é equivalente a aceitar um trabalho duro premeditadamente, justamente porque não se trata de uma tarefa fácil.

E *gamers* ficam felizes realizando essas atividades desafiantes. Estão sempre engajados e empenhados, oferecendo seu melhor e aprimorando suas habilidades. Por isso, jogando se está mais feliz do que simplesmente relaxando ou deixando o tempo passar. Nesse sentido, *gamers* são otimizados como humanos, envoltos em trabalhos significativos que envolvem esforços consideráveis.

O segredo para aproveitar isso é criar, apoiado no exemplo dos *games* e mesmo com os *games*, atividades imersivas na vida real, que possam gerar tanto prazer quanto engajamento. É isso que as propostas de gamificação nos mais variados setores da vida educacional e profissional vêm buscando, com mais ou menos sucesso.

O significado épico é algo muito difícil de explicar para não gamers, pois apenas quem joga ou jogou sabe o que é e pode perceber seus sentidos mais profundos. Ele está ligado aos maiores desafios nos *games*, àqueles mais difíceis de serem superados, que exigem mais habilidades cognitivas e técnicas, de atuação rápida e efetiva e coordenação motora apurada na manipulação dos controles.

Nas narrativas dos *games*, esses desafios são vinculados às missões mais importantes de serem cumpridas, como os famosos chefes de fases, que são os inimigos mais difíceis em um determinado nível ou do *game* como um todo. O *game Shadow of the Colossus* trabalha com esse conceito de uma forma que permite esclarecer isto de maneira inequívoca, desafiando o protagonista a derrotar 16 gigantes desproporcionalmente maiores do que ele.

Cada vitória contra um desses gigantes representa, literalmente, uma grande conquista, o derrotar quase inimaginável de um monstro que seria, na vida real, impossível de combater. A metáfora acionada é muito próxima àquela presente na história bíblica de Davi e Golias, em que o personagem (bem) menos favorecido fisicamente logra derrotar aquele que é, obviamente, (muito) mais forte.

O significado épico é, portanto, a sensação de ter conseguido acionar o improvável, de conseguir algo muito difícil e que exige vários tipos de habilidades coordenadas. Esse tipo de sensação pode ser muito bem aproveitado em vários tipos de atividades, com o apoio de *games* ou os adotando como modelos.

Criar atividades educacionais que gerem significados épicos é uma missão que as escolas deveriam adotar, com afinco e constância. Com um pouco de criatividade, é possível utilizar as variadas disciplinas e seus conteúdos, inclusive de maneira cruzada, para a montagem e para a proposição de atividades que impactem os alunos da mesma maneira que os *games* impactam *gamers*.

A junção dos atributos e das consequências do otimismo urgente, da estrutura social estreita, da produtividade prazerosa e do significado épico faz com que *gamers* sejam pessoas com *mindsets* poderosos, que os tornam capazes de atingir objetivos com mais eficácia e que os tornam capazes de pensar e de efetivar projetos e ações realmente significantes, em qualquer âmbito.

Se todos esses potenciais dos *games* puderem ser aproveitados e implantados no mundo real, se *gamers* tiverem terreno para pôr em prática suas habilidades, outros campos do conhecimento humano e em especial a educação podem se beneficiar muito. É preciso gamificar contextos de trabalho e de educação e, urgentemente, levar os *games* para as salas de aula e de treinamento.

Nos *games*, um dos atributos fundamentais é que as ações dos jogadores devem, obrigatoriamente, afetar o mundo do jogo. Por conta das características discutidas, essas ações geram maneiras inovadoras e impactantes de pensar, planejar e agir. Inovação contínua e encontrar soluções diferenciadas para todo tipo de problema vem sendo há tempos uma demanda não totalmente suprida por todo tipo de organização, e ela pode ser suprida pelos *games* e pelos *gamers*.

Gamers podem criar um novo futuro, um futuro melhor, com mais integração, com mais propósito, com a implantação de um modelo de educação e de trabalho que seja focado na utilização de um sistema de estímulo e de *feedback* que gere para as pessoas profundos significados, o que vai movê-las em direção a cenários ideais de atuação, em que se sentem desafiadas na medida certa a darem o seu melhor, sempre.

Games e *gamers* são preciosos recursos. Muita gente e muitas escolas e empresas já sabem disso, mas é preciso que sua utilização se torne efetivamente uma prática cotidiana, não apenas um enfeite ou embuste, como muitas vezes tem acontecido.

Pensar nos *games* desta maneira nos permite aplicar esta abordagem para séries, animês, TED e serviços de *streaming*, como a Netflix, Globoplay, Amazon Prime e Spotify. O que todas essas linguagens e plataformas podem nos ensinar? Qual é sua essência e como aproveitá-las?

Certamente, modelos de funcionamento, elementos de linguagem e conteúdos podem e devem ser entendidos e transportados para diferentes contextos. Flexibilização de horários e ampla oferta de conteúdos, foco em uma temática e seu uso conceitual, informalidade da apresentação do conhecimento, educação emocional e dos sentidos são elementos que podem ser trazidos desses contextos.

Para atingir as crianças e os/as jovens e oferecer a eles e a elas plataformas de crescimento pessoal relevantes, é preciso adotar modelos que, essencialmente, venham deles(as) mesmos(as), uma vez que as novas gerações são cada vez mais autoconscientes e singulares.

Entender o que os *games* significam e como operam em termos de linguagem e de impacto é um primeiro passo importante para implantar seu modelo de engajamento na constituição de processos educacionais mais impactantes e eficientes, na formação de conexões entre as disciplinas e entre elas e o cotidiano.

Desse modo, é bastante possível pensar no direcionamento responsável das aspirações dos alunos e das alunas, calcado em suas individualidades, em seus gostos pessoais, em seus processos de constituição de significado e em como se engajam em ações pessoais e coletivas. Escolas que se atentarem a isso e colocarem isso em prática, certamente vão gerar muitos benefícios para si e para aqueles e aquelas que educam.

CAPÍTULO 5

A SÉRIE DA SRTA. PEREGRINE

"É a gente, né?"

Este livro se chama *Por uma educação peculiar* por questões de ascendência e de homenagem. Adotei esse nome por conta da série de seis livros de Ransom Riggs, que começa com *O Lar da Srta. Peregrine para Crianças Peculiares* (2015) e que tem como continuações as obras *Cidade dos Etéreos* (2016), *Biblioteca de almas* (2016), *Mapa dos dias* (2018), *A Convenção das aves* (2020) e *As desolações do Recanto do Demônio* (2021).

Há ainda outro livro que complementa a série paralelamente, não sendo exatamente nem um prólogo nem uma continuação, chamado *Contos peculiares* (2016). Trata-se de uma série de contos que são como contos de fadas do mundo dos Peculiares ("Peculiares" é o nome que se dá aos personagens centrais das obras, que são como uma espécie humana diferenciada – e melhorada). Fazendo uma comparação com uma obra máxima, *Contos Peculiares* é para a série de Riggs o que *O Silmarillion* é para *O Senhor dos Anéis*, de J. R. R. Tolkien – um relato de cosmogonia.

Os sete livros são muito bem escritos, em uma linguagem clara e, ao mesmo tempo, bastante poética em alguns momentos, com belas descrições de lugares e de situações, dentre várias outras qualidades. A série regular é marcada, ainda, pela interação com fotografias, pois o autor usou imagens de sua e de outras coleções como inspiração e como referência para os textos.

A maior parte dessas fotografias é de pessoas, mas sempre com elementos destoantes da normalidade da maioria dos retratos, como quando uma garota fotografada à beira de um lago é refletida nas águas como duas. Como o próprio autor afirma, em algumas fotos se nota manipulações, mas isso não retira delas seu caráter fantasioso e algo fantasmagórico.

Essa interação da narrativa com as fotografias acrescenta muito às obras, porque elas ganham contornos multimidiáticos. A presença das fotografias traz imageticamente os personagens à vida e direciona a percepção deles pelos leitores. A série de

Riggs é, portanto, uma obra de duas linguagens e de suas interseções, o que é um de seus diferenciais.

E os Peculiares são os personagens centrais em todas as sete obras. Como se explica no primeiro livro, Peculiares são um ramo diferente da espécie humana, que se diferencia em muito dos humanos normais, que são chamados de "a grande massa de pessoas comuns que formam a numerosa humanidade" (pág. 144, *O lar...*).

Peculiares são, então, um tipo distinto de seres humanos, uma espécie de mutação. Por conta disto, muitas pessoas comparam os Peculiares aos *X-Men*, bastante conhecidos por histórias em quadrinhos e filmes. Esta comparação, embora simplista, tem sentido: nos livros de Riggs, os Peculiares enfrentam o mesmo tipo de desafio à integração em sociedade que os *X-Men*.

Os Peculiares não são apresentados como melhores ou como piores que os humanos, mas são nitidamente distintos. Há uma garota que levita se não for presa ao chão, um menino que tem abelhas vivendo dentro de seu corpo, uma menina que tem uma segunda boca na nuca e outra que pode gerar chamas e controlá-las, um menino invisível e outro que tem sonhos premonitórios.

Há, ainda, um garoto capaz de dar vida aos mortos, uma menina extremamente forte e uma mulher inteligente e elegante que toma conta de todos e que pode se transformar em uma ave, mais precisamente em um falcão-peregrino. Obviamente, essa mulher é a Srta. Peregrine.

O protagonista é Jacob, um adolescente que, no início, se achava um ser humano comum, mas que se descobre Peculiar, dotado de capacidades ocultas e inatas das quais nem sequer desconfiava. É Jacob quem narra a história e em quem o primeiro livro é centrado até aproximadamente sua metade, mas ele não deve ser visto exatamente como protagonista, porque a série e o livro de contos tem uma multiplicidade de personagens importantes, o que a aproxima do conceito de "romance polifônico", descrito pelo linguista russo Mikhail Bakhtin, baseado em seus estudos da obra de Fiódor Dostoiévski.

Em algumas passagens da obra, comenta-se sobre a Segunda Guerra Mundial e sobre seu contexto histórico. É dito que os Peculiares sofreram perseguições semelhantes às enfrentadas pelos judeus e até mesmo que serviram ao exército britânico como uma força especial.

Quando a Srta. Peregrine conta a Jacob sobre os Peculiares e sua história, ao ser perguntada do porquê de os Peculiares não haverem fundado seu próprio país, ela comenta que isso seria muito complicado "em um mundo com tanto medo das diferenças" (pág. 145, *O lar...*). Esta é uma passagem curta, mas fundamental, porque ela fornece uma chave para se entender toda a série e o livro de contos.

Nas sete obras, em meio às narrativas, Ransom Riggs apresenta e discute a questão das diferenças e dos estereótipos. Os Peculiares, sempre portadores de características inusitadas, são símbolos inequívocos de pessoas que sofrem ou sofreram preconceitos, injustiças e perseguições.

Os Peculiares são uma espécie humana que destoa da normalidade e, por isso, no contexto da obra têm que se manter escondidos, não apenas fisicamente, mas também no tempo. Em geral, vivem no que é chamado de "fendas", lugares isolados do tempo presente, praticamente inacessíveis, em que se vive um mesmo dia repetidamente e em que apenas Peculiares podem entrar.

Além disso, há o fato de que a maioria dos Peculiares que vivem nas fendas são crianças e adolescentes (mesmo que o sejam há décadas). Por isso, precisam dos cuidados de alguém mais velho, que tem as funções de protetora e de professora, como a Srta. Peregrine (essas guardiãs são chamadas de "Ymbrynes" e são um modelo de tutora/protetora muito interessante).

Na série, além de sofrerem com preconceitos e condenações, os Peculiares ainda sofrem com a perseguição dos Etéreos e dos Acólitos, que são como um desenvolvimento à parte da espécie dos Peculiares.

Portanto, os Peculiares estão sempre escondidos ou em fuga. E, infelizmente, as alegorias dos livros são bastante atuais. As redes sociais, por exemplo, são usadas muitas vezes como plataformas para a disseminação de discursos de ódio. Mesmo em um tempo em que a genética confirmou que não há diferenças significativas entre as raças e entre os gêneros, preconceitos infundados continuam existindo.

Como a narrativa da série é centrada nas aventuras de um grupo de Peculiares formado por crianças e por adolescentes, todos os conceitos que servem de base para as obras recaem sobre eles. As Crianças e os/as jovens Peculiares dos sete livros (e, em especial, na série regular) são os que sofrem em confronto com as normas sociais e com a perseguição engendrada por seus inimigos.

É por isso que tomei os livros de Riggs como modelo e como inspiração. Como educador de crianças e de jovens e como interessado no desenvolvimento de suas potencialidades, aprendi a identificar neles e nelas, justamente, a peculiaridade, obviamente diferente daquela dos personagens, mas muitas vezes condenada da mesma maneira.

Para mim, a série e o livro de contos se tornaram símbolos da luta das novas gerações que, como os Peculiares de Riggs, são portadores de qualidades distintivas. Nos livros, os Peculiares se distinguem do restante da humanidade por atributos físicos e também por qualidades emocionais e de pensamento, que levam a posturas e a atitudes diferenciadas.

As crianças e os/as jovens das novas gerações também são assim. Obviamente, nenhum deles tem dois reflexos na água nem uma segunda boca atrás da cabeça, mas muitas vezes são tão desconsiderados em suas qualidades e em suas características que se assemelham, simbolicamente, ao personagem Millard Nullings, o menino invisível.

Na série, Millard usa suas habilidades em prol de seus amigos e para ajudar a resolver situações complicadas, e algumas vezes até para fazer alguma brincadeira. No mundo real, essa questão da invisibilidade é mais complicada. Obviamente, ela não existe literalmente, mas o que ela significa, sim.

Qualquer sociedade exige formatação, no sentido de adequação a normas sociais para a boa convivência. Isso não é necessariamente um mal, mas um *modus operandi* incontornável, que tem muitos benefícios associados. O problema é que junto aos benefícios existem também os malefícios, e no contexto educacional que estou discutindo aqui isso é relativo ao forçar a perda ou a diminuição da orientação à singularidade que percebo como uma das marcas mais pronunciadas das novas gerações.

Para minha alegria, quanto mais trabalho, mais encontro crianças e jovens com atributos pessoais diferenciados, na forma de uma vasta série de qualidades que não são de modo nenhum generalizantes, mas sim fortemente particularizantes. Em boa parte dessas crianças e desses jovens, ainda, não há apenas uma qualidade distintiva, mas várias.

Todavia, a sociedade ainda não aprendeu a lidar com essa orientação. É mesmo muito difícil abarcar individualidades exacerbadas no ambiente social, que via de regra não está preparado para isto. É preciso, urgentemente, realizar esta preparação, com ações que permitam às novas gerações o exercer de suas singularidades e o livre fruir de suas subjetividades.

Os conceitos e as ações educacionais propostas neste livro são passos que se pode dar nesse sentido. As crianças e os/as jovens são cada vez mais Peculiares, e grafo a palavra com "P" maiúsculo para aproximá-los dos Peculiares dos livros de Riggs. É preciso não apenas educá-los e educá-las, é preciso tornar Peculiar essa educação.

Como na sociedade em geral, os modelos educacionais vigentes não são singularizantes. No modo como esses modelos foram formatados e funcionam, essa é até uma questão de justiça: em um vestibular ou em um concurso, uma mesma prova é aplicada a todos os candidatos, com a premissa de que todos têm as mesmas chances.

Notadamente, isso não é verdade. Basta mapear a origem e a condição financeira dos alunos e das alunas das melhores faculdades e universidades para comprovar. De maneira correlata, os sistemas educacionais são injustos com as novas gerações, não apenas por submetê-los a provas de capacidade e de conhecimento generalizantes, mas principalmente por uma decorrência desses sistemas, que é a desvalorização das particularidades.

Nos livros de Riggs, os Peculiares são isolados e perseguidos por serem diferentes, e suas qualidades e suas singularidades são boa parte dos problemas que enfrentam. Todavia, outra característica muito interessante que os Peculiares têm é seu orgulho. No segundo livro da série, o personagem Enoch (o menino capaz de ressuscitar os mortos) critica Jacob, dizendo que ele é "um garoto normal e fraco" (pág. 37). A personagem Emma (a menina que controla o fogo) toma isso como um insulto e reage com a frase "Jacob *não* é normal" (o itálico enfatizante está no livro, na página 37), seguido de um "É um de nós" (pág. 37).

Os Peculiares são orgulhosos de serem eles mesmos, de pertencerem a um ramo diferenciado da espécie humana. Creio firmemente que as crianças e os/as jovens das novas gerações também deviam se sentir assim, por tudo o que são e representam. Não tenho medo de admitir que em especial aqueles e aquelas nascidos a partir dos anos 1990 são, para utilizar uma palavra que lhes é comum, um *upgrade*.

Infelizmente, essas mesmas crianças e esses(as) mesmos(as) jovens não são vistos assim, ou não são tão valorizados quanto deveriam ser. Mais do que isso, essas Peculiarmente interessantíssimas pessoas sofrem tremendamente com toda a adequação que se quer deles, que se exige que demonstrem.

Tentar forçar as novas gerações a se adequar a modelos e, em especial, a velhos modelos é tentar formatar o informatável, como tentar moldar com as mãos o fluxo de água que sai de uma torneira. Naturalmente, sei que quando se tem que lidar com uma educação que se pretende universal, as condições para a construção de uma perspectiva de valorização das singularidades são mais difíceis, mas acredito que seja possível.

Esta não é uma tarefa ingrata, não é uma missão quase impossível. É uma questão de postura, de desenvolver recursos e plataformas para apoiar esse processo. Tenho a certeza de que, para conseguir isso, é preciso focar primeiramente em ações educacionais paralelas ou extracurriculares e, com o tempo, no redirecionamento também das pragmáticas mais oficiais.

Essa questão da singularidade exacerbada das crianças e dos/das jovens é vinculada ao desenvolvimento de seus talentos, a dar espaço para que eles e elas se desenvolvam. "Ninguém aqui tem vergonha de seus dons" (pág. 156, *O lar...*), é o que afirma a Srta. Peregrine a uma de suas alunas e protegidas, a que tem uma segunda boca na nuca.

Não que crianças e jovens tenham exatamente vergonha de seus dons, no sentido de sempre escondê-los, mas frequentemente ou têm dificuldade de percebê-los, de demonstrá-los e de admiti-los, porque tanto o sistema educacional quanto a sociedade têm a tendência a desvalorizá-los e a construir perspectivas sobre eles que os consideram até mesmo depreciativos.

O "problema" é que o tipo de dom que as crianças e os/as jovens das novas gerações apresentam é ancorado em suas subjetividades e em suas singularidades, e escolas e sociedade, em nome da praticidade e da objetividade, têm um viés coletivista que tende a ver a singularidade como uma manifestação não eficiente e até mesmo alienada.

Só que as novas gerações são as gerações da singularidade, seus dons são da ordem da Peculiaridade e, por isso, suas subjetividades têm de ser amplamente consideradas. Essas crianças e esses(as) jovens pensam diferente, têm outro tipo de mente e precisam de estímulos educacionais, profissionais e sociais que os/as permitam se desenvolver desta maneira.

Se a educação não for desenvolvida por meio dessas diretrizes, vejo duas opções: a primeira é crianças e jovens se retraindo e acatando ditames externos e desimportantes, em nome da normalidade e do atingimento de padrões medianos de vida; a segunda é um misto de revolta e de tristeza, que é bem provável de se tornar um *mindset* e um ciclo vicioso que conduz à profunda infelicidade.

As duas opções são, sem meias palavras, odiosas. Em ambas, se anulam as singularidades e os potenciais. Nesse processo, obviamente as novas gerações perdem muito, mas perde mais ainda a sociedade, pois o melhor de uma substancial parcela da população (e, logo, da população como um todo) ficará retraído ou escondido. Isso é um DESASTRE em termos de formação e de desenvolvimento humanos.

Manter a educação sob a rédea de antigos padrões é, portanto, cruel e improdutivo. Se a educação e as instituições educativas têm obrigatoriamente um viés generalista, para que possam oferecer um modelo e um padrão, por conta das qualidades intrínsecas às novas gerações é imprescindível que se abra espaço para a manifestação e para o desenvolvimento das singularidades, e uma forma segura de fazer isso é por meio da utilização dos produtos culturais dos quais crianças e jovens gostam e dos quais falo neste livro, associados a abordagens também focadas no desenvolvimento das peculiaridades.

Em uma passagem do primeiro livro da série, Jacob e a Srta. Peregrine discutem sobre o avô de Jacob, Abe, que havia sido há anos um dos estudantes sob a guarda da Srta. Peregrine. Ela diz que Abe, também um Peculiar, havia tentado "ser comum" (pág. 237), mas que "nunca pôde escapar de sua peculiaridade" (pág. 237).

No contexto da obra, essa impossibilidade de fuga da peculiaridade não é ruim, mas sim uma constatação do essencial. As crianças e os/as jovens das novas gerações são como Abe: não conseguem escapar de sua peculiaridade, simplesmente porque suas qualidades não são aprendizados vindos de fora, artificiais. As novas gerações são "sangues puros" (como os Peculiares nos livros de Riggs se denominam), quando se trata de essência. Para eles, não se desenvolver em suas singularidades é um castigo.

Se por motivos externos essas crianças e esses(as) jovens são levados(as) a adotar uma linha de desenvolvimento mais mediana, isso é para eles e elas como um inferno. Esta última pontuação pode parecer radical, e é, pois é uma bandeira levantada em nome da causa da educação das novas gerações. Não é aceitável que crianças e jovens se percebam sem orientação, sem alguém que os/as estimule em direção a desenvolvimentos pessoais e profissionais realmente relevantes e sem parâmetros para a clara e inequívoca manifestação de suas singularidades.

Quando isso acontece, se sentem isolados(as) e menosprezados(as) em meio aos padrões universalizantes da sociedade e das instituições, e é possível que se deixem ser coagidos(as) por esse sistema, involuindo para uma condição "mais normal", para uma condição mais mediana, para "ser como todo mundo".

Só que eles e elas não são. Como o personagem Abe, não conseguem realmente negar sua natureza e, se os choques são tantos que os/as fazem encolher, podem alcançar um nível de negação e de contradição que é como o inferno de Calvino, um tomar parte em algo que causa uma cegueira simbólica absoluta, que é ser outra coisa de maneira forçosa, dolorosa, acabrestante.

É profundamente triste que isso aconteça e não é minimamente aceitável, não quando é apenas uma questão de implantar uma mentalidade mais aberta e de engendrar algumas ações focadas no desenvolvimento das singularidades e dos talentos. O grupo Peculiar de jovens que na série luta contra os inimigos é pequeno, mas, ao contrário, o número de crianças e jovens peculiares nas novas gerações é grande e aumenta exponencialmente.

É possível entender que essa singularidade assuste. Pessoas que não compartilham deste tipo de orientação emocional e intelectual têm dificuldade em entender o que a singularidade significa, e não são piores por isso. Todavia, o que acontece é que, mesmo inadvertidamente e mesmo sem ter essa intenção, com pequenas e aparentemente insignificantes atitudes até pessoas envolvidas com crianças e jovens singulares acabam por condenar as singularidades, de algum modo. E as crianças e os/as jovens sentem muito e se retraem. Esses movimentos, em sua continuidade, vão impossibilitando aberturas e diálogos, e a situação fica cada vez pior.

É muita pressão, e não é raro que crianças e, em especial, jovens procurem maneiras de aliviá-las que não são as mais recomendadas. Drogas, por exemplo, legais ou ilegais, são infelizmente uma via fácil e acessível. Por isso, é preciso instalar nas famílias a consciência de valorização das singularidades, e nas escolas um trabalho cotidiano que a abarque e a promova.

Nos diversos cursos que ministrei, em vários níveis e contextos de singularidade, tive a sorte e a grata responsabilidade de fazer algumas crianças e alguns/algumas jovens notarem, valorizarem e desenvolverem suas singularidades. Algumas vezes, isso entrou em choque com contextos familiares específicos e, muitas vezes, a perspectiva que eu oferecia confrontava o tradicionalismo institucional. Já perdi algumas dessas batalhas, mas ganhei muitas, e este livro é uma ferramenta para angariar parceiros e parceiras nesta jornada.

Ao serem expostos a novas perspectivas de desenvolvimento pessoal, muitos e muitas crianças e jovens (principalmente os/as jovens) dizem algo como "eu não sabia que podia fazer isto". Há muitos que não sabem, muitos(as) que se sentem estranhos(as) e rejeitados(as), simplesmente porque não foram devidamente apresentados(as) a contextos em que nem tudo é formatado, não foram introduzidos(as) a cenários em que não é a eficiência fria que se busca, não foram dotados(as) de armas para batalhar contra o universo de normoses do convívio social mais tradicionalista.

No final do primeiro volume da série, Jacob está sendo perseguido por um Etéreo, um inimigo monstruoso e poderoso. Ele fica encurralado, com a perna presa pela língua do monstro, que funciona como um tentáculo fortíssimo. O monstro puxa Jacob com força. Um pouco antes, Jacob tinha pego, em um galpão, uma tesoura de tosquiar carneiros e é ela que crava no globo ocular da fera, levando-a à morte.

Na narração posterior, Jacob diz: "*Eu o matei. Eu o matei mesmo.* E eu tinha passado tanto tempo com medo!" (os itálicos estão presentes no texto original, na página 288). E depois: "Aquilo fez com que me sentisse poderoso. Agora eu podia me defender" (pág. 288). É preciso ensinar as novas gerações a matar "os monstros" da desvalorização pessoal e social que muitas vezes sofrem por conta de suas singularidades, por quererem, simplesmente, serem eles/elas mesmos(as). É preciso que saibam encontrar suas próprias tesouras de tosquiar carneiros.

Basta fornecer às crianças e aos/às jovens instrumentos e apoio, e não é difícil. Na série *Merlí*, o protagonista é um professor de filosofia da Catalunha, atuando no que no sistema de ensino catalão é o Ensino Médio (a série é catalã e se passa em Barcelona).

No episódio 1 da primeira temporada, chamado "Os Peripatéticos", Merlí está em seu primeiro dia de aula em uma nova escola. Ao ser apresentado aos outros professores, um deles, Eugeni (a quem os alunos chamam de "Hitler"), o adverte sobre um aluno, Pol Rubio, classificando-o como mau estudante e impertinente. Merlí ouve a advertência, mas não a toma como verdade.

Mesmo que no início da aula Pol já se mostre o que normalmente se chama de "engraçadinho", Merlí não o condena. Em sua exposição inicial sobre a Filosofia, o professor pontua que, "Ao contrário do que muitos pensam, os adolescentes não são tontos".

No decorrer do episódio, em outro dia de aula, Merlí leva os alunos para a cozinha da escola, para caminhar como faziam os Peripatéticos. Pol faz uma pergunta, se todas as pessoas são capazes de filosofar. Merlí pede a ele a resposta e, quando ele responde, dizendo que todos são capazes, mas alguns não querem, Merlí o informa que pela resposta tinha se tornado seu aluno preferido.

Muito depois, no primeiro episódio da segunda temporada, quando Pol deixa a escola por problemas financeiros, é Merlí quem o estimula a voltar, enfatizando sua capacidade de filosofar. Ainda que, a princípio, a investida de Merlí não seja bem-sucedida, o aluno termina por retornar à escola.

Na contramão deste tipo de apoio está Coralina, professora de história que entra na série na segunda temporada. Valendo-se de preconceitos e de uma cruel utilização de estereótipos, ela critica pesadamente e de maneira humilhante a aluna Berta, em sala de aula e na frente de todos, pelo fato de ela estar usando uma blusa decotada (episódio 3 da temporada 2).

A aluna fica abalada, ainda mais quando a professora a chama em sua sala particular, quando piora ainda mais seus comentários, deixando subentendido que Berta tinha um comportamento permissivo e promíscuo, que estimulava erradamente os garotos e atrapalhava seu desenvolvimento pessoal (episódio 3 da temporada 2).

Esse tipo de atitude de Coralina, com relação às roupas, também aparece em outro momento do episódio, pois ela critica o vestuário do professor de Catalão, Millan.

Esse tipo de atitude, além de ultrapassar a função de professora, é tremendamente despropositado e tem características de um ataque do qual a grande maioria das crianças e dos/das jovens não sabe como se defender (como Berta não soube), e nem como lidar com seus significados. Muito melhor faz Merlí, que no episódio 11 da temporada 1 promove a valorização de um talento desvalorizado da aluna.

Merlí enfatiza para a mãe de Berta seu talento natural para a ilustração, que ele tinha percebido pelos desenhos que a aluna fazia em sua carteira. Isso pode parecer simples, mas não é. Professor de Filosofia, Merlí observou Berta não apenas no contexto de sua disciplina, mas também fora dele.

Merlí não exigiu de Berta adequação à sua metodologia ou a seu conteúdo, e soube ver além da aparência e da superficialidade. O estímulo que deu à aluna foi concentrado em uma atitude simples, que exigiu dele pouco tempo, mas que teve significados grandiosos para Berta. O que as crianças e os/as jovens precisam é de um pouco de apoio deste tipo, para desenvolver suas peculiaridades.

Coincidentemente, no episódio 3 da temporada 2, é Millan quem eleva a autoestima de Berta, ao classificá-la como boa aluna e de contribuições interessantes, além de boa pessoa. Para uma jovem que nunca foi olhada por esse viés e que acabava de ser atacada com condenação e estereotipia, as poucas palavras soaram como um alívio e como um novo fôlego.

Os modos como Merlí e Milan lidaram com Berta são simples, mas dedicados. Para conseguir isso, é preciso que os professores e as professoras sejam interessados(as) e dedicados(as), e também que treinem seu olhar para enxergar essas peculiaridades. É preciso uma visão generosa, e não a visão restritiva e agressiva de Coralina.

Foi a peculiaridade de Berta que Coralina não viu, não pôde ou não quis enxergar. Recebendo este tipo de atitude, seja de professores(as), seja de parentes, as crianças e os/as jovens se contraem e, como ainda não têm maturidade emocional plenamente desenvolvida, é para eles e elas extremamente difícil lidar com isso. É normal que, depois de enfrentar uma situação como essa, desistam de alguma coisa que lhes é preciosa ou que adentrem estados emocionais não desejáveis, como a tristeza ou mesmo a depressão.

Por isso, a educação das novas gerações tem que saber olhar para suas peculiaridades, saber desenvolver suas singularidades. Isto é incontornável. É na expressão de suas características pessoais mais singulares que as crianças e os/as jovens se realizam. É ao terem suas singularidades estimuladas que nelas se aprofundam, sabendo-as como contribuições relevantes que podem dar.

Na série de Ransom Riggs, a personagem Olive Abroholos Elephanta é a menina que flutua. Para não sair flutuando a esmo, tinha que ser presa a cadeiras ou usar sapatos de chumbo. Mesmo sendo uma criança, Olive foi capaz de ajudar seu grupo de amigos em algumas situações de extremo perigo, usando suas características peculiares.

No final do primeiro livro, Olive flutua presa a uma corda, desde o telhado da mansão da Srta. Peregrine até o chão, para ajudar Jacob, Emma, Brownyn e Enoch em uma pequena fuga, parte de uma missão importante para a história. No segundo livro, Olive serve como guia para seus amigos cruzarem o canal que ligava a ilha onde moravam e chegarem ao continente, mais uma vez amarrada a uma corda e no alto, acima da neblina, enfrentando bastante frio.

Depois, quando ela e seus amigos ficam encurralados em frente a um muro de pedra e com um inimigo se aproximando, Olive flutua novamente e leva Claire (outra criança) e a Srta. Peregrine (transformada em ave) para cima do muro, em segurança. Quando sobe, Olive encontra uma corda com uma rede, que logo em seguida vai servir de transporte e de salvação para seus outros amigos.

Esses são acontecimentos narrativos, e são importantes na medida em que fazem atentar para um ponto em especial: se no livro os/as Peculiares não têm vergonha de seus dons e os querem utilizar em prol de si mesmos(as) e de seus/suas amigos(as), em prol de sua espécie, na vida real as crianças e os/as jovens também querem missões desse tipo. É preciso lançá-los(as) em missões relevantes para si mesmos(as), nas quais exerçam papéis importantes e possam fazer a diferença, sendo o que suas essências exigem que sejam.

O caráter fantasioso da atuação dos Peculiares nos livros de Riggs é, claro, parte de sua licença artística, parte do dever básico da arte, que é fornecer boas metáforas. Na série e no livro de contos, o autor conseguiu uma proeza respeitável: representar as novas gerações de crianças e jovens, em suas ânsias e em suas dificuldades.

O que Riggs mostra, com seus Peculiares, é que estamos diante de uma geração de Peculiares. E eu digo que eles e elas são cada vez mais numerosos(as), que serão a regra muito em breve. Riggs também mostra o quão sensíveis essas crianças e esses(as) jovens são, e o quanto podem sofrer quando suas peculiaridades são vistas como monstruosidades.

Na série e no livro de contos, os verdadeiros monstros não são os Peculiares, nem mesmo os Etéreos e os Acólitos. Os monstros são aqueles que olham as singularidades e as transformam em características que têm de ser escondidas ou extirpadas.

É preciso mais Srtas. Peregrine, mais Emmas, mais Jacobs, mais Noors, mais Olives, mais Enochs, mais Millards, mais Bronwyns, mais Hughs, mais Fionas, mais Horaces, mais Clares, mais Addisons.

Quero ainda fazer mais uma ilustração. Em *Contos Peculiares*, há uma história que se chama "A Princesa da Língua Bifurcada", que apresenta uma princesa que tinha a língua bifurcada e as costas marcadas por "escamas cintilantes em formato de losangos" (pág. 43) em suas costas. Essas características tinham sido desenvolvidas em sua adolescência, e só uma criada sabia delas. Mesmo o rei, seu pai, as ignorava.

No conto, a princesa vai se casar com um príncipe, em nome de uma aliança política. Ela só o conhecerá no dia do casamento, mas tem medo da rejeição. A criada a tenta consolar, dizendo que o príncipe verá que ela é bonita e que é uma boa pessoa, e que irá "perdoar o resto" (afirmação esta um tanto desmerecedora, na página 44).

Quando conhece o príncipe, a princesa nem fala com ele, para não mostrar sua língua bifurcada. Quando a criada sugere que conversem a sós, a princesa revela seus segredos e é acusada de ser um monstro. O príncipe vai contar a história ao rei e, quando chega aos aposentos dele, são surpreendidos por cinco assassinos.

O rei se esconde covardemente e o príncipe tenta fugir. A princesa é acuada e, para sua surpresa, sente algo atrás da língua. Em seguida, solta jatos de veneno nos assassinos, matando quatro deles. O último foge. O príncipe fica grato, assume a morte dos quatro assassinos apunhalando seus corpos e cancela o casamento com a desculpa que ele e a princesa eram primos.

O rei se enfurece e ameaça declarar guerra ao reino do príncipe. Como a princesa não podia permitir isso, pede uma audiência com o pai e revela seus segredos. O rei cancela a guerra e tranca a filha em um calabouço.

Há mais fatos narrativos na história, mas não é útil os contar, embora seja muito recomendável (e prazerosa) a leitura do conto todo. Quero atentar para uma fala do final, quando, depois de muitas reviravoltas, é o rei que está preso e a princesa em boa posição no reino.

A princesa vai visitar o pai no calabouço e, depois de ouvir dele que era uma traidora, diz: "Embora ainda esteja com raiva, quero que saiba que o perdoo. Hoje eu entendo que o que fez comigo não foi a atitude de um homem mau, mas de um **homem comum**" [destaco o texto em negrito por sua importância] (pág. 53).

Nos contextos educacionais mais comuns, nas práticas mais tradicionalistas e pouco abertas à inovação e às singularidades, em atitudes de condenação e de humilhação como as da professora Coralina da série *Merlí*, escolas, professores e professoras cumprem papéis correlatos ao do rei do conto "A Princesa da Língua Bifurcada".

É preciso construir um olhar peculiar para nossas crianças e para nossos e nossas jovens peculiares, é preciso que a educação seja reformatada para conter ações capazes de fomentar as profundas diferenciações que as novas gerações apresentam como sua verdadeira natureza, e que merecem desenvolver.

UM EXERCÍCIO PRÁTICO

Recomendo um exercício prático, que pode ser tanto feito em um dia só como na forma de uma oficina mais longa. Gostaria de sugerir que se trabalhasse, com base na série de Riggs e no conto "A Princesa da Língua Bifurcada", a criação de Peculiares. Explico: sugiro que os alunos e as alunas sejam estimulados(as) a criar um ou uma Peculiar que os/as represente, com o uso de todas as liberdades criativas possíveis.

Não é importante que o/a Peculiar a ser criado(a) seja do mesmo sexo que o/a aluno(a), nem que tenha sexo (é bem provável que apareça algum ou alguma Peculiar não binário(a) ou de gênero fluido).

Para isso, basta ler alguns trechos da série e/ou o conto e estimular os alunos e as alunas a, com base em suas características pessoais, criar tanto a história quanto a visualidade de um Peculiar que os/as possa representar. Os professores e as professoras podem, também, explicar o conceito de singularidade e esclarecer que não é preciso temê-la e que se pode expô-la sem maiores problemas (fornecer referências artísticas variadas, como as fotos presentes nos livros de Riggs e imagens de personagens como os X-men, por exemplo, é um processo que certamente ajudará).

É muito provável que os alunos e as alunas tragam discussões sobre seus próprios contextos e que surjam relatos de condenação às subjetividades e às particularidades, e é preciso estimular isso enquanto singularidades, com claras valorizações dessas características.

Obviamente, será muito interessante fornecer referências para essas criações, tanto de linhas estéticas quanto de exemplos de pessoas singulares. Não recomendo o uso do filme de Tim Burton que adapta os três primeiros livros da série de Riggs, pois o filme é medonho e enganado em VÁRIOS pontos, mas é possível, por exemplo, buscar imagens da série no Pinterest (aplicativo fácil dos alunos e das alunas usarem nos *smartphones*), inclusive de outras criações, como a nova versão de *She-Ra*, disponível na Netflix, desenho animado com uma maravilhosa iconografia e com um exemplar desenvolvimento de personagens.

CAPÍTULO 6

SINGULARIDADE E A CONSTRUÇÃO DE UMA EDUCAÇÃO SINGULARIZANTE

Sem rodeios e meias-voltas: a educação precisa deixar de ser massificante e se tornar singularizante, e esse é um problema que deve ser enfrentado com urgência e com efetividade. Quando digo "singularizante" não quero dizer personalizada, no sentido de haver algo como uma escola ou um modelo educacional por aluno(a), o que seria algo definitivamente irrealizável.

O que quero apontar é a necessidade de uma educação focada no despertar de capacidades inatas, e também no fomentar de capacidades latentes reprimidas ou insuspeitas. Não é possível pensar em um modelo educacional amplo, que atenda demandas sociais e profissionais e que seja, efetivamente, personalizado, no sentido de partir dos indivíduos e ser direcionado para a esfera pública.

Para atender a uma maior diversidade de pessoas, a educação precisa de parâmetros, e esses parâmetros são generalizantes. No Enem, por exemplo, há definições dos tópicos que os alunos e as alunas precisam dominar, e é com base neles que o exame é feito.

Há várias iniciativas, como serviços on-line e aplicativos, e até mesmo algumas escolas e universidades que disponibilizam horários e cargas horárias flexíveis. Esse é um bom passo e uma boa estratégia comercial, mas nem de longe é sinônimo de uma educação singularizante, porque é apenas uma flexibilização do acesso a uma educação fundada em um modelo, e um modelo é sempre generalista, ou não funcionaria como tal.

Além disso, na pragmática educacional, pensando no funcionamento cotidiano de uma instituição de ensino, uma educação totalmente personalizada necessitaria de um tipo de dedicação de professores e do corpo administrativo, bem como de uma forma de organização de horas-aula e de uma organização pedagógica que, em termos mercadológicos, seria possivelmente inviável.

E, mesmo que uma escola radicalize as perspectivas educacionais e foque unicamente no desenvolvimento individual de seus alunos, ainda enfrentaria o problema de que esses alunos vivem na sociedade. Não creio que as pessoas devam se curvar às normatizações típicas das sociedades organizadas, que são construídas pelo viés da homogeneidade e não pela perspectiva da diversidade. Todavia, o fato é que as pessoas precisam transitar por integrações e interações sociais o tempo todo, tanto para progresso pessoal como para formação e estabelecimento profissional.

Uma educação que não leve isso em conta é uma educação irresponsável ou alienada, e correria o risco de gerar alunos extremamente despreparados para situações sociais que a vida certamente lhes exigirá como participantes. Entretanto, se uma educação totalmente personalizada e singularizada é inalcançável, como visão de futuro idealizada pode fornecer uma visualização preciosa sobre o que se pode alcançar.

Portanto, se uma educação singularizada é impossível, podemos ao menos utilizá-la para colher dela o que seja implantável, e creio que isso seja a perspectiva de uma educação singularizante. Isso equivale a dizer que almejo a construção de um modelo educacional que, mesmo dentro dos parâmetros mais gerais e mais tradicionalistas, seja capaz de abrir espaço para o desenvolvimento profundo das individualidades e, em especial, das subjetividades.

Não se trata, então, de romper com os modelos ou de simplesmente condená-los, mas sim de aproveitá-los na medida em que é possível inserir, dentro deles, o bom germe de uma educação singularizante. Quando esse tipo de pensamento existe e gera procedimentos correlatos, é ainda possível gerar ações que sejam "ações da utopia", na forma, por exemplo, de cursos abertos ou de assessorias personalizadas que não tenham, necessariamente, uma "função educacional" mais pragmática e atenta a padrões e exigências institucionais.

Para buscar esse tipo de realização, quero trazer para discussão o conceito de singularidade. Apresento, então, a definição do termo, colhida no Dicionário Priberam da Língua Portuguesa, que é gratuito, on-line e de qualidade. O vocábulo "Singularidade" é definido como "Qualidade do que é singular, único [...]", "O que é peculiar a um só indivíduo e não aos outros", um "Modo extraordinário de proceder ou pensar", "Excentricidade". O mesmo dicionário define "Singular" com termos semelhantes, mas acrescentando a acepção "Não vulgar, raro". Vou seguir essa linha de definições para construir o raciocínio.

Vou inicialmente juntar as duas primeiras: singularidade é uma característica ligada à unicidade, relativa a uma pessoa e não às outras. Essa é a essência do termo, a consideração das especificidades de uma só pessoa e, principalmente, a percepção do que aquela pessoa tem de único, de diferencial, de seu, de exclusivo.

Em algumas obras dedicadas ao empreendedorismo e à motivação pessoal, tenho encontrado considerações que fazem os leitores pensarem no que só eles podem entregar, ou seja, o que só eles podem fazer. Essa é uma busca por diferenciação, pois está ancorada no encontrar e no disponibilizar valor individual, de forma pública ou comercial.

O que cada aluno e aluna pode entregar e, mais importante que isso, o que só ele ou ela pode entregar? Essas são perguntas que se aplicam a todos(as) os/as estudantes, e isso pode ser aplicado a modelos. Por exemplo, no ensino de redação: é necessário considerar o que as propostas de redação do Enem ou dos principais vestibulares exigem, é preciso fazer com que os alunos e as alunas estejam conscientes de seus termos, mas também é necessário descobrir, com eles e com elas, como o pensamento e a redação deles e delas funcionam melhor.

Esta seria a noção e a aplicação de uma educação singularizante que sei funcionar, pois as utilizo com sucesso. A partir disso, é possível passar para a terceira definição de singularidade que apresentei acima, a de um modo extraordinário de proceder ou de pensar. O termo "extraordinário" é de extrema importância. Por isso, vou mais uma vez me apoiar na definição do Priberam.

"Extraordinário" é definido como "Não conforme o [...] costume", "Que acontece raras vezes" e "excepcional". Nestas definições, está contida a essência das crianças e dos/das jovens que se precisa agora educar. As escolas não estão mais lidando com pessoas formatadas de acordo com os padrões sociais mais generalizantes, mas, sim, com indivíduos que escapam dessas regras, cada um/uma a seu próprio modo.

A cantora Rita Lee tem uma canção chamada "Ovelha negra", em que fala a respeito de ser "a ovelha negra da família". O termo é pejorativo e provavelmente isso tem a ver com a associação de animais de cor negra com a magia e o ocultismo (como no caso dos gatos pretos), e também com o fato de que a lã das ovelhas negras não tinha tanto valor de mercado quanto a das ovelhas brancas, porque não podia ser tingida.

Hoje em dia o termo não tem um uso tão corrente, mas era comum que fosse aplicado a pessoas que destoassem da normalidade, ou do que se considerava como tal. A "ovelha negra da família" era alguém que não se adequava, que não seguia as normatizações sociais ou familiares. Tanto a tia que nunca casou quanto o primo que só gosta de músicas esquisitas eram ovelhas negras.

A ovelha negra se tornou um símbolo do destoante, do fora da curva, do desregrado e até mesmo do desagradável. Sair do padrão nunca foi muito bem visto, mas eis o ponto principal: as crianças e os/as jovens, por mais que alguns queiram o contrário, estão se tornando um "rebanho de ovelhas negras". Mais precisamente, estão se tornando um "não rebanho": definitivamente não afeitos(as) a aceitar autoritarismos e normoses e, principalmente, cada vez mais diferenciados(as), cada vez mais singulares.

A definição de "extraordinário" do Priberam tem ainda os conceitos de raridade e de excepcionalidade a ela associados, e aqui se encontra outro ponto fundamental da educação que se precisa construir: os novos alunos e as novas alunas são extraordinários individualmente, mas não são mais as raras exceções do passado.

As crianças e os/as jovens de hoje são excepcionais no sentido de que têm muitas qualidades elogiáveis e desenvolvíveis, mas não no sentido de serem poucos. Hoje, as ovelhas negras são em grande número, vão se tornar a maioria e, provavelmente, vão se estabelecer como a regra, como uma boa regra (como a melhor regra, na verdade). Isso traz desafios muito específicos e difíceis para a educação.

A última definição de singularidade que apresentei era a de "Excentricidade". Em geral, uma pessoa excêntrica é aquela considerada esquisita, de hábitos estranhos e que, muitas vezes, é até mesmo difícil de conviver. Todavia, a melhor definição da palavra é a de "deslocamento do centro" (ex-cêntrico = fora do centro). Uma pessoa excêntrica é, portanto, alguém que não se apega aos modelos aos quais a maioria da população se apega, alguém que transita por outros lugares, que não frequenta os mesmos espaços literais e simbólicos que os outros.

Ou seja, nossa atual população de crianças e de jovens. Por mais que o padrão ainda exista e por mais que muitos ainda se apeguem a ele, cada vez mais as novas gerações estão partindo para o desenvolvimento de suas singularidades, simplesmente porque estão se tornando mais conscientes de si.

Há outros motivos, claro. O atual estágio de desenvolvimento da *web*, as tecnologias disponíveis e o paradigma de funcionamento comercial e cultural de serviços como Netflix, Spotfy, Uber e Airbnb, que mudaram em definitivo as perspectivas sociais humanas.

Uma criança ou um/uma jovem típico(a) de hoje não usa mais relógio (porque é um dispositivo monofuncional) e preferem *smartphones*, que lhe trazem uma ampla série de outras funcionalidades. As crianças e em especial os/as jovens são hiperconectados a uma ampla oferta de estímulos e de informações, vivem acompanhados de dispositivos multi e hipermidiáticos e utilizam serviços que não exigem deles afiliação, contrato e atenção em horários pré-determinados.

As novas gerações se acostumaram com a maleabilidade e com a liberdade de escolha. Eles e elas não querem mais tolerar a imperatividade das propagandas repetidas, nem mesmo a definição de horários para ver suas séries ou seus desenhos animados favoritos, querem definir quando e como as/os verão, querem vê-las por inteiro e quase de uma vez nas maratonas.

Isto é definitivo: para as crianças e para os/as jovens de hoje, não têm sentido as amarrações, as normatividades, as normoses (a ânsia por controle de suas atitudes). Essas extraordinárias pessoas são profundamente arredias ao "tem que". Muito provavelmente, nas gerações anteriores, esse desejo de liberdade era também presente e um dos maiores, mas elas tinham menos condições cognitivas e sociais de fazer esse desejo se tornar realidade.

A educação para as novas gerações deve ser uma educação peculiar, deve ser uma educação fundada na singularidade. A educação das crianças e dos/das jovens de hoje deve ser singularizante, e isso não quer dizer que as escolas tenham de deixar seus modelos educacionais, não quer dizer que devam deixar de atentar para os parâmetros curriculares e para os exames e vestibulares tradicionais.

Exigir ou ao menos propor algo assim seria como gritar com uma parede. Infelizmente, é preciso preparar os estudantes para os cruéis e injustos sistemas de avaliação que precisam enfrentar para ter acesso às universidades, por exemplo. Por isso, é preciso estar atento a esses modelos e ensinar, da melhor forma possível, a lidar com eles (e com as pressões deles decorrentes).

Creio que a melhor forma de fazer isso é por uma educação singularizante, que trabalhe o emocional. Em minha experiência, percebi que o segredo para essa educação diferenciada é a valorização de produtos culturais que as crianças e os/as jovens prezam. Qualquer pessoa, seja ela um educador ou não, sabe que esse público é muito ligado a *games*, animês, desenhos animados e séries. A chance de uma conversa com um ou uma adolescente fazer suscitar o aparecimento da palavra "Netflix", por exemplo, é bem grande. Por isso, esses produtos culturais devem ser utilizados na educação.

Isso também não é nenhum segredo. A questão central é o "como". Vi muitas "experiências educacionais" que se valiam da exibição de filmes ou desenhos animados serem levadas a cabo apenas por uma questão de preenchimento do tempo, na popular perspectiva de se "encher linguiça". Tal procedimento é vergonhoso e o avesso dos procedimentos que proponho.

Vi muitas "sessões burocráticas", que também não fazem sentido, como passar um filme dos anos 1980 ou até mais antigo, mesmo que esse filme seja lento, muito demorado ou, simplesmente, ruim. A famigerada justificativa "É importante que os alunos conheçam isso" é muito usada para enfiar goela abaixo filmes "edificantes" que só trazem chateação e sono.

É como a infeliz insistência dos vestibulares em incluir em suas listas de leitura obrigatória clássicos literários que, sim, são importantes e que merecem atenção, mas que são completamente desvinculados do cotidiano e da linguagem dos/das jovens.

A mente das novas gerações não é um filme de duas horas e quarenta minutos, filmado na República Tcheca em 1937, só com dois atores e uma câmera, sem trilha musical e com longos diálogos existenciais. A mente das novas gerações tem a velocidade de *Velozes e Furiosos* (série iniciada em 2001), se expande como a mente da protagonista de *Lucy* (filme de Luc Besson, de 2014), é multirelacional como o animê *Ergo Proxy* (animê de 2006, dirigido por Shukou Murase) e capaz de absorver uma quantidade quase absurda de informações, como as protagonistas da série *Gilmore Girls* (produzida por Amy Sherman-Palladino).

As crianças e os/as jovens das novas gerações conseguem prestar atenção em mais de uma coisa ao mesmo tempo, pois foram alfabetizados concomitantemente em múltiplas linguagens. A jovem sentada no fundo da sala, mexendo secretamente no *smartphone*, consegue, SIM, ao mesmo tempo mexer no aparelho e prestar atenção à aula, se ela quiser ou se seu interesse estiver sendo bem acionado.

A mente das novas gerações é diferente, são hipermidiáticos por natureza. Um/uma jovem que nasceu nos anos 1990 já cresceu em um mundo em que a internet de banda larga era razoavelmente bem difundida e, se teve acesso a ela, sua mente se configurou tendo essa utilização como um de seus paradigmas. Essas gerações cresceram podendo pesquisar por conta própria seus interesses. Uma educação formal e baseada em referências arcaicas que não fazem sentido para eles/elas não terá efeito, ou terá seus efeitos bem reduzidos.

A proposta de uma educação singularizante é a proposta de uma educação que faça sentido para as novas gerações, e que seja perspicaz o suficiente para se valer de produtos culturais que já contam com a pré-aprovação das crianças e dos/das jovens. E, sim, isso também quer dizer perguntar a eles e a elas sobre o que desejam falar, sobre quais produtos culturais desejam conversar e pensar (não significa que se deva atender a TODOS os pedidos, como, por exemplo, ensinar as danças sexualizantes do Funk).

Este livro é baseado na utilização de *games*, animês e séries como ferramentas de ensino. Abordo também a Netflix, o TED e outros serviços de *streaming*. A principal justificativa da escolha desses produtos culturais é, claro, o grande interesse que as crianças e os/as jovens têm por eles, mas outras razões podem ser apontadas.

Todos esses produtos culturais, apesar de muitas pessoas ainda pensarem o contrário, são fortes agregadores de conteúdo, capazes de serem utilizados como ferramentas de discussão de temas importantes. Além disso, muitas vezes abordam assuntos cotidianos e bastante relevantes na sociedade, como fazem as séries *Black Mirror* e *13 Reasons Why*.

Os conteúdos desses produtos culturais são como uma rede de conhecimento que pode ser acessada de qualquer lado, sendo possível partir de um conteúdo programático típico para um animê ou partir de um *game* para se chegar a um conteúdo de História, de Biologia ou de Matemática.

Além disso, e esse ponto é de extrema importância, esses produtos culturais são de fácil aplicação em sala de aula. Um episódio de uma série que na transmissão dura 1 hora tem, na verdade, aproximadamente 40 minutos. Um episódio de série que dura 30 minutos na TV aberta tem aproximadamente 22 minutos, quando em uma plataforma de *streaming*. Um episódio típico de animê costuma ter por volta de 25 minutos. Um *game* pode ser jogado em pequenos intervalos de 10 ou 12 minutos. Em uma aula de 45 minutos ou de 1 hora e meia, é muito simples inserir esses conteúdos e fazer pontes deles com temas que estão sendo estudados.

E nunca é demais reforçar: as crianças e os/as jovens AMAM (sim, com maiúsculas) esses produtos culturais. Qualquer elaboração de aula somará mais pontos, tratando da Revolução Francesa, com a utilização do game *Assasin's Creed Unity* (Ubisoft, 2014) – que, pela alta fidelidade de sua ambientação, foi usado como uma das referências para a reconstrução da Catedral de Notre-Dame, após o incêndio que a devastou, em 2019 – do que a exibição de trechos dos três filmes do diretor polonês Krzysztof Kieslowski (a chamada *Trilogia das Cores*, de 1993 e 1994), que discorrem simbolicamente sobre o tema. Os filmes são maravilhosos, mas inadequados ao público jovem. Simples assim.

Partir dos *games*, das séries e dos animês para gerar a educação singularizante é necessário e inteligente. Há a necessidade, portanto, de que os professores e as professoras conheçam esses conteúdos e saibam lidar com eles. Educadores e educadoras precisam saber abordar esses produtos culturais e saber como gerar a construção do conhecimento a partir deles.

Adotar uma postura de fã ajuda muito. Crianças e jovens gostam de ver que as pessoas mais velhas conhecem e gostam dos produtos que apreciam (gostam MESMO, de verdade). Mas isso não basta: os professores e professoras precisam saber e ser continuamente treinados para irem além da superfície, para mostrar significações subjacentes e fazer relações culturais.

No animê *Kill la Kill* (animê de 2013, dirigido por Hiroyuki Imaishi), por exemplo, é possível desvendar com os/as estudantes o real tema, mostrando que o que parece ser uma história de vingança pela morte do pai da protagonista é, na verdade, uma história sobre a construção da confiança, sobre o empoderamento e sobre a contestação das instituições. Como a personagem principal é uma garota, Ryuko Matoi, é possível relacionar a construção da confiança e o empoderamento com a obra e a vida da pintora mexicana Frida Kahlo ou com os conceitos da filósofa existencialista francesa Simone de Beauvoir.

No mesmo animê, ainda é possível pensar criticamente a indústria do entretenimento e da moda, pois a instituição contestada é, justamente, uma corporação mundial que controla as vestimentas das pessoas, estando esse controle associado ao controle mental e comportamental.

Discussões que partem deste tipo de produto cultural são muito instigantes e costumam ir muito longe. Como as crianças e os/as jovens são aficionados por esses produtos, ficam empenhados(as) em discuti-los e também em demonstrar conhecimento sobre eles, o que abre espaço para suas construções culturais, que costumam ser bastante elaboradas. Como bônus, essas discussões ainda abrem brechas para que as crianças e os/as jovens acionem e demonstrem suas subjetividades, e aqui está o ponto nevrálgico da proposta da educação singularizante.

Uma educação que não leve em conta os desafios pragmáticos que as novas gerações têm ou terão que enfrentar é uma educação alienada, mas uma educação que não os ajude a encontrar suas singularidades é maldosa e irresponsável. As novas gerações são feitas de singularidade e é um procedimento cruel e pouco efetivo tentar desviá-los disso.

Além de fornecer conhecimento pragmático e estrutura adequada para sua exposição e captação, as escolas devem introduzir produtos culturais de ampla adesão em sala de aula. Não há apenas *games*, séries e animês no mundo cognitivo e simbólico das novas gerações, mas essas categorias de produtos culturais atingem uma parcela bastante significativa do gosto e da devoção das novas gerações.

Mais do que isso, a educação singularizante exige que professores e professoras não apenas trabalhem superficialmente com esses objetos em sala de aula, mas que os conheçam em profundidade e mostrem aspectos insuspeitos deles aos alunos e às alunas, tecendo também relações com outros conteúdos culturais.

Esse tipo de postura dará resultados relevantes, que podem ainda ser mais significativos se os educadores e as educadoras souberem fazer três coisas: 1) valorizar os alunos e as alunas por gostarem desses objetos; 2) abrir espaço nas discussões para as manifestações das subjetividades e; 3) pedir que os/as estudantes se tornem autores e autoras, ao permitir que sugiram temas e produtos culturais a serem abordados e discutidos (a apresentação em sala desses produtos pode/deve, em muitos momentos, ser feita por eles/elas mesmos/mesmas).

Portanto, a educação singularizante quebra o paradigma da desvalorização de determinados produtos culturais, leva esses produtos para o cotidiano escolar e, a partir deles, constrói relações culturais profundas e significantes, abrindo também espaço para a manifestação de individualidades e de subjetividades.

Todos esses processos podem parecer uma missão hercúlea, mas na verdade ela é mais simples do que parece. Abordar esses produtos culturais em sala de aula certamente fará o interesse e a adesão dos/das estudantes às aulas e aos conteúdos aumentar, e aos professores e professoras cabe apenas estarem lá para fazerem as conexões e aproveitarem os momentos em que as subjetividades emergirem (elas surgirão).

Insisto profundamente nisso porque as novas gerações são definitivamente singulares, e porque muitas vezes as crianças e os/as jovens se sentem desvalorizados, justamente, em suas singularidades e em suas subjetividades. Os movimentos educacionais aqui propostos não terão sentido se essa questão não puder ser trabalhada.

É claro que, assim como não é viável pensar em um modelo educacional para cada aluno(a), não é possível dar atenção à subjetividade de todos os alunos e de todas as alunas todo o tempo em todas as aulas, e isto não é necessário. Também não é preciso pensar premeditadamente em estratégias para que isso aconteça, pois as novas gerações são sensíveis e, por essa razão, se tiverem espaço e se sentirem confiantes, entregarão às discussões o melhor de suas naturezas.

Quando isto acontece repetidamente em sala de aula, o grupo se une mais e a confiança de todos aumenta. Todos saem fortalecidos, e é até provável que estudantes que passem eventualmente por alguma situação difícil usem as aulas, as discussões e a congregação dos colegas como apoio.

É preciso, claro, que os professores e as professoras decidam gostar dos universos conceituais e cognitivos de seus alunos e de suas alunas, bem como de suas intervenções. É preciso diálogos que estimulem, é preciso que os professores/as e as instituições aprendam a ser orgulhosamente *nerds* e *geeks*, é preciso que as escolas tenham assinaturas da Netflix e de outros serviços de *streaming*, É PRECISO QUE AS ESCOLAS TENHAM *VIDEOGAMES*.

É de extrema importância e incontornável que a educação adote um novo paradigma, baseado no que são os novos educandos e as novas educandas, e não apenas em formalizações tecnicistas. As novas gerações exigem seu espaço, seus temas. As crianças e os/as jovens de hoje não são como as/os de ontem.

Os ganchos emocionais e cognitivos que podem ser trazidos pela utilização em sala de aula de *games*, séries e animês são as melhores ferramentas para acessar o que os/as estudantes têm de melhor e de mais profundo, e que muitas vezes têm receio ou vergonha de manifestar.

Os novos tempos exigem uma educação aderente às novas gerações, e não uma educação que tente recuperar ou manter um passado que não existe mais. A ponte que proponho são os produtos culturais e as derivações de pensamento que podem ser construídas sobre e com eles, além do imprescindível procedimento de abrir espaço para as individualidades, em movimentos singularizantes que, certamente, são capazes de formar com mais propriedade e com mais profundidade as crianças e os/as jovens, em seus aspectos pessoais, culturais e profissionais.

CAPÍTULO 7

AS VANTAGENS DE SER INVISÍVEL, CONTROLES DE *VIDEOGAME* E O EMPODERAMENTO

Para Evelize Anjos, que quer afetar o mundo
com sua voz serena e trovejante.

As vantagens de ser invisível é um livro de Stephen Chbosky (2007), transformado em um filme de mesmo nome (2012), que tem o autor como diretor (em 2021, foi lançada uma reedição da obra, com trecho inédito). O título traz um elemento de fantasia e uma aparente contradição. Fisicamente, a invisibilidade não é uma condição possível de ser atingida; e socialmente a invisibilidade não é a princípio desejável, pois é relativa à inexpressividade e ao isolamento.

Então, quais seriam as vantagens de ser invisível? Para entender o contexto do livro, é preciso passar por seu título original em inglês, *The Perks of Being a Wallflower*, que traz um jogo de palavras que é intraduzível para o português. "Wallflower" tem dois significados apontados pelos dicionários: um significado prático, "goivo" ou "goivo-amarelo", uma flor comumente encontrada em muros e paredes; e um significado simbólico, "pessoa tímida, desajeitada, excluída em uma festa ou quem não tem parceiro de dança".

"Perks" é traduzida como "Benefícios" e, por isso, "Vantagens" se aplica bem, mas uma tradução literal do título original, focada no significado prático, como "As vantagens de ser um goivo-amarelo", não teria nenhum sentido em português, pois o jogo de palavras não existe em nosso idioma. Como o significado simbólico de "Wallflower" tem várias acepções, "invisível" foi uma solução adequada, pois parece resumir o efeito social da característica pessoal apontada pela palavra em seu uso simbólico.

Por tudo isso, *As vantagens de ser invisível* pode ser considerado um bom título, resolvendo os problemas de tradução e ainda agregando elementos de enigma e de curiosidade. Todavia, as vantagens da invisibilidade parecem mais adequadas a contextos de fantasia, como na trilogia literária de J.R.R. Tolkien, *O Senhor dos Anéis*, em que há personagens que usam uma capa especial que os torna invisíveis e que os livra de alguns perigos (é possível ver essa capa em ação nos filmes de Peter Jackson, que adaptam os livros de Tolkien).

No mundo real e em especial no convívio social, a invisibilidade pode ter um duplo viés: pode ser considerada uma proteção, no sentido de resguardar a intimidade; e pode ser considerada um mau efeito do isolamento. Proteger a intimidade soa bastante sábio em um mundo marcado por redes sociais em que a regra é a hiperexposição, mas, obviamente, o ostracismo não é de nenhuma forma desejável.

Portanto, o que os títulos do livro e do filme evidenciam é a contraposição pungente e constante de uma afirmação. *As vantagens de ser invisível* parece pedir uma listagem dessas vantagens por tópicos, e o livro é organizado por cartas, em um procedimento narrativo que é clássico, mas que está em desuso. As obras *Frankenstein ou O Moderno Prometeu* (Mary Shelley) e *Drácula* (Bram Stoker) são bem conhecidas como pertencentes ao gênero e, mais modernamente, as obras *Griffin e Sabine – Uma Correspondência Extraordinária* (Nick Bantock) e *O Mundo de Sofia* (Jostein Gaarder) podem ser citadas.

Essa configuração de correspondência trocada imprime ao livro de Chbosky uma configuração inusitada, uma vez que à época de seu lançamento, 2007, a troca de cartas entre amigos e parentes já havia sido substituída em larga medida pela troca de e-mails. Portanto, há algo de valorização de uma tradição literária e mesmo de nostalgia no livro.

Ainda, a estruturação do romance traz um tom intimista à obra, o que condiz com o conteúdo das cartas, que são diálogos confessionais bastante pessoais, com a transcrição de pensamentos e a descrição de eventos significantes. É importante dizer que, nas cartas, Charlie, o autor e protagonista, não identifica a quem escreve e diz que atribuirá nomes ficcionais às pessoas.

O livro é muito bem escrito e muito bem traduzido, a leitura é fácil e fluida. A história começa contundente, com a citação do suicídio de um amigo do protagonista. Há uma relação construída do conteúdo literário com a música e em especial com o Rock and Roll, pois canções são citadas e se tornam parte da significação, sendo muito bem aproveitadas no filme. A integração dessas canções é muito bem feita e sutil: *Asleep*, dos Smiths, tem especial importância, por tratar, justamente, sobre suicídio.

O desenvolvimento da narrativa e o tipo de percepção que Charlie constrói sobre o que relata é muito pessoal. Desse modo, os leitores terminam conhecendo sua intimidade muito bem, sentindo suas emoções e em geral se afeiçoando a ele. Esse gancho, natural em obras artísticas, em *As vantagens de ser invisível* leva ao fato de que o livro pode ser pensado como uma ferramenta de educação emocional.

A obra de Chbosky é, fundamentalmente, sobre sentir. Na primeira das cartas, o protagonista diz: "E quero que você saiba que sou feliz e triste ao mesmo tempo, e ainda estou tentando entender como posso ser assim" (pág. 12). *As vantagens de ser invisível* é sobre tentar se entender, é um espaço literário que os leitores podem usar para construir seus próprios pensamentos sobre os fatos narrativos e sobre acontecimentos correlatos, transferindo as experiências de Charlie para seus contextos pessoais.

É natural que se faça isso com qualquer livro de qualquer gênero literário, mas o intimismo das cartas e a constante análise de seus estados emocionais que Charlie realiza reforça esta orientação e possibilita que a obra seja pensada como um processo de construção e de reconstrução sentimental. Por isso, gosto de tratá-la como uma ferramenta de educação emocional.

Além disso, costumo comparar *As vantagens de ser invisível* com o livro *O apanhador no campo de centeio*, de J.D. Salinger, obra publicada originalmente em meados dos anos 1940, também um relato extremamente pessoal que tem vieses de educação emocional. Como o livro de Chbosky e o de Salinger têm protagonistas jovens, creio que esse é o público da ferramenta emocional que eles podem se tornar.

Por isso, recomendo fortemente que se trabalhe *As vantagens de ser invisível* em sala de aula como uma forte sugestão de leitura. Como se trata de uma obra moderna, a linguagem é adequada ao trabalho com adolescentes e, como a qualidade literária é alta, o livro de Chbosky pode se tornar (e, com certeza, se torna) um forte estímulo a outras leituras.

Desse modo, *As vantagens de ser invisível* é uma ferramenta de educação emocional e uma espécie de trampolim literário, que pode ser relacionado a obras de outros autores, em termos de temática, época, gênero, significações, relação com outras linguagens e toda e qualquer outra relação que se possa imaginar e tecer com propriedade.

Aproveitando a utilização deste livro, outras obras de qualidade e que são do gosto do público jovem também podem ser adotadas, como a série da Srta. Peregrine e os *Contos Peculiares*, de Ransom Riggs; a trilogia *Jogos Vorazes*, de Suzanne Collins; *Extraordinário*, de R.J. Palacio e *Moxie – Quando as garotas vão à luta*, de Jennifer Mathieu.

Trabalhar com obras desse tipo é vital aos educadores e às educadoras envolvidos com as novas gerações, porque estariam lidando com títulos já consagrados entre os alunos e as alunas e porque demonstram a eles e a elas uma validação oficial de suas preferências e de autores e de autoras que lhes são próximos e queridos, em termos de contexto histórico-social e de linguagem.

E, se *as vantagens de ser invisível* tem fortes relações com a música, quero fazer uma convergência dele com outro tipo de linguagem, os *games*. Para isso, é preciso resgatar a ideia geral da obra, que é "estar à margem". No desenvolvimento da história, Charlie sai de uma condição à margem e análoga à invisibilidade para outra condição em que é mais consciente de seu lugar no mundo e da possibilidade e da necessidade de se fazer ouvir, literal e simbolicamente.

No processo de educação emocional que caracteriza o livro, Charlie passa por diversas situações que o testam em suas habilidades sociais e na constituição de sua singularidade. Por conta do tom emocional da obra e por conta da boa estruturação de sua linguagem associada ao natural intimismo das cartas, os leitores passam por esses processos juntamente a Charlie, lendo-os por suas próprias lentes pessoais e sociais.

Creio que é possível dizer que *As vantagens de ser invisível* tem, por conta de tudo isso, características interacionais próximas às dos *videogames*, pois parece um livro feito para provocar uma identificação tão forte com seus leitores como a que *gamers* têm com seus avatares.

Se, no universo dos *videogames*, *gamers* adentram os mundos ficcionais dos *games* e neles assumem seus avatares com convicção e uma proximidade tão grande que é quase física, algo próximo disso acontece com o livro de Chbosky: os leitores desenvolvem uma interação quase física com Charlie, imergindo em seu mundo social e simbólico com profundidade. Este é, definitivamente, um diferencial.

E, se a narrativa é sobre Charlie deixar de ser um invisível e marcar presença, uma cena em especial é muito importante. Esta cena é talvez o ponto-chave da relação de Charlie com Sam, uma garota um pouco mais velha que ele, de quem se torna amigo e por quem se apaixona.

No cinema, Sam foi vivida por Emma Watson, atriz que ficou mundialmente conhecida por sua atuação como Hermione Granger, na série de filmes de *Harry Potter*. Uma vez que tanto esses filmes quanto os livros em que se baseiam (escritos por J.K. Rowling) são do gosto do público jovem, é possível aos educadores acionar esta ligação para promover a adesão ao livro de Chbosky, e também ao filme dirigido por ele.

Para trabalhar a cena que apontarei e desenvolver seus significados, sugiro fortemente tanto a leitura do trecho do livro como a exibição do trecho do filme, por complementaridade e porque isso pode suscitar uma discussão elaborada sobre linguagem, mais especificamente sobre a passagem da literatura para o cinema (por conta das características dos objetos tratados, essa discussão é mais adequada para alunos de 8º ano do Ensino Fundamental II em diante).

Na cena que quero apresentar, Charlie está sozinho com Sam no quarto dela, na véspera do dia em que ela vai embora para a faculdade. No livro, sempre ficou claro que Charlie gostava de Sam e eles já haviam se beijado algumas vezes, mas nessa noite Sam levantou uma situação incômoda.

Sam namorava um rapaz chamado Craig e, quando terminou com ele, esteve em um início de situação amorosa com Charlie. Na ocasião, Charlie não tomou nenhuma iniciativa. Por isso, Sam pergunta a ele o porquê disso. Charlie explica que, na ocasião, a tristeza dela era mais importante do que o que ele sentia.

O que Sam responde a Charlie é a essência deste capítulo: "Charlie, você não percebe? Não posso sentir isso. É doce e tudo, mas é como se você não estivesse presente às vezes. [...] Você não pode se limitar a se sentar lá, colocar a vida de todos à frente da sua e pensar que o que importa é o amor. Não pode fazer isso. Você tem que **fazer coisas**. [grifos meus]" (pág. 209).

A conversa entre os dois continua e Charlie pergunta: "Como o que?" (pág.210). Sam responde: "[...] dizer às pessoas **o que você precisa**. Ou **o que você quer**. [grifos meus]" (pág. 210). Charlie e Sam terminam se beijando mais uma vez e iniciando um envolvimento sexual, que não é concluído porque Charlie o para.

O livro deixa em aberto o porquê exato de Charlie não haver continuado, mesmo que gostasse muito de Sam e quisesse que aquilo acontecesse há tempos. E isso não importa tanto para o contexto deste livro, pois o que é mais relevante para esta discussão são os trechos grifados nos dois parágrafos anteriores.

Sam fala em **fazer as coisas**, em dizer o que se precisa e o que se quer. A argumentação dela com relação a Charlie é que ele é **muito passivo** em algumas situações, permitindo que algumas coisas aconteçam mesmo contra sua vontade.

A questão não é de poder ou de controle absoluto, pois muitas coisas acontecem contra a vontade das pessoas, todos os dias. As questões que Sam coloca são relativas a situações em que Charlie podia efetivamente controlar, em que podia agir, mas não o fez por medo de expressar sua opinião ou de ferir alguém, mesmo que isso fosse bastante improvável.

Sam pergunta a Charlie porque ele não a havia beijado, se queria isso. E Charlie responde com desvio da situação, em nome de um amor idealizado, incorruptível, supostamente elevado em seus preceitos e intenções. Quando Sam diz que Charlie parece não estar presente às vezes, ela está trazendo à discussão, justamente, as supostas "vantagens de ser invisível", que desconstrói e que reapresenta como enormes desvantagens.

Essa discussão ocupa menos de três páginas do livro, mas é emblemática da obra como um todo. E é justamente sobre a necessidade de fazer, de dizer o que se precisa ou se quer que falarei daqui em diante. O objetivo não é apresentar algum tipo de autoajuda ou algo correlato, mas sim pontuar um aspecto que tenho percebido em alguns jovens e em algumas jovens estudantes, tão forte quanto dolorido.

Por mais que as novas gerações sejam geniais em suas concepções e potencialidades, algumas vezes se perdem em meio à própria sensibilidade, e tendem a acreditar que sentir é tudo o que têm. Isso acontece por uma série de fatores e seria bastante improdutivo tentar fazer com eles uma lista exaustiva, que seria provavelmente ridícula e ineficiente.

Penso que um desses fatores, provavelmente o mais concernente a este livro, seja a falta de apoio e de espaço. A sociedade e as instituições ainda não aprenderam a lidar com a singularidade das novas gerações, muito menos a fornecer a elas condições pragmáticas para seu desenvolvimento. As crianças e os jovens dessas gerações são bastante introspectivos, e mesmo os extrovertidos tendem a ter seus momentos de introspecção, simplesmente porque seu desenvolvimento cognitivo e simbólico é orientado nesta direção.

Nos capítulos que tratam dos computadores (Cap. 3) e da série da Srta. Peregrine (Cap. 6) investigo essas raízes, afirmando que as novas gerações, nascidas a partir dos anos 1990, são diferenciadas porque são nativas digitais, e porque a presença dos computadores, da internet e da *web* em suas vidas e em sua educação quer dizer que eles e elas têm à disposição máquinas onipresentes e muitas vezes portáteis que emulam o funcionamento da cultura e do cérebro.

Sob esta perspectiva, é notório que os nativos e as nativas digitais tenham desenvolvido um tipo diferenciado de mente. O pensamento humano sempre foi associativo, fundado em relações entre as coisas. O que faz as crianças e os/as jovens das novas gerações serem tão distintos e tão inteligentes, tão capazes de tecer relações diferenciadas e profundas é, dentre outras coisas, o fato de terem à sua disposição *hardwares* e *softwares* que são auxiliares ao pensamento, porque permitem o raciocinar enquanto se produz algo, como no caso dos editores de texto que possibilitam que se escreva pensando, de uma maneira que não era possível fazer com uma máquina de escrever.

Como essas máquinas e seus programas são multimidiáticos e hipermidiáticos, operando diversas linguagens e conteúdos todo o tempo, é possível afirmar que os/as nativos e nativas digitais foram criados em ambientes nos quais essa natividade é sinônimo de estarem imersos em arenas de raciocínio que naturalmente criam mentes perceptivas e cada vez mais capazes de entender e de criar diferentes formas de expressão.

Todo esse movimento e todo esse treinamento ajudaram e muito a desenvolver a singularidade dessas novas gerações, ancorada no desenvolvimento e no aprofundar das subjetividades. As novas gerações são cada vez mais adiantadas na habilidade de desenvolver seus próprios conceitos e suas próprias verdades, e qualquer pai, mãe, parente, tutor, tutora, educador, educadora, escola ou instituição que saiba abrir espaço para isso terá gratas surpresas com as concepções que são capazes de entregar.

Todavia, como em tudo, não há apenas benesses. A subjetividade exacerbada muitas vezes pode ser uma fraqueza, se a confiança não for desenvolvida em paralelo. E aí está o problema. A sociedade e suas instituições ainda não estão devidamente preparadas para essas crianças e para esses(as) jovens e para nutrir suas capacidades e suas aspirações. Afinal de contas, boa parte dos/das líderes das escolas e das empresas não são das gerações nativas digitais e, por mais que o mercado já tenha mudado muito, seus parâmetros ainda são arcaicos.

Por mais que as construções conceituais das crianças e dos/das jovens das novas gerações sejam elaboradas e surpreendentes, por mais que seu nível de inteligência tenha aumentado, parece haver neles e nelas um "onipresente senão", um sentido de contrariedade e de desmerecimento que é capaz de inviabilizar o crescimento individual.

Todos os educadores e educadoras provavelmente já se depararam com situações nas quais, depois de elogiar o trabalho de um aluno ou de uma aluna, ou ao elogiar alguma característica ou atitude, receberam como resposta algo como "ah, mas não ficou tão bom assim", "foi sorte", "nem deu tanto trabalho". Essas frases podem parecer irrelevantes ou apenas um recurso de interlocução, mas creio que seus sentidos são mais presentes e impactantes do que a maioria imagina.

Esta não é uma regra universal, mas percebo que, em algum lugar da mente de muitos e de muitas das novas gerações, em meio a todas as múltiplas conexões de sentidos que são capazes de fazer, encontra-se um germe de um eu negativista que insiste em assomar e que pende à desvalorização de todo tipo de boa atitude ou de conquista relevante.

Foram incontáveis as vezes em que presenciei estudantes interessados e interessadas e notadamente inteligentes, diferenciados e diferenciadas, no momento seguinte a um elogio desmerecerem seu motivo. Em casos assim, uma frase como "não foi nada de mais" é realmente de causar preocupação, porque ela carrega um sentido com o qual é difícil de lidar e que pode ser evidenciado por outra passagem de *As vantagens de ser invisível.*

Bill, professor de Charlie, nota que ele está pensativo depois da aula e conversa com ele. O diálogo adquire uma orientação bastante pessoal e Bill diz: "Charlie, a gente aceita o amor que acha que merece" (pág. 35). O que me parece, nesses momentos em que os/as estudantes automaticamente se desmerecem, é que o que está em jogo é a aceitação deste desmerecimento como natural.

Percebo que este é um movimento constante e o tento rebater sempre que posso e, nas ocasiões em que tive oportunidade de ir mais fundo nesse assunto, o que ficou evidente é que isso leva a uma espécie de passividade, em uma crença não só no desmerecimento, mas também na falta de capacidade.

Isto, justamente em gerações mais capazes, é muito triste. Muito provavelmente, tem a ver com a falta de capacidade da sociedade, das famílias e das instituições em lidar com a singularidade, com a subjetividade e, principalmente, com a introspecção, que, com certeza, é necessária porque as crianças e os/as jovens são a cada dia mais autoconscientes.

As novas gerações sabem muito bem quem são e quais suas prioridades, mas não é incomum que suas individualidades e suas aspirações entrem em conflito com normas e com modelos sociais. Isso faz com que se fechem, com que transformem sua necessidade de introspecção em um subterfúgio para o isolamento em nichos ou para o isolamento pessoal.

Novamente, como diz Bill a Charlie em outra passagem: [...] às vezes as pessoas usam o pensamento para não participar da vida" (pág. 34). Esse autodesmerecimento automático é, infelizmente, uma forma de não participar ou de participar menos, pois rebater um elogio com qualquer forma de "eu não mereço" é menosprezar a autoria de qualquer coisa que o tenha motivado.

Charlie abre a carta do dia 28 de outubro de 1991 se desculpando pela ausência, por estar tentando participar. No contexto do livro, isso quer dizer estar realmente nas atividades sociais, não apenas observar de longe. Da mesma forma, crianças e jovens das novas gerações, quando se nota que tendem a ter esse tipo de comportamento, precisam de apoio e de atenção para que não caiam em armadilhas cognitivas armadas por eles e por elas mesmos/as, inadvertidamente.

Em outro trecho de *As Vantagens de Ser Invisível*, Patrick, irmão de Sam e grande amigo de Charlie, diz sobre ele: "Ele é invisível" (pág. 48). No contexto do livro, essa frase é benéfica, pois Charlie é caracterizado como alguém que vê as coisas, guarda silêncio sobre elas e as compreende. É importante pontuar que este pode ser entendido como um retrato das crianças e dos/das jovens das novas gerações, que têm essa enorme capacidade de ver e de entender que têm uma facilidade imensa em propor relações insuspeitas e geniais, em encontrar novas soluções para novos e para velhos problemas.

Mas as novas gerações também têm, ao menos alguns e algumas, uma suscetibilidade a serem feridos pelo despreparo dos diversos ambientes sociais em recebê-los/as e estimulá-los/as. É por isso que, muitas vezes, usam o recurso do autodesmerecimento, uma forma de isenção de capacidade que pode, com o tempo, evoluir para uma invisibilidade que é progressiva.

Como lidar com isso de maneira eficiente é tarefa de qualquer profissional envolvido(a) com a educação, com o apoio de psicólogos(as) e de quaisquer profissionais que possam ajudar. Muitas vezes, uma simples conversa pode fazer atentar para o problema, ou para a de mudança de discurso.

Uma de minhas alunas sempre dizia, quando eu perguntava algo como "Como vão as coisas?": "Tá indo". Para nossas crianças e para nossos(as) jovens brilhantes, "Tá indo" não é aceitável, pois essa expressão é carregadíssima de uma passividade dolorida, em que simbolicamente se aceita que nada esteja bom, "porque é assim mesmo". Crianças e jovens devem ser estimulados a querer. Por isso, sugeri que minha aluna deixasse a frase indesejável em troca de descrições sucintas e pragmáticas, o que funcionou bem.

É realmente muito pouco o que precisa ser feito, e acredito que esse pouco passa em grande parte pelo empoderamento e pela consequente geração de responsabilidade e autoria. Em contraposição ao "eu nem me esforcei tanto assim" ou ao "Nem ficou tão bom" e seus correlatos, crianças e jovens precisam de recursos que mostrem a eles e a elas o quão bom é o que fazem, ainda que esse "o que fazem" seja, simplesmente, serem eles mesmos.

Este livro e suas propostas lúdicas apresentam vários ganchos que podem ser utilizados para a minimização deste problema do autodesmerecimento, porque a valorização dos produtos culturais dos quais crianças e jovens gostam soa para eles e elas como uma valorização de suas individualidades, com muita força. Já disse também que às vezes o que falta são pequenos empurrões e mesmo a correção de discurso, mas sei que propor isso seria muito abstrato e muito pouco.

Sendo assim, proponho uma solução pragmática, com *videogames*. O capítulo sobre *games* traz diversas boas indicações que podem ser usadas para trabalho em sala de aula e em oficinas lúdicas, além de uma listagem de 11 atributos dos *games* que podem fomentar atividades escolares. A essas orientações, podemos juntar outras, na forma de mais sugestões de atividades com *games* que sejam focadas na percepção da responsabilidade e da autoria.

E é bem simples fazer isso. Não é preciso grandes estruturas, nem mesmo a seleção de títulos especiais ou de trechos específicos de alguns *games*, conforme sugiro em algumas passagens. O que é preciso é uma simples orientação de trabalho.

Games, como evidenciado no capítulo a eles dedicado, são a arena da agência, ou seja, da prática de ações com uma determinada finalidade, dentro de contextos específicos. Em especial *games* de consoles, em que joga-se com controladores, que são sistemas de empoderamento.

É com os controladores (incluídos os dos computadores e os dos *smartphones*) que *gamers* atuam no mundo do *game* que jogam, é com eles que dão os comandos para que seus avatares façam esta ou aquela ação. Portanto, é por meio dos controladores que *gamers* impõem sua vontade nos *games*, por meio deles que "aparecem" e deixam sua marca. O mais interessante é que, nos *games*, *gamers* se orgulham de suas realizações. Por isso, os *games* costumam dar a eles troféus e possibilidades de os ostentarem em mídias sociais.

O que proponho, então, é bastante simples: realizar oficinas de *games* em que se trabalhe o empoderamento. Isso é muito simples de fazer: basta deixar alguns consoles ou computadores à disposição com *games* selecionados ou, ainda, autorizar que os alunos e as alunas usem seus *smartphones* e *tablets* para jogar qualquer *game* que desejem.

Mas a oficina não é só isso: ela precisa ser orientada para o empoderamento, e isto também é simples. Basta pedir aos alunos e às alunas que relatem, mesmo que de forma breve e, preferencialmente, em tópicos, as decisões e as ações que tomaram nos *games*, bem como suas consequências.

Esses procedimentos criam a noção da agência e da capacidade de influenciar o mundo do *game*, funcionando como uma percepção mais apurada de sua linguagem e, mais importante do que isso, criam a noção de capacidade de atuação, com um pensamento vinculado justamente sobre ela.

É possível, ainda, em tom bem leve e sem que pareça um estudo de caso, conversar com os/as estudantes sobre suas atuações nos *games*, pedindo que relatem à sala o que mais lhes chamou a atenção em seu desempenho, inclusive expondo as eventuais dificuldades técnicas que tiveram em momentos específicos dos *games*, o que geralmente acontece.

Este tipo de configuração pode e deve ser aplicado também a outras linguagens, e se pode pensar, por exemplo, em usar animês, séries e filmes com o mesmo objetivo, discutindo decisões e atuações dos personagens e suas consequências.

Creio que o combate a essa questão do autodesmerecimento e à sensação de invisibilidade causada por ele é de fundamental importância. Pais, mães, educadores e educadoras precisam ser conscientes desta dificuldade que existe e é real, mas que muitas vezes passa despercebida, ainda que suas marcas possam ser as mais nefastas.

Outras soluções como a que propus podem e devem ser criadas e implementadas. Estamos diante de gerações que têm capacidades distintivas e quase ilimitadas, e também diante de crianças e de jovens que, muitas vezes, por conta das configurações sociais, derivam para concepções de si mesmos que são pautadas pela desvalorização, por mais que suas realizações sejam impressionantes.

É preciso muito cuidado, é preciso interessar-se e é preciso ensinar a sair da invisibilidade ou da tendência a ela, em nome da construção de um poder pessoal que, na mão das novas gerações, não será arrogante ou impositivo, mas sim integrador.

CAPÍTULO 8

GAMES

Para Sabrina Carmona. E esperando para jogar
Persona com você, Dwandaalee.

O desenvolvimento dos *games* começou no início dos anos 1950 e, como toda forma de comunicação e arte, passou por vários estágios de concepção e de estabelecimento de sua linguagem específica, estabelecendo-se como multissensoriais e como a mídia interativa por excelência. Esse tipo de progresso cognitivo e simbólico, que é grandioso, infelizmente, é muitas vezes enxergado da maneira errada.

Na história do surgimento das linguagens e das diversas formas comunicacionais, na maior parte das vezes as novidades foram pouco apreciadas e até mesmo atacadas. A fotografia, nascida na terceira década do Século XIX, chegou a ser definida como uma arte menor e até mesmo como uma corruptela artística, por conta da reprodução mecânica do que é fotografado.

Alguns anos mais tarde, já no final do mesmo século, o nascimento do cinema foi considerado também uma forma menor de trabalho artístico, que não iria muito longe e que não passava de uma série de experimentações divertidas a serem apresentadas em feiras de variedades, no meio de uma infinidade de outras atrações e sem nenhum destaque (um bom exemplo disso pode ser visto no filme *Drácula de Bram Stoker*, dirigido por Francis Ford Coppola, em 1992).

Apesar desses movimentos de desvalorização, tanto a fotografia como o cinema se estabeleceram como formas de arte reconhecidas, cada uma com sua própria e longa listagem de artistas, de movimentos e de obras relevantes. O cinema, por muito tempo, foi a maior das indústrias de entretenimento e tanto ele quanto a fotografia contam com importantes legados culturais e econômicos dos quais não se pode duvidar.

Os *games*, todavia, apesar de hoje serem – com folga – a maior indústria de entretenimento, são uma linguagem sobre a qual ainda se deposita uma série pesada de críticas destrutivas e, por mais que se desenvolvam e se apresentem ao público produtos culturais reconhecidamente elaborados e capazes de propiciar um tipo de concepção cultural muito específica e imersiva, são ainda alvo de condenações preconceituosas e erroneamente construídas.

Por mais que há muito os *games* tenham ultrapassado meio século de história, ainda são vistos como uma linguagem principiante, como produtos supérfluos e desnecessários, como uma simples diversão banalizante. É muito comum que *gamers* sejam vistos como alienados(as) e culturalmente menos desenvolvidos(as), e até mesmo como pessoas que trocam as interações sociais pelo isolamento.

Games são atacados como ferramentas de emburrecimento e de geração de um nicho cultural inviolável, como se *gamers* se tornassem menos inteligentes jogando e como se direcionassem seus interesses unicamente para esta linguagem, não dando muita atenção às outras (ocorre, justamente, o contrário).

Obviamente, nenhuma dessas percepções tem real fundamento, e são apenas fundadas em lugares-comuns e em concepções generalizantes que não se valem de fundamentos científicos ou pragmáticos. Felizmente, em contraposição a este tipo de postura, há o crescimento da pesquisa e da bibliografia sobre esta linguagem, com o consequente aprofundamento fundamentado das visões acadêmica e social.

Estudos sérios apontam os enganos dessas concepções superficiais e, ainda, benefícios cognitivos e simbólicos que os *games* acrescentam à concepção cultural dos/das *gamers*. Essas novas descobertas trazem à discussão algo que *gamers* sabem ou ao menos intuem na prática: que os *games* são uma linguagem singular e potente, com elementos comunicacionais complexos, capazes de promover um trânsito cultural único e de gerar interações sociais profundas e relevantes, que podem ser usadas como modelo de atuação e de desenvolvimento de novas formas de ensino e de aprendizagem.

Para entender por que isto se dá, é preciso pensar um pouco acerca da linguagem dos *games*, que pode ser descrita como formada pela interação de linguagens. Essa é uma percepção bastante correta, mas não completa, pois falha no mais importante, que seria definir os *games* como uma linguagem própria, com elementos de outras linguagens, mas único e independente em sua concepção e em seu funcionamento.

Essa definição é ancorada na correta percepção de que os *games* se valem de elementos de outras linguagens para se constituir, utilizando, por exemplo, a visualidade da pintura, os recortes da fotografia, os movimentos do cinema, trilhas sonoras e musicais. Todavia, pensar apenas nessa integração faz parecer que os *games* são algo como um amontoado de linguagens.

Se outras linguagens fossem pensadas desse modo, seria possível dizer que o cinema é apenas uma série de fotografias em movimento e que, por isso, o cinema seria unicamente uma forma diferenciada da apresentação de fotografias. Essa definição, obviamente, estaria profundamente enganada.

O cinema é sim concebido com base na fotografia e é, também, uma série de fotografias mostradas em sequência e que dão a ilusão de movimento. Entretanto, o cinema é muito mais que uma reoperação mecânica do processo fotográfico. Quando as fotografias são postas em sequência e apresentadas em uma tela, em uma montagem, o que se gera não é a mera exibição sequencial, mas sim outra forma de linguagem.

Esse processo era presente no cinema desde os primeiros filmes, e mesmo desde a concepção das primeiras máquinas pré-cinematográficas, que buscavam sempre a ilusão de movimento e que a conseguiam com menor ou maior sucesso. O que a apresentação sequencial das imagens no cinema criou foi o próprio cinema, ou seja, uma linguagem específica, diferente da fotografia.

A "cinematografia", nome original desta arte, é a "escrita do movimento", da mesma forma que a "fotografia" é a "escrita da luz". Fazer cinema é registrar uma série de imagens estáticas que, dispostas umas após as outras, formam imagens em movimento que, congregadas e postas em estruturas de significação complexas e não lineares, geram significados próprios. Por conta disso, fazer cinema é criar uma narrativa das imagens em movimento, principalmente se o cinema for considerado como montagem, ou seja, como a junção de uma série de cenas diferentes que formam um todo lógico (a prova/teste disso é assistir a um filme sem legendas e/ou no mudo: se o filme for bom, você o entenderá sem precisar das falas ou de narrações).

Ainda, seria preciso considerar fatores como a movimentação dos atores, os movimentos das câmeras e o agregar das trilhas sonoras e musicais, impossíveis na fotografia. Por isso, o cinema é muito mais que a fotografia operada de uma forma diferente, o cinema é uma linguagem específica que, sim, deve sua forma e desenvolvimento a outras, mas que tem seu próprio universo de elementos de significação.

Os *games* podem e devem ser pensados exatamente assim. Um *game* não é formado apenas por uma interação de linguagens, não é só a junção de formas visuais, movimentações cinematográficas e efeitos plásticos e sonoros. Esses elementos e essas linguagens de fundamento estão presentes nos *games*, mas a simples junção não é suficiente para os definir.

É preciso perceber que a agregação de tantas formas comunicacionais forma outra linguagem, que tem seus significados próprios. O que se forma é outro sistema de significados, o que fica bem evidente quando se pensa nos *games* como dotados de outras particularidades que, estas sim, são mais percebidas e apontadas como suas diferenciações.

Games são interativos e imersivos por excelência. Quando falo em interação, neste sentido, não estou me referindo à junção de linguagens, mas sim ao movimento de estímulo e resposta entre *gamer* e *game*, fundado na relação entre usuário e máquina. Um *game* é para ser jogado e operado, como se sabe, e esta é sua principal diferenciação.

Esta afirmação pode parecer e é bastante óbvia, mas a carência é tanta em termos de se perceber e trabalhar a real potência desta característica dos *games* que é obrigatória sua exposição mais aprofundada. Em um *game*, o que se pede é que os *gamers* realizem determinadas ações que são mais ou menos definidas com precisão, dependendo do estilo e dos objetivos.

Nos *games* antigos, é mais fácil notar isso. Para esta conscientização, costumo utilizar os games do console Atari, cujos jogos fizeram muito sucesso a partir do início dos anos 1970.[1] No famoso *game* Seaquest, por exemplo, o/a *gamer* tem que pilotar um submarino que deve recolher determinado número de mergulhadores em um tempo pré-definido, enfrentando inimigos como tubarões e outros submarinos.

Seaquest pede que os/as *gamers* realizem a recolha dos mergulhadores e dá a essa missão uma forma específica, que é a de transitar pelo mundo ficcional de um oceano simulado, desviando de ou eliminando perigos específicos. Os/as *gamers* não podem encostar nos tubarões ou nos submarinos, não podem ser atingidos pelos disparos dos submarinos, não podem deixar o tempo definido esgotar (entretanto, podem subir para respirar, desde que tenham ao menos um mergulhador já resgatado).

Para cumprir todas essas obrigações, os/as *gamers* devem agir de maneiras específicas, manipulando o controle direcional e acionando o botão de tiro para tentar atingir os submarinos e os tubarões. Esta é uma das interações: um tiro acertado em cheio em um inimigo faz com que ele morra, com que desapareça da tela com um som específico e com que o jogador ganhe pontos. Quando recolhe os mergulhadores no número exigido pelo *game* (outra das interações), o/a *gamer* pode retornar à superfície, ganhar mais pontos e renovar seu estoque de oxigênio.

Os *games* são esse tipo de sistema de interação, em que os usuários devem fornecer respostas práticas em forma de ações específicas que serão realizadas a partir do momento em que fizerem as ações e os movimentos corretos com os controles, quaisquer sejam eles.

Um *game* só se forma assim. Faz-se necessário jogar um *game* para que ele se apresente como linguagem e, ao contrário do cinema, se no *game* o/a *gamer* não fizer nenhuma ação, não há progresso narrativo. No cinema, o espectador se senta e é passivo em relação ao filme, no sentido de que o espectador não altera o desenvolvimento da ação.

Nos *games*, tudo o que o/a *gamer* faz é alterar o desenvolvimento da ação, todo o tempo, por meio de um sistema de interação baseado em estímulo e resposta que é uma parte importantíssima de sua linguagem. Esse tipo de interação é exclusivo dos *games*, e vem, inclusive, sendo utilizado como modelo para a reelaboração de outras linguagens, como na produção de filmes interativos, em que os espectadores deixam de ser apenas passivos e alteram o andamento das ações, mas em uma medida muito menos significante do que nos *games*.

As interações, simplesmente por elas, já são complexas o suficiente e já seriam motivo de sua valorização como linguagem diferenciada e relevante em termos da apresentação e do desenvolvimento de elementos de significação. Felizmente, os *games* não param por aí, e oferecem muito mais, pois as interações provocam a imersão.

A imersão, palavra ligada ao mergulho e ao afundar, ao submergir em alguma espécie de líquido, aqui é tomada em um sentido simbólico. Ao jogar um *game*, *gamers*

---

[1] Os *games* da Atari podem ser facilmente jogados *on-line* em emuladores, como o que pode ser acessado pelo endereço: www.atari2600.com.br.

imergem em um objeto de linguagem, pois suas ações "o/a colocam" dentro do *game*. Obviamente, esse processo não é literal, mas não deixa de ser forte por conta disso. Aliás, ele é forte POR CAUSA disso.

Os *games*, formados como sistemas de interação de linguagens em que há as interações usuário-máquina e gamer-game, são também sistemas de imersão, em que *gamers* tomam o lugar de suas representações nos *games*, tanto quanto é possível.

No game Heavy Rain (game de PS3, com versão para PS4, produzido pela Quantic Dream em 2010), há momentos em que os personagens vivenciam situações com dores físicas e limitações de movimento associadas, que são emuladas nos/nas *gamers* por meio de uma programação das ações exigidas de apertar botões e de acionar os controladores que faz com que suas mãos façam movimentos não naturais que ficam cada vez mais difíceis, e que realmente provocam um desconforto físico análogo à dor física que os personagens passam.

Ao jogar um *game*, *gamers* têm seus sentidos fortemente acionados em um mundo à parte, realizam nele ações e incorporam seus avatares de tal modo que sentem os movimentos dos *games* como se fossem na vida real. É por isso que *gamers* fazem movimentos bruscos quando jogam: é como se precisassem mover seus corpos na mesma direção dos carros que controlam, como se realmente levassem os tiros ou os socos que seus personagens levam. Controles de *videogames* mais modernos têm sistemas internos que os fazem vibrar ou que permitem que sua movimentação espacial seja mapeada e se torne mais uma forma interacional.

Atualmente, há opções de games em realidade virtual, com o uso de óculos que simulam ambientes 3-D em 360° que são, literalmente, mundos que se mostram compostos ao redor do/da *gamer*, que tem a sensação de navegar por mundos virtuais da mesma forma que no mundo real, não mais em uma simulação 2-D ou 3-D que está representada em uma tela.

Todavia, a imersão dos *games* é tão grande e tão profunda que não é preciso esse elevado nível de detalhamento de um ambiente de realidade virtual para que ela ocorra. Mesmo em *games* antigos, como Pong, da Atari (lançado em 1972), em que o/a *gamer* controla uma barra vertical que faz as vezes de raquete para rebater uma bola quadrada, a imersão existe e é forte (o nível de metaforização e de identificação nesse *game* é elevadíssimo).

Por isso, quando se fala em *game* é preciso levar a interação e a imersão muito em conta. *Games* são sistemas de conjugação de linguagens que, apenas por conta disto, já seriam uma linguagem diferenciada, mas também são sistemas de interação que exigem respostas dos/das *gamers* aos estímulos que oferecem e que, por conta disto, geram a entrada dos(as) usuários(as) em seus sistemas de significação, ao ponto em que *gamers* vivam durante o game as vidas de seus personagens.

Os *games* são, portanto, como um sonho de consumo de educadores e de educadoras interessados/as em fazer alunos e alunas cristalizarem os conteúdos que expõem em sala de aula. A potência educacional da abordagem de um conteúdo com a utilização de uma metodologia que permita o seu "sentir na pele" é imensa e inquestionável.

E há mais, pois os *games* não se esgotam fácil em suas benesses. É preciso também percebê-los como ambientes de tomada de decisões. Em um *game*, qualquer ação em geral leva a uma consequência imediata ou que se evidencia posteriormente de maneira inequívoca. Portanto, essas ações são também decisões.

Desse modo, jogar um *game* é tomar decisões. Em um *game*, toda decisão interfere nas ações posteriores, não havendo muito espaço para ações que não têm consequências mensuráveis. Em alguns *games*, como Heavy Rain, a árvore de decisões é tão complexa que há vários finais possíveis, acionados de acordo com decisões que os/as *gamers* tomam e de acordo com as ações a elas vinculadas.

Portanto, nesse universo, jogar é entrar em ação, e entrar em ação é tomar decisões. Seja ir por determinado caminho e não outro, decidir carregar esta ou aquela arma, pegar ou não determinado item, seja por agir como mocinho ou bandido, esgueirar-se ou tornar-se evidente, matar ou não um personagem, enfrentar um inimigo ou fugir dele... Qualquer decisão levará a uma ação vinculada e relevante dentro de seu contexto.

Digo isso para deixar claro que *gamers* são bons em tomadas de decisão, e pesquisas apontam que o fazem melhor, mais rapidamente e mais acertadamente que não gamers. Esta, obviamente, é uma habilidade social e profissional bastante desejável.

Colaboradores de empresas, em especial administradores de qualquer escalão, por exemplo, teriam muito a ganhar com um treinamento baseado em *games*. Para as escolas, a habilidade de tomada acertada de decisões também pode ajudar muito, desde o lidar com questões optativas até a identificação de futuras áreas de estudo, nos níveis superiores de educação.

Neste contexto, é importante entender o atuar nos *games* como a capacidade de agência, que é, mais especificamente, a capacidade que *gamers* têm de agir e de provocar reações nos *games* a partir de suas ações. Um *game* é um ambiente pensado para que as ações dos/das *gamers* tenham consequências, isto é, um ambiente preparado para que ações provoquem nele mudanças.

Ou seja: as ações obrigatoriamente os afetam.

Jogar um *game* é, basicamente, criar uma linha de ações sequenciadas que se torna uma narrativa. Cada mínima ação leva a uma reação dentro dele, que abre espaço para outra ação e para outra reação, sucessivamente. Quando um/uma *gamer* joga, está acionando um sistema programado para evidenciar sua habilidade de afetar o mundo do *game*, um universo que "pede" para ser afetado. Portanto, jogar é entender e trabalhar com a perspectiva de que nossas ações afetam um mundo.

No game Frostbite, da Atari, o/a *gamer* assume um avatar de esquimó, que está em um local que simula um ambiente polar, como o do Alasca. Esse esquimó deve pular em sobre 4 plataformas de gelo flutuantes e móveis que formam linhas do alto da tela até sua parte inferior. Quando o personagem está sobre uma plataforma, o apertar do único botão vermelho do controle faz com que ela mude de sentido.

Cada pulo em uma plataforma faz com que ela mude sua cor de branco para azul e que surja no alto e à direita um bloco que, progressivamente, forma um iglu com uma porta. É por essa porta que, antes do tempo de 45 segundos se esgotar, o *gamer* deve entrar, para que os segundos restantes sejam contabilizados como seus pontos, fazendo as fases progredirem e a dificuldade aumentar.

Em Frostbite, cada ação corresponde uma reação precisa, e há constante progresso vinculado a cada uma dessas ações. Cada pulo do avatar sobre uma plataforma branca constrói um pedaço de seu abrigo, cada uma de suas ações afeta seu mundo de uma forma que o/a *gamer* possa facilmente e imediatamente entender e visualizar.

Obviamente, os mundos dos *games* são ficcionais, por mais que emulem o mundo real. Todavia, essa característica não torna menos impactante o fato de que *gamers* são constantemente treinados para afetarem mundos com suas atuações. Em termos simbólicos e pragmáticos, este treinamento traz consciência sobre a capacidade individual de atuação pessoal e profissional, bem como consciência sobre responsabilidade, uma vez que nos *games* sempre se assume as consequências dos atos, por menores que sejam.

Em Frostbite, pular em uma plataforma significa estar em cima dela, assumindo os riscos e colhendo os benefícios daquela posição. Nos *games* de mundo aberto, ambientes 3-D em que se têm liberdade de escolha de movimentação, de caminhos a tomar e de missões a cumprir, essa necessidade de agir e de assumir as consequências dos próprios atos é ainda mais evidenciada.

No *game* Red Dead Redemption (um faroeste produzido em 2010 pela Rockstar, lançado originalmente para PS3 e XBOX 360), o/a *gamer*, assumindo o protagonista, pode optar por ações dentro da lei ou clandestinas, assumindo as consequências dos dois posicionamentos. Caso opte por uma postura fora da lei, começa a ser perseguido pelas autoridades e a ser pouco ou nada ajudado pelos habitantes dos locais que têm de frequentar.

Exposta essa peculiaridade dos *games*, está claro que o fato de *gamers* se dedicarem horas e horas não tem apenas consequências ruins, como atestam seus condenadores mais arraigados (e profundamente enganados). Mas isso ainda é pouco, pois os *games* fazem também com que gamers pratiquem suas ações responsáveis dentro de contextos específicos, aprendendo a raciocinar com rapidez e exatidão sob diversos paradigmas.

Isso acontece porque cada game é um sistema diferenciado. Se de maneira geral os *games* são universos de ação e de reação, de causa e de consequência, cada um demanda um raciocínio específico e um nicho de ações precisas e bem definidas para que seja jogado.

Em *games* do tipo Stealth (de furtividade), como os da série Assassin's Creed, *gamers* devem em boa parte do tempo tentar ser o mais discretos(as) que lhes seja possível, e a habilidade de esgueirar-se por sombras e telhados quase invisivelmente é um dos centros da jogabilidade. Já na série de *games* Battlefield, *gamers* são convocados a assumir a frente de batalha, de modo mais exposto.

Esse tipo de diferenciação ainda é generalista, ligado a visões muito superficiais dos gêneros. O que mais gosto de deixar evidente é o quanto cada *game* exige um raciocínio diferenciado. Isto acontece porque cada um tem seu próprio sistema de funcionamento.

Esse sistema é, naturalmente, subordinado ao tipo de funcionalidade que um console específico ou uma plataforma pode oferecer, e cada *game* é construído com uma série de exigências técnicas específicas, vinculadas a raciocínios contextuais também específicos.

Cada *game* define, dentro de seu universo simbólico e de sua narrativa, os tipos de ações que deverão ser realizadas e como. Esse "como" é ligado à forma pela qual os comandos devem ser dados, ou seja, às ordens que os/as *gamers* têm que dar às máquinas que estão utilizando para jogar, sejam consoles, computadores, tablets, sejam *smartphones*.

Quando um *designer* projeta um *game*, uma de suas tarefas básicas é definir os comandos vinculados às ações, como definir qual botão se aperta para dar um pulo ou um tiro, qual botão faz o personagem se agachar ou se pendurar. Essas ações são, obviamente, vinculadas ao contexto do *game* e têm de ser coerentes com ele. Por isso, quando um/uma *gamer* joga, tem que aprender a pensar de maneira pragmática e simbólica dentro desse contexto e realizar suas ações de acordo com o que é permitido por suas configurações de comando.

Tudo isto é bastante complexo, pois não só é preciso decorar os comandos e realizá-los com habilidade e o mais rapidamente possível como também desenvolver a habilidade de pensar e agir de acordo com o que a narrativa do *game* propõe.

Jogar The Last of Us (Naughty Dog, 2013) é raciocinar e ser atingido por uma simbologia vinculada a um mundo infectado por uma praga zumbi e à construção da relação entre os dois protagonistas, Joel e Ellie; jogar Alice Madness Returns (Spicy Horse, 2011) é pensar e agir de acordo com parâmetros premeditadamente trazidos do livro *Alice no País das Maravilhas*, de Lewis Carroll, com uma abertura para desenvolvimentos criativos ousados e mesmo *nonsense*, além de relações com outras obras artísticas, como a pintura oriental e o livro *As Viagens de Gulliver*, de Jonathan Swift.

Nesses dois *games* tão diferentes, gamers têm configurações de comando distintas e, mais importante, são obrigados a desenvolver raciocínios práticos e simbólicos distintos, a pensar contextos específicos com criatividade e com objetividade. O efeito é como o de experimentar um prato de culinária indiana e, na sequência, um prato da culinária árabe; ou como ler um conto de Machado de Assis e em seguida um de Jack London.

Uma vez que *gamers* costumam jogar sempre, muitas vezes mais de um game em determinado período, estão mais do que acostumados(as) e habilitados(as) a construir linhas de ações com consequências diretas e imediatas dentro de contextos práticos e simbólicos específicos e distintos, e esta é uma habilidade cultural bastante desejável, tanto no que se refere à construção de repertório quanto no que é relativo a trânsitos sociais.

Gamers estão habilitados, portanto, a pensar e a agir sob diversos pontos de vista e a mudar o tipo de pensamento e de ação, de acordo com diferentes situações. Quando ele/ela joga, está necessariamente treinando isso. Toda essa prática e as habilidades adquiridas com ela podem e devem ser aproveitadas para desenvolver a capacidade de pensar, por exemplo, no contexto das diversas disciplinas.

Se a Matemática, a Biologia, a História e a Química exigem, cada uma, um tipo distinto de raciocínio e se o contexto da educação exige que os alunos transitem por esses raciocínios todo o tempo, nas aulas, nos estudos e nos exames e vestibulares, os/as *gamers* estão certamente melhor treinados para enfrentar este processo.

Por isso, oficinas que façam os alunos e as alunas jogar diversos *games* e que apontem essa necessidade de raciocínio mutante em cada um, vinculadas a conversas e esclarecimentos sobre a variabilidade de raciocínio nas disciplinas dos programas de ensino, podem ser ferramentas de aprendizado muito úteis.

Além disso, sabe-se que os/as *gamers* desenvolvem também sua visão periférica, porque precisam dela para identificar informações que podem estar espalhadas em todo o espaço das telas, independentemente de seu tamanho e de suas características. Este ganho cognitivo certamente tem seus benefícios pragmáticos, como um provável aumento da capacidade de perceber problemas quando uma pessoa está dirigindo ou o aumento da percepção dos detalhes de um filme ou pintura, por exemplo.

Todavia, o mais importante é uma habilidade associada a esse progresso na visão periférica. Como, ao jogar, o/a *gamer* tem que ficar atento a tudo o que acontece na tela, uma vez que informações relevantes podem estar escondidas ou aparecer em qualquer canto da tela, às vezes sem muito destaque, *gamers* são treinados(as) para lidar com uma quantidade elevada de informações e para colher dentre elas o que é mais significante.

Ou seja: lidam constantemente com informações oriundas de diversas fontes, filtrando essas informações e as utilizando para melhorar em suas habilidades e progredir em seu *game*. Essas informações não estão apenas nas cenas que se desenrolam no cenário dos *games*, mas também em menus e submenus, que trazem informações adicionais que podem ser úteis à jogabilidade, como mapas e inventários.

Gamers relacionam as informações colhidas com o contexto específico da narrativa na qual estão imersos, raciocinando sobre e com essas informações, incorporando seus conteúdos ao espectro de suas ações e ao seu conhecimento daquele *game* específico.

Muitas vezes, essas informações não são óbvias e exigem que os/as *gamers* as procurem ou entendam onde elas podem estar, de acordo com o contexto ficcional do *game*. Por isso, é possível dizer que *gamers* são bons e estão constantemente melhorando na arte de buscar informações significativas, mesmo em meio a ambientes de caos informacional.

Em uma sociedade da informação como a que vivemos, em que constantemente se fala em *big data*, conceito referente a um grande acúmulo de informações com o qual se tem de lidar, habilidades desse tipo são realmente diferenciais, pois são relacionadas a transformar essas informações em conhecimentos e em sabedoria. Além disso, uma percepção deste tipo põe por terra em definitivo a falsa noção de que *gamers* são alienados e superficiais na construção de seu conhecimento.

Os *games*, além de serem arenas de desenvolvimento de todas essas habilidades, ainda são bons professores. Derivando algumas estruturas de seu funcionamento básicas, é possível gerar parâmetros de construção de atividades educacionais e mesmo profissionais, com o objetivo de torná-las mais atraentes e eficientes.

O conceito de gamificação, cada vez mais em destaque no mercado, é a corporificação dessa possibilidade: a ideia é aplicar atributos de *games* a atividades que não são *games*, mas que tem a ganhar em adesão e cristalização dos conteúdos com esse processo.

Para deixar um guia claro do que é possível fazer e principalmente do "como", deixarei uma pequena lista de tópicos de gamificação que contém 11 técnicas usadas em bons games, resumidamente definidas e explicadas em sua maioria por *games* de Atari, que podem ser jogados *on-line* facilmente em qualquer computador.

Essa lista tem a intenção de ser passível de ser aplicada na concepção de atividades educativas e em atividades extracurriculares. Ela é progressiva e, portanto, seu início é mais generalista e mais óbvio, mas em especial a partir do item 4 há apontamentos que se evidenciam mais nos *games* do que em qualquer outra área. A base teórica para a exposição dos tópicos de gamificação que será feita a seguir é o livro *Design de games* – uma abordagem prática, de Paul Schuytema (São Paulo: Cengage Learning, 2008).

1. **Objetivo claro**: demonstre logo no início da atividade qual é seu objetivo. Preferencialmente, o próprio contexto deve mostrar ou dar pistas do que é necessário fazer. Em um tabuleiro de xadrez, o posicionamento das peças, com as brancas viradas na direção das pretas, mostra que os exércitos são inimigos. Em uma partida de voleibol ou de tênis, a configuração da quadra, a rede e o posicionamento dos jogadores deixam claro que os lados vão se opor pela supremacia. Nos *games* Seaquest e Frostbite, os avatares que os/as *gamers* assumem ficam posicionados no alto da tela, que é dividida por uma faixa horizontal. Ficando em cima, apenas conseguem se mover para os lados, o que não ocasiona mudança nenhuma no game. Apenas quando cruzam a faixa horizontal entram no terreno das ações, em que podem atuar. A configuração física desses jogos e desses games, sozinha, ajuda a entender suas regras e é um contexto específico com significados claros.
2. **Regras compreensíveis e fáceis de serem explicadas**: as regras dos bons *games* são facilmente entendíveis. Na primeira tela de Hero, o avatar não tem outra opção senão descer por uma passagem. Ao chegar embaixo, encontra um personagem sentado. Quando o jogador se aproxima dele e o toca, o *game* abre a contagem de pontos favoráveis ao *gamer*. Em games mais modernos, é comum que as regras gerais sejam explicadas em seu início, como uma parte mais fácil do próprio *game*. *Gamers* não leem manuais, porque a leitura de regras é chata e improdutiva. Da mesma forma, ninguém quer ficar muito tempo ouvindo regras, porque é entediante e porque se esquece delas rapidamente. Na montagem de uma atividade, crie regras simples que sejam fáceis de serem explicadas e que, preferencialmente, possam ser vivenciadas em um treinamento que possa ser configurado como uma pré-atividade. O início de Assassin's Creed III (Ubisoft, 2012) é um belo exemplo desse tipo de abordagem, pois nele se faz ações simples que deverão ser realizadas com mais rapidez e com mais complexidade em outros momentos do game.
3. ***Feedback***: *games* são ferramentas maravilhosas de *feedback*, pois fornecem medições claras de desempenho, pela pontuação e por indicações sonoras ou gráficas que se apresentam, quando os/as *gamers* acertam e também quando erram. No mundo

corporativo, muito planejamento se gasta com *feedback*, e há um grande número de técnicas para isso, como o *feedback* sanduíche, em que se diz primeiramente uma qualidade de quem recebe o *feedback*, para depois expor um defeito ou fraqueza e, em seguida, outra qualidade. O *game* Megamania tem um sistema de *feedback* muito claro, mostrando com clareza a pontuação, o tempo disponível e as vidas dos/das *gamers*. Os melhores painéis de carros também oferecem informações claras e bem organizadas. No planejamento de atividades, pense em maneiras de deixar claro aos/às estudantes seus progressos e seus retrocessos.

4. **Risco e recompensa**: um game é basicamente feito de risco e recompensa. Para ganhos altos, riscos altos; para ganhos pequenos, riscos pequenos. Em River Raid, é possível desviar de muitos inimigos em vez de tentar atirar neles e os eliminar, mas isso diminui sensivelmente a pontuação possível de ser obtida. Planeje atividades para que tenham gradações de ações, as mais difíceis sendo melhor premiadas, e as mais fáceis, menos pontuadas.

5. **Vitórias aninhadas**: este é um atributo fundamental dos *games*. A ideia é a do acúmulo de vitórias, em especial de pequenas vitórias. O tênis é um esporte pródigo nisso, pois cada ponto vencido, mesmo que um jogador esteja perdendo, é uma pequena vitória. Os *games* de Atari em geral trabalham bem essa noção, pois são em boa parte constituídos de fases curtas que bonificam os *gamers* quando as concluem. Seaquest, Frostbite e Hero são ótimos exemplos. Planeje suas atividades para que seu progresso se dê por um acúmulo de pequenas vitórias de qualquer tipo, e não por uma grande vitória apenas.

6. **Falhas com custo**: em um *game*, falhas são punidas na medida de sua importância, e seu acúmulo pode, inclusive, ocasionar a morte. Em Keystone Kapers, quando o protagonista esbarra em um obstáculo, perde 10 segundos, perda significativa, pois representa 1/5 do tempo total de 50 segundos que tem, como policial, para capturar um fugitivo. Planeje sua atividade com perdas programadas para momentos em que alunos e alunas não se saem bem. Não é necessário nem recomendável que haja um caráter punitivo e até mesmo humor pode ser usado na atribuição das punições, mas lembre-se da canção "Another Brick in The Wall part II", do Pink Floyd: "No dark sarcasm in the classroom". Isso é de extrema importância nos *games*, pois configura parâmetros muito claros relativos à boa ou má atuação.

7. **Dar outra chance**: nos *games*, se um acúmulo de falhas ou uma falha grande pode levar à morte do avatar, também é comum que *gamers* contem com mais de uma vida para conseguir completar suas missões. Qualquer *game* de Atari trabalha com esse paradigma, e Seaquest e Megamania são bons exemplos, pois deixam a quantidade de vidas disponíveis muito claramente nas telas. É importante perceber que as chances são dadas, mas sempre após a evidência da falha, ou seja, uma nova vida é dada após o/a *gamer* falhar e morrer. Planeje sua atividade para que os alunos e as alunas tenham chances, mas também para que esse fato esteja ligado à percepção de que têm que melhorar seu desempenho.

8. **Desafios variados**: bons *games* oferecem desafios variados, sempre coerentes com o contexto. Neste quesito, os *games* de Atari, por conta das possibilidades técnicas de sua época de criação, não são exatamente primorosos, uma vez que trabalham mais com o aumento da velocidade e do nível de dificuldade do que com a oferta de desafios variados. Um que se destaca nesse sentido é Mr. Postman, em que o/a *gamer* tem desafios mais diferenciados. Red Dead Redemption, de PS3, apresenta uma série bastante diversa de atividades, todas no contexto de faroeste: perseguir e prender bandidos, domar cavalos, apostar corridas equestres, caçar animais, comprar armas, jogar baralho no *saloon*. Elabore atividades que ofereçam desafios variados aos alunos (no mesmo contexto), para que sejam testados de diferentes modos durante ela, aprendendo diversos conceitos ou abordagens.
9. **Preparo progressivo para desafios maiores**: nos *games*, é comum que haja um escalonamento de dificuldade, e as primeiras fases são, em geral, mais fáceis que as últimas. Um bom exemplo disso é a dinâmica do chefe de fase, em que uma fase termina com o enfrentamento do maior e mais difícil inimigo. Muitas vezes, o que se faz também é preparar os/as *gamers* para desafios maiores, com inimigos menos poderosos e desafios mais fáceis, que sejam representativos das dificuldades que serão enfrentadas. Se o chefe de fase terá, por exemplo, um só olho no meio da testa e se é esse olho que tem que ser atingido no meio de saltos, o *game* pode no início da fase promover o enfrentamento de inimigos que também só têm um olho no meio da testa, mas que são mortos sem que o *gamer* precise saltar. Pense em configurações internas das atividades que tenham um escalonamento semelhante e uma boa dinâmica estará garantida.
10. **Casualidade**: casualidade é surpresa, a imposição de um elemento inesperado que muda a dinâmica do *game*. Esse elemento deve, obviamente, ser coerente com o contexto. *Games* de Atari praticamente não têm esse elemento. A inserção de surpresas reaquece qualquer atividade e muda os rumos da mesma. No jogo de tabuleiro War, os jogadores recebem missões logo no início. A inserção de uma casualidade como a troca inesperada de missões entre os jogadores, depois de 15 rodadas, por exemplo, promoveria uma reviravolta interessante. Projete atividades que tenham essa possibilidade e não tenha medo de apresentar uma casualidade, mas mantenha-se em uma por atividade, senão o processo perde sua intenção e sua eficiência.
11. **Permitir vitórias de virada**: uma vitória de virada é sempre emocionante, como quando um time de futebol que perde de 1 X 0 faz dois gols nos últimos três minutos de partida. *Games* de Atari não são especialistas neste atributo, mas é fácil encontrá-lo em games de combate, como os da série Mortal Kombat (iniciada em 1992). Em termos práticos, nada impede que um/uma *gamer* que esteja perdendo vire a partida, e alguns *games* dão força extra a *gamers* e a avatares que estão em desvantagem crítica, possibilitando que um golpe bem dado quando sua vida está por um fio leve à derrota do oponente. Não é toda atividade escolar que pode conter este atributo, mas nas em que isso se encaixa a possibilidade de melhoria de dinâmica é evidente.

Gostaria ainda de oferecer uma última perspectiva, a do trabalho com conceitos artísticos por meio de *games*. Tenho o costume de ministrar aulas ligadas à criatividade, como Direção de Arte, com o uso do PS3 diretamente em sala. Em geral, faço isso sem avisar previamente os alunos e as alunas, mas quando aviso ou quando chego em sala, isso gera interesse imediato e pronta adesão.

As aulas são desenvolvidas do seguinte modo: pré-seleciono alguns *games* e suas abordagens teóricas e criativas, levo o console para sala e vou simplesmente jogando e deixando que os alunos e as alunas os joguem. Nem importa muito que todos os conceitos planejados sejam abordados, pois a própria dinâmica se encarrega de tornar a atividade interessante.

Como o que transparece nos *games* é a ação e a agência, e como a abordagem dos conteúdos se torna leve, os resultados são sempre muito bons. Costumo, inclusive, falar sobre conceitos na medida em que aparecem, durante o meu jogar ou o dos alunos e das alunas. As discussões são sempre boas e invariavelmente evoluem. Alguns poucos exemplos vão dar a medida dessas experiências.

O game The Unfinished Swan foi produzido pela Sony Interactive Entertainment em 2012 e trabalha o conceito do inacabamento, que é a desnecessidade da definição de todos os aspectos da obra artística, em especial dos finais (como no filme *Onde os fracos não têm vez*, dos irmãos Ethan e Joel Cohen [2007], um "filme que não termina"). Nele, como se trata de um *game* em primeira pessoa, o avatar não é visto, pois vemos o que ele vê.

O *game* começa com uma tela em branco e um pequeno círculo de borda negra. Quando o *gamer* aperta um botão de tiro, bolas de tinta negra são disparadas, pintando os cenários que estão lá e não são vistos de imediato. É possível trabalhar a partir disso a construção da visão de mundo, pois o avatar tem que a construir aos poucos e de acordo com suas escolhas.

No game Little Big Planet (Media Molecule, PS3, 2008) há um conjunto de fases em que a referência estética é a obra da pintora mexicana Frida Kahlo. Trata-se de um *game* pouco violento e muito atraente em termos visuais, com uma trilha musical primorosa associada. O personagem que os *gamers* controlam, Sackboy, é um simpático boneco de crochê, adorado por uma grande comunidade de fãs.

O conjunto de fases se chama "O casamento". Por conta de suas características lúdicas, esse se torna um veículo muito simples de ser utilizado como ferramenta de inserção da obra de Kahlo no cotidiano escolar, e permite resgatar inclusive a cultura mexicana e perspectivas sobre o papel da mulher e o empoderamento feminino, pois a pintora é um dos símbolos da luta feminina por igualdade de gêneros.

Journey, produzido pela Thatgamecompany em 2010, exclusivamente para PS3, trata de uma jornada que deve ser empreendida pelo *gamer* em direção a uma montanha distante. O mais interessante é que o avatar, que parece um ser místico e que tem trajes que remetem às culturas árabe e africana, não é identificado como de nenhuma origem precisa e não tem nem ao menos uma linguagem que seja compreensível, falando por meio de runas sem nenhum significado inteligível.

Durante o game, se o console estiver ligado à internet, outros/outras *gamers* aparecem e jogam junto, mas não se sabe quem são e nem de onde vêm. Este *game* não é nada violento e nele não se mata nenhum outro personagem, pois o objetivo é a jornada em si. Por isso, Journey tem a adesão tanto de *gamers* experimentados(as) e que jogam bastante como de gamers casuais, que só jogam de vez em quando.

É possível usar Journey, inclusive, para se discutir a linguagem dos *games* e a inserção de conteúdos violentos, mas recomendo mais fortemente que a ênfase esteja na viagem e na paisagem. Além disso, recomendo que se discuta a interação com outros(as) *gamers* e a falta da identificação de espécie/gênero durante o *game*, ainda mais porque a comunicação entre os/as *gamers* é feita exclusivamente pelas runas. Portanto, não se conhece com quem se joga e a linguagem de contato ainda é apenas simbólica, o que permite discutir a xenofobia, por seu inverso.

O limite para esse tipo de trabalho é o conhecimento e a imaginação do professor ou da professora. O importante é utilizar o amplo universo cognitivo que os *games* oferecem como ferramenta de cognição no cotidiano da escola, eliminando o preconceito sobre esta linguagem e criando condições para a oferta de conteúdos diversos com impactos profundos, em um trabalho que pode se perpetuar como um dos diferenciais de uma escola ou de um educador.

CAPÍTULO 9

SÉRIES

Para Amy Sherman-Palladino.
Muito, muito obrigado por *Gilmore Girls*.

Até meados dos anos 1990, as séries eram em geral simplórias e tinham pouco destaque em termos de desenvolvimento da narrativa e de profundidade simbólica, com raras exceções. Todavia, nos últimos 20 ou 25 anos, tiveram um grande salto qualitativo, e hoje estão em um patamar elevado e espalhadas também por serviços de *streaming* como a Amazon Prime e a Netflix. Alguns consideram, com muitos argumentos a seu favor, que as séries superaram o cinema em termos de inovação temática e de abordagem conceitual.

Creio ser imaturo afirmar que uma linguagem superou outra, porque isso desconsidera fatores históricos e a validade de cada tipo de manifestação. Por isso, discutir se a fotografia superou a pintura, ou se o cinema superou a fotografia é infrutífero e despropositado.

Desse modo, não entrarei por este terreno, mesmo reconhecendo que hoje as séries – em especial as dos serviços de *streaming* – oferecem universos ficcionais mais variados que o cinema, ao menos quando se considera a grande indústria do cinema *mainstream* hollywoodiano.

E, se a discussão da superação não faz sentido, a questão da herança cultural é incontornável, pois notadamente as séries descendem do cinema. Uma concepção muito primária das séries pode pensá-las, em sua primeira concepção, como "filmes para a TV", o que quer dizer basicamente que, diferentemente do cinema, as séries já eram concebidas e filmadas para a TV (assim como hoje boa parte delas é filmada para serviços de *streaming*), não eram filmes editados e muitas vezes cortados para serem exibidos nas telas pequenas.

As considerações que serão feitas neste capítulo são válidas para séries de todo tipo, tanto as da TV aberta quanto as dos canais por assinatura e dos serviços de *streaming*.

Guardadas as devidas especificidades de cada obra, algumas percepções e algumas orientações gerais sobre sua estrutura de linguagem são universais.

Para termos um parâmetro de referência, uma vez que boa parte das séries citadas neste capítulo são séries originais de canais por assinatura que migraram para os serviços on-line, cabe apontar que essas séries foram planejadas para suas respectivas janelas de exibição, que, em geral, são de 1 hora ou de 30 minutos, considerando os intervalos comerciais.

Como nos serviços de *streaming* assinados não há os intervalos comerciais, uma série exibida em uma janela de 1 hora fica com cerca de 42 a 45 minutos de duração por episódio, e uma série exibida em uma janela de meia hora fica com a duração de 22 ou de 23 minutos por episódio. Pedagogicamente isto é muito interessante, uma vez que um episódio de 45 minutos cai muito bem em uma aula de 1h30 e um episódio de 22 ou 23 minutos cai muito bem em uma aula de 50, e a exibição de trechos selecionados tem muito mais maleabilidade. Além disso, instrumentalmente, podemos pensar em uma aproximação do episódio maior com um filme de média metragem e do episódio menor como um curta-metragem. Essa comparação é útil, mas não é precisa.

É preciso levar em consideração que uma série tem como característica a continuidade e a correlação. Neste sentido, há basicamente dois tipos de séries: as que têm episódios em continuidade narrativa e as que têm episódios interdependentes. Geralmente estas categorias não são absolutas, mas essa classificação é útil para o entendimento das séries.

Em uma série em continuidade narrativa, os episódios se sucedem em uma linha do tempo contínua, em que os acontecimentos formam uma corrente precisa de causa e de consequência. Nessas séries, é como se os espectadores acompanhassem o desenvolvimento cotidiano de seus personagens, com a linha de eventos sendo apresentada como uma sequência cumulativa.

Um bom exemplo é a série *Gilmore Girls*, que estreou em 2000 e teve sete temporadas. Nela, se acompanha principalmente a vida das protagonistas Rory e Lorelai Gilmore, respectivamente filha e mãe. A linha do tempo é bem marcada na evolução de Rory, que no início é uma estudante do equivalente estadunidense ao Ensino Médio e que, na temporada final, se gradua em uma universidade.

Outra série desta categoria é *Hannibal*, que teve três temporadas, exibidas entre 2013 e 2015. A narrativa acompanha o desenvolvimento de investigações policiais relacionadas com o Dr. Hannibal Lecter, um psiquiatra forense. Essa série é como um *prequel* do aclamado filme *O Silêncio dos Inocentes* (Jonathan Demme, 1991), estreado por Anthony Hopkins e Jodie Foster.

Uma série com episódios interdependentes tem uma linha narrativa mais sutil, com um maior ou menor nível de continuidade narrativa entre os episódios. Há sim uma sucessão de acontecimentos na linha do tempo, mas essa sucessão é menos marcada e menos precisa, não sendo evocada em todos os episódios. É comum, inclusive, que relações de causa e de consequência entre eventos só sejam evocadas esporadicamente.

Uma boa parte das séries conhecidas e cultuadas pertence a esta categoria, como *Dr. House* (2004), *The Big Bang Theory* (2007), *Friends* (1994), *Supernatural* (2005), *CSI* (todos, primeira série em 2000) e *Criminal Minds* (2005). Em todas elas, os episódios são bastante independentes, podendo ser assistidos em qualquer ordem, sem que se perca muito do entendimento por não conhecer eventos passados, o que não acontece nas séries em continuidade narrativa.

Em geral, em todos os episódios se reiteram os pressupostos fundamentais da série: em *Dr. House* se vê a atuação dos médicos, a procura não ortodoxa por pistas que levem ao diagnóstico e a postura meio agressiva e distanciada do protagonista; em *The Big Bang Theory* e em *Friends* se vê o grupo de amigos e suas peculiaridades, em *Supernatural* é exposta a investigação de eventos sobrenaturais, e nos *CSI* e em *Criminal Minds* o foco é a investigação de crimes por equipes supertalentosas e bem aparelhadas.

Uma boa dica para visualizar os pressupostos básicos de cada série é assistir e exibir os episódios piloto ou os primeiros episódios das primeiras temporadas, pois, como têm a função de apresentar o contexto da série, costumam ser bastante claros nesse sentido, funcionando como uma espécie de cartão de visitas.

Em relação à abordagem teórica que se pode usar com as séries, creio que a melhor opção é adotar referenciais do cinema. Se é verdade que uma linguagem não deve ser pensada e analisada com parâmetros de outra, também é certo que o cinema emprestou sua forma para as séries, que por conta de suas peculiaridades, mudaram um pouco essa forma. Por isso, séries podem e devem ser entendidas por meio das teorias de cinema, que já são consolidadas e academicamente aceitas.

Não é preciso e seria impossível fazer aqui um resumo de tudo o que há sobre cinema, mas é possível dizer que análises de filmes se aplicam muito às séries. Isto funciona tanto para livros teóricos quanto para a crítica especializada: portanto, a adoção de livros sobre cinema e o replicar das abordagens críticas de artigos sobre cinema, publicados em jornais ou em revistas especializadas e acadêmicas, é altamente recomendada.

As séries, que surgiram na TV, eram originalmente produzidas para se encaixar em programações de TV aberta ou por assinatura, com formatações propícias à sua adequação às já citadas janelas de 30 ou 60 minutos, além de contar com a interferência dos intervalos. Por conta disso, são em geral eficientes em contar suas histórias, que precisam ser ao mesmo tempo atraentes e engajadoras: um episódio deve dar vontade de ver outro, um trecho entre intervalos comerciais deve fazer os espectadores esperarem (ansiosamente, de preferência) pela volta do programa.

Um episódio de uma série de TV precisa ser representativo dela, acionando seus principais atributos constantemente; além disso, precisa atrair a atenção e a manter, para que seja tanto um gancho de manutenção dos espectadores quanto de atração de novos fãs. Por isso, as séries de TV se firmaram como especialistas em contar bem e resumidamente suas histórias. As séries dos canais de *streaming*, certamente, herdaram essas orientações.

Além disso, outro equivalente cultural que as séries têm são os contos. Naturalmente, as linguagens são radicalmente distintas, a começar da óbvia diferença entre uma linguagem baseada em textos escritos e outra baseada em imagens sequenciais. Os contos, como os episódios de séries, são narrativas curtas. Além disso, devem engajar e resolver determinada situação em um pequeno espaço de texto. Da mesma forma, as séries devem resolver situações em pequenos espaços de tempo. Seja em uma série em continuidade narrativa, seja em uma om episódios interdependentes, o saber contar bem uma história tem que existir.

Uma série em continuidade narrativa tem mais liberdade para deixar mais coisas em aberto, mas deve ser prudente para fornecer ganchos para os episódios seguintes, como nas novelas televisivas. Devem ser presumidas, ao final de um episódio de série de continuidade narrativa, as "cenas do próximo capítulo", e esta estratégia é muito interessante de ser mostrada aos alunos e às alunas, pois é correlata à construção da coerência e da coesão, importantes atributos do pensamento que ajudam muito, por exemplo, na redação.

Em uma série com episódios interdependentes, os episódios devem ser, o mais possível, fechados em si mesmos, ou seja, como um filme que tem começo, meio e fim. A estratégia dessas séries é contar pequenas histórias inter-relacionadas, que podem ser assistidas de maneira independente com um razoável ou elevado nível de entendimento, mesmo por espectadores que assistem àquela série pela primeira vez.

E, por uma questão de decorrência histórica, as séries adotaram o modelo de contar histórias do cinema. Afinal de contas, quando a TV começa a se desenvolver, o cinema já tinha mais de meio século de existência (o início oficial do cinema mais geralmente aceito é em 1895, pelas mãos dos irmãos Lumière).

As séries, por uma questão de inteligência prática e narrativa, sempre utilizaram muitos pressupostos de linguagem do cinema, e o salto de qualidade que as séries apresentaram, notadamente a partir do fim dos anos 1990, parece ser fundado em uma consciência de si como "cinema de TV", e não mais como uma espécie de "prima pobre" da arte cinematográfica.

É por esse motivo que obras como *Story* (2006), de Robert McKee, um dos gurus de roteirização de Hollywood, são excelentes para abordar as séries. Este livro é o que mais utilizo e recomendo em aulas de cinema e de linguagem, pois estabelece parâmetros muito claros para a construção de boas histórias no cinema.

Para um trabalho em sala de aula com o cinema, pensando nos contextos do Ensino Fundamental e do Ensino Médio, pouco ou nada se precisa falar a respeito de escolas cinematográficas e imergir profundamente em seus significados culturais. Nesses contextos, mais vale fazer os alunos pensarem a respeito de cada história e da forma que é contada, sem que para isso seja necessário, também, examinar toda a iconografia de um diretor.

Para trabalhar bem com cinema e com as séries nas escolas é preciso falar sobre as histórias que são contadas nos filmes e fornecer meios pelos quais o entendimento dessas histórias possa ser profundo em termos de consciência de linguagem e conectado com o contexto escolar, com uma ou mais disciplinas e também com os núcleos de referências dos alunos.

Em um filme como *O Fabuloso Destino de Amélie Poulin*, de Jean-Pierre Jeunet (2001), mais importante é atentar para a cultura humanista da protagonista do que falar sobre a estética do cinema europeu. É mais importante atentar para o fato de que Amélie valoriza muito as individualidades das pessoas e suas pequenas histórias do que examinar a estética do filme ou do diretor. Além disso, dessa valorização de pequenas histórias pode ser derivado todo um trabalho de escrita, valorizando histórias pessoais dos/das estudantes e de suas famílias, por exemplo.

Do mesmo modo, na série *Gilmore Girls*, é mais importante levar alunos e alunas a pensar nas atitudes das protagonistas Lorelai e Rory e em sua diferenciada relação de mãe e de filha do que examinar o *american way of life* e suas decorrências culturais. O melhor foco do trabalho com séries será dado pelo exame das histórias de cada episódio, principalmente porque é o contar sucinto e atraente das histórias a maior especialidade dessa linguagem.

Essas histórias podem ou ser relacionadas com os conteúdos programáticos ou trabalhadas como conteúdos extraclasse. A teoria de roteirização de cinema ajuda muito na montagem de aulas com séries, pois os processos criativos que são pensados e expostos dão a ver com muita clareza a forma como as histórias são contadas e isso ajuda muito a "desmontar" as histórias das séries para discorrer sobre elas com mais propriedade aos alunos. Vamos a um exemplo.

No primeiro episódio de *Titãs* (2018), o centro é a personagem Ravena (ela é o ponto focal da narrativa em toda a primeira temporada). Filha de um demônio com uma humana, Ravena tem um poder sobrenatural: ela vive em simbiose com uma criatura quase incorpórea que é como uma sombra negra. Todavia, neste momento inicial da série, a personagem nem sequer sonha em como lidar ou em como dominar esse poder, que é muito forte.

Ravena é criada por uma mulher que conhece como sua mãe, mas que, na verdade, não é. Trata-se de uma mulher muito religiosa, que conhece o poder da suposta filha apenas superficialmente, vendo nele algo demoníaco. Por isso, enche a porta e o quarto de Ravena de símbolos religiosos cristãos e, inclusive, demonstra algum receio do contato com a menina.

Na minutagem -44:15 a -42:40, Ravena e sua mãe adotiva estão conversando sobre as coisas que acontecem com ela e, em determinado momento, a câmera está em *contra-plongée* (ou contra mergulho), ou seja, posicionada de baixo para cima, filmando Ravena, que é vista através do tampo de vidro da mesa.

A distorção do vidro "provoca" uma distorção do reflexo de Ravena, mostrada em dupla imagem: uma a sua imagem comum de adolescente e a outra sua "versão demoníaca", associada com a da criatura sobrenatural que a habita, com os olhos e o entorno deles enegrecidos.

O *contra-plongée* é um recurso típico do cinema, como também o *plongée* (mergulho). O *plongée*, imagem tomada de cima para baixo, coloca sempre a personagem em posição de inferioridade, por fazer parecer que está oprimida ou tolhida por alguma situação ou por algum(a) antagonista. Já o *contra-plongée*, a câmera de baixo para cima, faz o contrário: coloca a pessoa em posição de poder e de dominação.

Poder e dominação são o que, na cena citada de *Titãs*, se transfere a Ravena, associadamente ao mostrar do seu poder sobrenatural. Ou seja: Ravena é mostrada como uma personagem de poder, associada à criatura/entidade que vive com ela em simbiose.

Esta cena, mesmo que não ocupe grande espaço de tempo, tem grande significação dentro do episódio, e até mesmo na série como um todo. Por isso, demonstrar os meandros de sua construção pode ser tão rico para os alunos e para as alunas, em termos de ganho de percepção de linguagem e de construção da cognição.

Outra técnica simples para explorar as cenas das séries é elencar os acontecimentos de um episódio, na medida em que acontecem em sua linha do tempo. Não é necessário ser extremamente detalhista, mas é muito útil discriminar os acontecimentos narrativos mais relevantes para que o episódio se desenvolva. Essa visão dos eventos na linha do tempo fornece automaticamente uma linha prática de análise, que naturalmente faz evidentes os acontecimentos mais simbólicos.

Para a exemplificação disso, vou fazer a análise de todo o primeiro episódio de *Blindspot* (*Ponto cego*, em português, de 2015). Apresentarei a sequência dos principais acontecimentos narrativos em uma tabela. A sequência, cinematograficamente falando, é muito bem montada e apresenta todo o contexto da série.

Nº	EVENTO NARRATIVO
1	Ambientação em Nova York, com o encontrar de uma sacola em uma grande avenida por um guarda.
2	O guarda procura o dono da sacola e não acha. Nela, há uma etiqueta em que está escrito "Olá" e "Chame o F.B.I.".
3	Corte para a mesma avenida, vazia, com a sacola em foco.
4	Exame da sacola por um membro do esquadrão antibombas, que a testa para saber se há radiação (o teste dá negativo).
5	A sacola se mexe e, de dentro dela, sai Jane Doe (ela só receberá esse nome depois), a protagonista. É uma mulher quase inteiramente tatuada e que está nua, além de parecer não saber o que está acontecendo com ela.
6	Corte para uma situação de resgate de reféns fora da cidade, da qual participa o agente Kurt Weller. O resgate tem sucesso e o agente Weller é convocado para a sede de operações.
7	Exames em Jane Doe, na sede de operações do F.B.I.
8	É afirmado que Jane Doe sofre de amnésia, induzida por uma droga.
9	É mostrada ao agente Weller uma das tatuagens nas costas de Jane Doe, grande e central, com seu nome e referência ao F.B.I.
10	Reunião dos agentes sobre o caso de Jane Doe, que é considerado inédito.
11	Jane Doe tem o corpo e as tatuagens inteiramente escaneados e faz exames de DNA (nenhuma pista sobre suas origens é encontrada).

12	É percebido que as tatuagens são todas recentes e que elas representam uma espécie de mapa.
13	Jane Doe é interrogada e afirma só ter uma resposta para todas as perguntas: "Eu não sei".
14	O agente Weller conversa com Jane Doe diretamente, pela primeira vez.
15	Segurando as mãos e tocando o rosto do agente Weller, Jane Doe tenta se lembrar de algo, sem sucesso.
16	Jane Doe é levada para uma casa segura, onde pode ser ao mesmo tempo vigiada e mantida em segurança.
17	Jane Doe se olha no espelho e se desespera por sua falta de identidade (nessa cena, em especial, é emblemático que o nome "Jane Doe, que a protagonista mantém em toda a série, seja um pseudônimo coletivo para quando não se conhece o nome de alguém ou se deseja ocultá-lo; na série, por conta de suas peculiaridades de enredo, "Jane Doe" pode ser considerado um equivalente simbólico a "Joana Ninguém").
18	Jane Doe passa por uma entrevista psicológica na qual tem que dizer se prefere café ou chá. Tomando o chá, ela se lembra de grama (sua primeira recordação). Ao escolher o café, constrói sua primeira preferência. O psicólogo diz a ela que as pessoas são definidas por suas escolhas.
19	Ao examinar uma de suas tatuagens, Jane Doe descobre ser capaz de ler em chinês. A leitura leva a uma investigação.
20	Jane Doe demonstra assertividade e exige estar presente na investigação (é a primeira demonstração de personalidade da personagem).
21	Durante a investigação no local, Jane Doe resgata uma mulher vítima de violência doméstica.
22	No resgate, Jane Doe descobre que luta muito bem, com técnicas apuradas.
23	Uma ação terrorista é descoberta, com a ajuda de Jane Doe, ao traduzir as falas de um vídeo do chinês para o inglês.
24	Quando os agentes deixam o local, um homem é focado na cena, observando as ações.
25	O terrorista é perseguido pelos agentes no metrô. Ele desengata os vagões onde estão os agentes e segue com o restante da composição, deixando uma bomba com eles.
26	Não conseguindo desarmar a bomba, o agente Weller a enfraquece e explode longe do trem.
27	Ao traduzir trechos de e-mails, Jane Doe descobre que o atentado seria na Estátua da Liberdade.
28	Jane Doe exige participar da ação antiterrorista na Estátua da Liberdade.
29	Jane Doe leva um tiro de raspão, o agente Weller vai atrás do terrorista (um chinês) subindo vários lances de escada e luta com ele.
30	Jane Doe aparece, empunhando uma arma que tinha caído durante a briga.
31	Como o terrorista estava com uma faca na garganta do agente Weller, Jane Doe tem que agir e, mesmo sob pressão, atinge o terrorista nos ombros.

32	Jane Doe se lembra de um treinamento de tiro em espaço aberto (as imagens dessas lembranças são em preto e branco). O mesmo homem do item 24 reaparece.
33	Na sede do F.B.I., o agente Weller diz que Jane Doe é um recurso precioso, pois suas tatuagens podem ajudar a descobrir muita coisa.
34	O agente Weller conversa com Jane Doe na casa segura e diz a ela que ficará bem. Ela diz não conhecer essa sensação e eles se abraçam.
35	O agente Weller vê uma cicatriz nas costas de Jane Doe (essa cicatriz está relacionada a uma lembrança dele).
36	O terrorista chinês é morto no hospital, pelo mesmo homem citado nos itens 24 e 32.
37	Em cenas que são claramente de acontecimentos passados, mas em cores (diferentemente do item 32), Jane Doe tem sua memória apagada, fato que ela coloca como sua única opção.

Fazer este procedimento de alinhar os eventos narrativos em sua sequência traz bastante clareza com relação ao funcionamento da narrativa. Esse alinhamento nem precisa ser tão detalhado, mas quando o fizer, o professor ou a professora têm que se ater a todo e qualquer evento que possa ser significante. Por isso, é recomendável que se assista ao episódio duas vezes: uma para conhecimento do conteúdo e a outra para escalonar os acontecimentos (fica bem mais fácil após assistir pela segunda vez).

Da tabela sobre o episódio 1 da primeira temporada de *Blindspot*, é possível inferir muitas coisas, mas principalmente o fato de que Jane Doe ganha destaque ao longo dele, passando de um quase objeto ou de um peso morto para o papel de coprotagonista. A série, na verdade, tem como personagens principais ela e o agente Weller, e são suas tatuagens o eixo guia da trama.

Por isso, os roteiristas foram muito inteligentes em iniciar a série com Jane dentro de uma sacola abandonada, completamente sem referências e sem memória, e construir sua importância ao longo do episódio.

Nos itens 19, 20, 21, 22, 23, 27, 28, 30 e 31 a competência de Jane Doe é construída, de maneira sólida e ampla. Nos itens 19, 23 e 27, ela demonstra conhecimento de chinês, e no item 27 esse conhecimento é ainda mais aprofundado, pois ela decifra um dialeto quase desconhecido. Nos itens 21 e 22, Jane demonstra respectivamente compaixão e técnicas apuradas de combate. Nos itens 30 e 31, Jane demonstra coragem e habilidade com armas.

Essas capacidades são empoderadoras e construtoras da confiança de Jane em si mesma e da conformação de um papel para ela na equipe do F.B.I., mas é nos itens 20 e 28 que a futura natureza de sua atuação e sua potencialidade afloram.

Neles, Jane Doe demonstra firmeza e uma postura ativa, ao exigir ser incluída nas ações investigativas, mesmo que isso ocasione a ela risco de vida. E, como fica claro na descrição dos eventos, a participação dela nessas ações é vital, pois sem sua habilidade de traduzir chinês, a investigação não progrediria na velocidade necessária, e sem sua coragem e habilidade em atirar, o agente Weller poderia ser morto ou gravemente ferido.

Na análise deste episódio, demonstrar o crescimento da personagem é primordial, bem como mostrar COMO isso se dá. É possível, depois de passar todo o episódio, passar novamente trechos referentes aos itens de 1 a 5 (do início à minutagem -39:59) e, em seguida, os trechos relativos aos itens 19, 20, 21, 22, 23 (-26:12 a - 24:26) e os itens 27, 28, 30 e 31 (-21:53 a -06:23), para que a noção da passagem de Jane Doe do estado inicial de quase objeto para coprotagonista seja bem percebida.

Como o progresso de Jane Doe é muito bem montado e coerente com os sentidos gerais e específicos da trama, é bastante impactante e emblemático. O assumir de responsabilidades pode ser evocado como tema, assim como a necessidade de conhecer suas habilidades e de utilizá-las em favor de si mesmo e de um grupo.

No episódio analisado, Jane Doe descobre e exercita suas habilidades como parte de uma busca por definir quem é, e para recuperar sua memória. Da forma como a narrativa é apresentada, isso de forma nenhuma parece egoísta, pois ela quer apenas deixar de ser uma página em branco, recuperar ou talvez reescrever sua história (esta última opção, com o desenvolver da série, se configura como a principal busca da personagem).

Essa percepção também pode ser bem trabalhada, direcionando-se os estudantes a olharem para suas próprias histórias e as perceberem como recheadas de potência de atuação e de significação, com espaço ainda para a recuperação de alguma habilidade ou vontade que possa estar esquecida ou mesmo engavetada por algum tipo de impossibilidade ou mesmo de alguma imposição.

Assim como *Blindspot*, em geral as séries são plenas de possibilidades de análise, pois o nível de coerência e de ajuste de seus elementos é bem elevado. Como seus conceitos são bastante desenvolvidos e suas narrativas são feitas para engajar, e como há muitas opções de gênero, tema e conteúdo, é relativamente simples encontrar séries a serem trabalhadas em sala de aula. Além disso, não é preciso que se trabalhe apenas com episódios inteiros, bastando que se exiba e analise trechos especialmente selecionados.

Para exemplificar isso, vou trabalhar com um episódio de *Dr. House* (2004), série estadunidense que teve oito temporadas. O protagonista, Gregory House, é um médico especialista em diagnósticos, altamente competente, mas dependente de drogas inibidoras de dor e praticamente incapaz de lidar bem com as pessoas, por demonstrar um quase nulo senso de empatia.

Essa característica de House é fundamentada no fato de que ele acredita que esse distanciamento é benéfico para seu exercer da profissão, uma vez que permite que julgue as situações médicas de maneira mais objetiva, sem ser afetado pela proximidade com o paciente ou com seus familiares. Por isso, muitas vezes, House nem ao menos vê os pacientes ou fala com eles.

Mesmo com essas características que podem fomentar antipatia, o personagem é profundamente empático, uma vez que seu brilhantismo e objetividade, no fim das contas, terminam por salvar muitas vidas, de forma que, no contexto da série, nenhum outro personagem é capaz. Portanto, mesmo que tenha alguns pontos negativos, a objetividade do médico pode servir de modelo para a construção de uma perspectiva de análise científica e metodológica que pode servir e muito ao ensino de qualquer disciplina, até mesmo daquelas da área de humanas, que, muitas – e enganadas – vezes, são vistas como meramente "subjetivas".

Em redação, por exemplo, a objetividade de House pode funcionar como um modelo de análise de situações sociais a sofrerem intervenções, como exige o modelo Enem. Em universidades, a postura do médico pode servir para orientar discussões sobre metodologia de pesquisa, mesmo que o contexto ficcional do funcionamento de um hospital e de um diagnóstico tenha que ser resguardado.

No episódio 10 da terceira temporada de, chamado de "Merry Little Christmas" no original, (de 31:53 a 33:14, na minutagem do Amazon Prime), o protagonista tem que lidar com o caso de uma adolescente anã, filha de mãe anã e pai "normal". O caso tem muitas reviravoltas e, depois de vários exames e tratamentos, parece difícil de ser resolvido. House está afastado do caso por conta de uma intriga interna relacionada com seu uso de drogas inibidoras de dor, mas mesmo assim é consultado informalmente pela doutora Cuddy, chefe do hospital.

Na cena, House está na cafeteria e, antes da chegada de Cuddy, uma menina de cerca de 5 ou 6 anos de idade, paciente do hospital, tinha se juntado a ele na mesa, buscando dividir um pouco de suas batatas fritas que, segundo ela, eram as últimas. A menina segura um bicho de pelúcia, que House afirma ser um urso, mas que a garota acha que é um cão.

Quando Cuddy chega, House usa a discussão com a menina para parecer desinteressado na proposta de Cuddy, que oferece a ele sua droga costumeira de combate à dor em troca de ajuda no caso da adolescente anã. Reafirmando que o bicho de pelúcia é um urso, House se detém um pouco, pois finalmente entende uma peculiaridade do caso que tinha passado despercebida (esse tipo de dinâmica, de relacionar dois eventos separados, é comum na série).

Os médicos encarregados do caso da adolescente anã tinham pressuposto que ela tinha nanismo, por ela ter uma mãe anã. Todavia, a menina apenas apresentava problemas relacionados a hormônios de crescimento. A relação que House fez foi com o fato de a menina considerar seu bicho de pelúcia um cachorro, mesmo que ele tivesse todas as características de um urso. O que House fez foi raciocinar por meio de uma analogia, ou seja, por comparação entre duas situações que guardam semelhanças.

Esse é um tipo de pensamento muito importante, e a situação retratada no episódio pode representá-lo muito bem, e ainda ilustrar sua aplicação. Em uma redação, por exemplo, o uso de analogias pode ajudar muito, como na comparação entre as buscas da Revolução Francesa e seus ideais expressos no lema "liberdade, igualdade e fraternidade" e a ânsia por liberdade de imprensa, ou com o movimento libertário de aumento da quantidade de publicações disponíveis ao público não pertencente à nobreza e ao clero que foi impulsionado pela invenção da prensa, por Johannes Gutenberg, ainda na Idade Média.

Para o uso mais apurado da cena citada, é preciso apenas ou a contextualização do drama do episódio pelo professor ou a exibição de pequenos trechos selecionados, para que fique claro o tratamento da suposta adolescente anã. Recomendo quatro sequências de cenas: 1) a conversa de House com Cuddy na cantina; 2) a discussão entre House, Cuddy e Wilson (outro médico) sobre o diagnóstico, 3) o explicar do diagnóstico para a paciente e sua mãe, por House e 4) a conversa entre a paciente e a mãe.

Essas quatro sequências são mostradas uma após a outra e a duração total é de menos de sete minutos (de 31:53 a 38:43, na minutagem do Amazon Prime). A discussão na cantina mostra um tipo de raciocínio; a discussão entre os médicos demonstra a importância de considerar as coisas sob perspectivas diferenciadas; e tanto o explicar do diagnóstico quanto a conversa entre a paciente e sua mãe discutem a questão da normalidade. Ou seja, um contexto MUITO rico, apresentado com clareza, objetividade e apuro narrativo.

Na conversa com os outros médicos, House diz que "O normal não é normal, se você não é normal" (33:24, na minutagem do Amazon Prime) e as discussões sobre normalidade que se travam têm essa orientação. Para o público jovem, esse tipo de discussão é muito pertinente, pois em seu cotidiano lidam com esta questão todo o tempo, já que a sociedade cobra a normalidade como regra de sobrevivência.

O trecho citado ainda pode ser usado para a discussão da inclusão das minorias, tema amplo e diversificado, que pode ser representado pelo caso exposto no episódio. Aliás, seria possível uma linda aproximação desses trechos da série com a temática da rejeição ao diferente, que pode ser abordada pelo livro infantil *Os Chifres de Filomena*, escrito por David Small e publicado em 2003 pela Companhia das Letrinhas. Na obra, Filomena é uma menina que, um belo dia, acorda com chifres de alce na cabeça, o que causa um grande rebuliço em sua família.

Essa seleção de trechos específicos, explicada aqui com base em um episódio de *Dr. House*, pode ser usada com qualquer outra série. Por conta de se tratar de trechos curtos, a utilização deles em sala é muito fácil, mesmo em apenas uma aula típica de 50 minutos, permitindo tanto a contextualização quanto a análise.

Esses são os procedimentos gerais que gostaria de explanar a respeito das séries. Com certeza, eles podem ser usados como referência, mas cada professor ou professora deve encontrar seus melhores meios de trabalho. Além disso, é preciso evidenciar que o número de boas séries é tão grande que permite que cada educador ou educadora encontre os conteúdos de apoio adequados às suas disciplinas ou a trabalhos extraclasse que estejam desenvolvendo.

Para finalizar, gostaria apenas de oferecer algumas considerações que considero importantes sobre um tipo específico de séries que pode oferecer um aporte importante em termos de perspectiva geral, ligado à construção de raciocínios.

Séries policiais de investigação são um dos tipos mais clássicos e mais conhecidos. Os títulos variam em abordagem, mas a lógica é mais ou menos a mesma: a solução de um crime ou o resolver de uma situação de perigo (obviamente, a série *Blindspot*, abordada acima, é um excelente exemplo desse gênero). O uso educacional dessas séries pode ser um excelente desenvolvedor de raciocínio, pois o paradigma de seguir as pistas exige que se siga uma linha lógica de pensamento e, ainda, que se use de capacidade de dedução.

Títulos bem conhecidos são as diversas versões de *CSI*, *Bones* (2005) e *Criminal Minds*. *CSI* tem várias versões, cada uma retratando as investigações de uma equipe, com padrões diferenciados de atuação: a original (ambientada em Las Vegas), *New York*, *Miami* e *Cyber*. As três primeiras são mais tradicionais e ótimas para explorar a construção do raciocínio e a exploração de possibilidades de explicação dos fatos investigados, e a versão *Cyber* lida com crimes ligados ao universo digital, o que a aproxima do cotidiano e do interesse dos jovens.

Bones é baseada na vida da antropóloga forense Kathy Reichs, que também é escritora e produtora da série. O destaque é a protagonista, a Dra. Temperance Brennan, conhecida como Bones, por conta de seu amplo conhecimento sobre anatomia e sua especialização na investigação de restos humanos.

Criminal Minds é mais uma série de investigação com múltiplos protagonistas, mas com uma excelente caracterização dos personagens. Dois deles se destacam, a analista digital Penelope Garcia e o Dr. Spencer Reid. Garcia é uma ex-*hacker* que é recrutada pela agência de investigação (a Unidade de Análise Comportamental do F.B.I.) e Reid, um jovem gênio com QI elevadíssimo.

Os dois personagens são naturalmente próximos aos jovens por conta de suas idades e por suas peculiaridades, Garcia sendo uma aficionada por tecnologia e Reid um introvertido de pensamentos muito profundos. Por essas características, esses personagens podem ser eixos de aproximação com os alunos e com as alunas, ganchos naturais para a exploração do raciocínio que é típica da série e do gênero.

A série *Sherlock* (2010) também pode ser um bom instrumento, com o senão de que seus episódios costumam ser longos, com cerca de uma hora e meia de duração, o que faz com que cada um deles seja praticamente um filme de longa metragem, tornando mais difícil a utilização de um episódio inteiro em sala de aula. Apesar disso, o alto nível de construção do raciocínio e o embasamento nos romances de Sherlock Holmes, escritos por Arthur Conan Doyle, além da possível relação com os filmes mais modernos, estrelados por Robert Downey Jr., são pontos altos da série. A excentricidade do protagonista, bastante desenvolvida e evidenciada, também pode figurar nas discussões, como representativa das diferenciações do lugar-comum que as crianças e os jovens das novas gerações normalmente apresentam.

O panorama que foi oferecido até aqui não é e nem poderia ser exaustivo, dada a grande variedade das séries e de sua crescente oferta. O importante, creio, é fornecer diretrizes mais gerais que possam ser aplicadas em todos os casos, para a utilização das séries em sala de aula ou em cursos e oficinas livres. Uma vez que as séries devem permanecer populares e com ampla oferta de gêneros e temas, é primordial que um constante mapeamento seja feito, além de um esmiuçar das preferências dos alunos, acolhendo suas sugestões e examinando suas referências.

Finalizando, é preciso pontuar que as séries funcionam como uma imensa biblioteca visual, como um grande dicionário para decodificar uma imensa variedade de assuntos e, como vêm oferecendo abordagens criativas e instigantes, tendem a se manter como um dos grandes instrumentais educacionais da atualidade, com a imensa vantagem de serem, também, de gigantesca aceitação, especialmente entre os jovens, que têm o costume de as "maratonar" (termo surgido por conta das séries, que significa assistir a todos os episódios de uma ou mais temporada, de uma vez ou em um curto espaço de tempo).

Por isso, escolas e professores devem investir na inserção das séries no cotidiano escolar, e isso será uma parte muito relevante da formação de uma educação peculiar, focada na discussão profunda e impactante, ancorada em produtos culturais de afeição das novas gerações.

CAPÍTULO 10

ANIMÊS, NÃO APENAS "DESENHINHOS JAPONESES"

Dōmo arigatō Nihon

Respeito pela forma de arte é uma das coisas mais importantes que falta quando se trata dos animês. E, analogamente aos *games*, muitas vezes o desrespeito é referente não apenas ao gênero em si, mas também aos seus apreciadores. Todavia, há uma diferença fundamental quanto a essas abordagens de condenação.

De maneira geral, *gamers* são criticados e criticadas por jogar e por serem alienados, alienadas e superficiais. Os *games* são atacados por serem considerados – enganadamente – alienantes ou fomentadores da violência. Nas décadas de 1980 e 1990, era comum ouvir que conectar *videogames* aos televisores poderia danificar os aparelhos.

Gamers sempre foram "do mal", mas quando essas críticas equivocadas são feitas, o que se condena não são as características ou a capacidade dos *games* como linguagem ou sua habilidade em comunicar, mas sim o modo como suas peculiaridades são utilizadas. Falar em *games* como reduto da violência não é criticar sua linguagem, mas sim um uso considerado indevido dessa linguagem, por conta de uma temática teoricamente prejudicial.

O ataque aos animês é de natureza diferente. Há uma percepção geral dos animês como meramente o que se denomina "desenhinhos japoneses". Obviamente, essa percepção tem sua lógica e também uma raiz de verdade, já que animês são animações japonesas e análogos orientais aos desenhos animados ocidentais. Entretanto, é preciso perceber e combater os significados inerentes e subjacentes à falha e demeritória designação "desenhinhos japoneses".

Como vimos, a parte dos "japoneses" está correta. O problema é a outra palavra, "desenhinhos". É preciso notar o diminutivo e seus efeitos: ao mesmo tempo, a desvalorização e a depreciação, ainda mais dentro do contexto de percepção social no qual os animês estão inseridos.

Ao contrário de "desenhos", que nos desenhos animados não tem nenhuma conotação condenatória e que é uma palavra que pode servir, inclusive, para definir desenhos estáticos, "desenhinhos" é um termo pejorativo. O sentido da utilização do diminutivo, nesse caso, é o de tentar estabelecer que animês não sejam desenhos de verdade, ou que não sejam muito bons, ou que são desenhos que não merecem atenção ou crédito. E essas três orientações são profundamente desfalcadas de qualquer coisa que não seja o senso comum, além de serem sutilmente agressivas.

Essa é uma depreciação do gênero em si, não da forma como o gênero é acionado, como no caso dos *games*. Os animês seriam, assim, um "generozinho" ou nem seriam um gênero, quase como um produto falsificado da linguagem, como uma cópia pirata e de má qualidade de um filme é uma versão diminuída em suas qualidades essenciais, em relação a um Blu-ray, por exemplo.

Essa é uma percepção preconceituosa e terrivelmente equivocada que, inclusive, deixa evidente o desconhecimento com relação à ampla variedade dos animês, que tem uma longa série de subgêneros e que conta com conceituações muito específicas de acordo com os públicos específicos aos quais esses subgêneros são destinados.

Então, ao contrário dessas percepções generalistas e enganadas, é preciso definir que animês são animações "de verdade", e isso nem se discute. Eles não são apenas muito bons, eles são maravilhosos, profundos, delicados até quando são também violentos. E, sim, merecem muita atenção e crédito: são objetos narrativos elaborados, diferenciados, suporte tanto para pensamentos estruturados quanto para o acionar das subjetividades.

A desvalorização que recai sobre os fãs de animês é correlata à que é referente ao gênero, e dela derivada. Assim como o gênero é tratado no diminutivo, as crianças e os jovens que assistem animês são apontados como "fãs dos desenhinhos japoneses", ou com alguma expressão correlata que seja igualmente desmerecedora, como o termo "otaku", que originalmente não tem essa conotação negativa, mas que a ganhou, justamente, por conta desse preconceito e desse desconhecimento.

Essas duas vias de depreciação, aquela contra o gênero animê e aquela contra seus fãs, faz com que se escute com infeliz frequência frases como "Minha filha só quer saber de ver aqueles desenhinhos japoneses" ou qualquer coisa/besteira do tipo. Numa frase como essa, se deprecia tanto o gênero quanto seus espectadores e espectadoras.

Muitas vezes essa condenação é inadvertida e fundada em um desconhecimento, não necessariamente mau ou demeritório. Portanto, não se trata de condenar as pessoas que abordam o gênero e seus fãs dessa maneira, mas, sim, de esclarecê-las.

Parar para prestar a devida atenção aos animês é não perder as oportunidades de lidar com um universo temático e conceitual que não só é profundamente apreciado por filhos e filhas, familiares, alunos e alunas, mas que também tem muito a oferecer, em termos de possíveis interações pessoais e profissionais e que pode se tornar uma ferramenta de crescimento emocional e de percepção de linguagens e significações da mais alta qualidade.

É necessário, então, ajudar na construção de uma nova forma de se abordar os animês, fornecer meios de inseri-los em sala de aula e na sala de casa, no convívio escolar e familiar. Para isso, é preciso entender os animês como um gênero à parte e diferenciado. Mais do que isso, é preciso entender os animês como uma linguagem específica e com conteúdos muito próprios.

Os animês se diferenciam dos desenhos animados assim como os mangás (o equivalente cultural japonês às histórias em quadrinhos) se diferenciam das histórias em quadrinhos tradicionais. Pontuando diferenças muito básicas, a orientação de leitura dos mangás é inversa à dos quadrinhos: mangás se leem da direita para a esquerda, e quadrinhos, da esquerda para a direita. No Brasil, muitos mangás brincam com isso, colocando uma frase como "Pare! Você está lendo no sentido errado!", no que seria a primeira página das revistas, se ela fosse lida no sentido tradicional das histórias em quadrinhos.

Os animês têm narrativas muito distintas, além de aspectos gráficos diferenciados e conteúdos peculiares. Em termos de linguagem, quase não se pode comparar um animê e um desenho animado ocidental, dadas suas inúmeras diferenças. Há especificidades quase infinitas, que gerariam não só um livro, mas uma enorme biblioteca, que nem de longe seria exaustiva.

Portanto, o mais efetivo para promover uma mudança de perspectiva sobre os animês é abordá-los por um viés bastante pragmático. A ideia mais geral é simplesmente deixar exortações no sentido de "assistam animês", "perguntem a seus filhos e filhas de que animês eles e elas gostam e assistam junto" e "trabalhe com animês em sala de aula". Todavia, o mais importante será elencar algumas características gerais dos animês que os tornam produtos impactantes e que permitem que possam e devam ser valorizados como linguagem e como plataformas de crescimento pessoal.

Em primeiro lugar, é preciso perguntar porque as crianças e os/as jovens gostam tanto de animês. Firmemente, creio que isso tem a ver com a própria natureza do gênero, com sua linguagem e com uma forma específica que eles têm de apresentar seus conteúdos. Isso é também relativo não só aos animês de modo geral, mas também à forma como cada animê constrói sua singularidade.

Qualquer pessoa, mesmo que não seja fã de animês, consegue claramente notar visualmente o que é um animê e o que não é. É como ouvir uma música desconhecida ou ainda não identificada de uma banda da qual gostamos e que tenha uma sonoridade característica, como Rush ou Black Sabbath: identificamos a sonoridade, mesmo que não reconheçamos aquela música específica. Essa simples percepção fornece a chave de um entendimento fundamental: quando falamos de animês, falamos de um universo específico, com suas regras e formas próprias.

O mais interessante é que cada animê respeita e amplia essas convenções, criando para si algo que pode ser entendido como um submundo próprio dentro do mundo dos animês. Um animê específico, como *Kill la Kill* (2013, dirigido por Hiroyuki Imaishi), é como o planeta Terra na Via Láctea, ou como São Paulo no Brasil: ele observa como o universo maior funciona, mas dentro dos modelos possíveis desenvolve suas peculiaridades.

Por isso, cada animê é um mundo específico, com suas regras próprias. Muitas vezes, isso quer dizer a utilização de elementos gráficos distintivos, mas é a construção da história e a forma de apresentação de seus elementos mais significantes o que mais importa.

Um animê sempre será muito fiel a seus princípios criativos e os utilizará conscientemente todo o tempo, mesmo que, a princípio, eles não apareçam como tal. Não estou falando de "surpresas" que se reserva para o final, como reviravoltas ou a morte de um personagem importante, mas sim de elementos mais gerais e elementares de estruturação.

É comum que, quando se nota o que está sendo feito, se perceba que aqueles elementos estavam lá desde o princípio. Um animê de 25 episódios, por exemplo, pode deixar claros esses princípios apenas no episódio 17 ou 20. É o que se faz em *Kill la Kill*, que só alinhava em definitivo sua lógica interna após ao menos 12 episódios (essa lógica é mostrada de modo progressivo), quando a narrativa é montada de uma forma que apresenta aos espectadores essa construção, criando um movimento de consciência de linguagem.

Quando se nota o que esse animê "fez", se a memória dos episódios anteriores estiver fresca, se perceberá que aquela lógica interna existe desde o começo, e que estava bastante exposta, embora os elementos apresentados no início não fossem suficientes para perceber isso.

Quando esses movimentos ficam claros, é natural que se goste ainda mais do animê, pois é notável o quanto ele é bem amarrado e bem construído. Essas lógicas são reiteradas praticamente em todos os episódios, de maneira mais ou menos sutil. Por conta dessas características, os animês são obras de arte profundamente coerentes. E esta é uma e talvez a principal razão pela qual as crianças e os jovens gostam tanto de animês, mesmo que a percebam apenas intuitivamente.

Além disso, há a questão da singularidade. Animês são universos conceituais em que se explora muito a singularidade, ou seja, a diferenciação individual perante o todo social, que, em geral, é generalizante. E, justamente pensando nas gerações nascidas a partir dos anos 1990, é preciso perceber que estas são marcadas por um aumento da singularidade e do desprendimento às instituições, às formalizações e às hierarquizações.

Ao longo dos anos, essas crianças e esses jovens têm sido denominadas e denominados, por conta de diferentes contextos de percepção, como Geração X, Y ou Z, Millennials, Cristal, *Índigo* ou Arco-íris. Certamente, novas terminologias virão, e elas não serão, como sempre, adequadas. Isso porque qualquer terminologia tem em si uma categorização e uma separação, uma classificação que é sempre separatória e que implica a existência de grupo apartado.

Por isso, nem sequer examino essas terminologias e suas definições. Não acredito nelas, simplesmente porque são também modelos aos quais se tem que forçar as crianças e os/as jovens a se enquadrar. As novas gerações, e em especial aqueles e aquelas que se afeiçoam aos animês, são muito representativos da inadequação dessas definições congelantes, pois têm suas singularidades muito desenvolvidas, e justamente com o apoio dos animês.

Falei dos animês como universos de singularidade, com regras próprias e coerência. Pois bem, agora a associação é fácil: é só pensar nas crianças e nos jovens como universos de singularidade, com regras próprias e coerência. Obviamente, é correto pensar que todas as pessoas têm sua singularidade, que cada pessoa é um indivíduo com desejos e necessidades específicas. Todavia, a verdade é que o desenvolvimento da sociedade sempre foi orientado para a homogeneização, até por questões de necessidade de organização.

Provavelmente, as pessoas nunca realmente se adequaram a essa lógica, mas, em especial as gerações nascidas a partir dos anos 1990, ou a rejeitam ou a combatem com grande força. Naturalmente, alguns e algumas têm mais sucesso que outros e outras, e não estou falando aqui de sucesso profissional. Falo de sucesso pessoal: alguns/algumas jovens têm mais sucesso que outros/outras em passar pelas vicissitudes de enfrentar, com suas singularidades exacerbadas, todo o sistema de generalização que uma sociedade estruturada exige e que é natural que tenha.

Os animês fornecem um apoio muito útil para isso, justamente por serem espaços para o florescer das singularidades. A responsável por isto é a estrutura de valorização da lógica interna e de geração de coerência, típica dos animês. Como as crianças e os/as jovens são cada vez mais singulares, é muito importante que tenham à sua disposição um amplo universo artístico sempre em crescimento, no qual seja possível se basear para desenvolver suas peculiaridades.

Os animês são ferramentas de educação emocional. Esta orientação é baseada na sociedade e na educação japonesas, na forma como tratam a formação e os sentimentos. Se cada animê é um universo particular com regras e coerência próprias, no interior de suas narrativas é comum que se encontre personagens e situações que trazem para discussão tanto dilemas práticos quanto subjetividades.

Muitas vezes, esses dilemas e essas subjetividades estão concatenados, como no caso do animê *A Princesa e o Cavaleiro* (dirigido por Chikao Katsui e Kanji Akabori, 1967), em que um rei precisa de um herdeiro, mas tem uma filha. A menina, chamada de Safiri, é criada como um menino, o que tanto protege sua vida quanto a permanência de seu pai como monarca. Apenas o rei, a rainha e alguns empregados de confiança sabem do segredo e há alguns vilões que desconfiam da verdade e querem torná-la pública, em benefício próprio.

O problema prático da necessidade de o rei ter um filho para ser seu legítimo herdeiro é pragmático, e resolvido de uma forma específica, que configura uma situação social muito particular, com a qual Safiri tem que lidar. Isso formata suas atitudes e, claro, suas emoções.

No desenvolvimento do animê, a princesa/o príncipe tem tanto atitudes tipicamente femininas quanto masculinas, e isso a ensina a lidar com o mundo, dentro das características com as quais esse mundo é construído. Esse tema é importante e delicado ainda hoje, e por isso é primordial dizer que esse animê, baseado nos mangás homônimos de Osamu Tesuka, considerado um dos maiores mestres do gênero (muitas vezes chamado de "o Walt Disney dos animês"), é de 1967.

Por conta disso, *A Princesa e o Cavaleiro* é sempre citado quando se discute o início da discussão sobre os gêneros, e hoje poderia ser acionado para se discutir a transexualidade e a androginia. Essa temática já o torna bastante relevante, mas o que mais me importa neste livro é a discussão da singularidade. Safiri, mesmo sendo apenas uma menina no início da adolescência, carrega sobre os ombros o peso de sustentar todo um reino, e o faz usando habilidades masculinas e femininas típicas.

Mais importante que isso é o caráter que se forma. A personagem é forte, resiliente, atuante, agressiva quando necessário, combativa e hábil nas batalhas; mas, ao mesmo tempo, é terna, doce, compreensiva e maternal. Ainda, ao mesmo tempo que tem atitudes infantis que a constituem quase como um "moleque brincalhão", como descer a escada pelo corrimão, fugir dos empregados e pregar algumas peças, é também sábia e profundamente justa em alguns julgamentos que se apresentam como sua responsabilidade.

O dilema do rei que precisa de um filho e que tem uma filha é comum em narrativas ligadas à monarquia, mas as características particulares que *A Princesa e o Cavaleiro* desenvolve são muito peculiares. Por isso, o animê pode ser usado para a discussão de uma série de temas, desde a questão dos gêneros até o empoderamento feminino (Safiri é um modelo/paradigma nesse tema) e, até mesmo, paradigmas de gestão de pessoas.

Pensando a questão da lógica e da coerência internas aos animês, é claro que no mundo real não haveria uma pré-adolescente frágil e delicada capaz de lidar com bandidos de toda a ordem e mesmo com monstros ameaçadores; é claro que provavelmente não se poderia criar uma menina como um menino sem que esse segredo se espalhasse; e é claro que alguém tão jovem não demonstraria tanta maturidade, mas isso realmente não importa. No universo de *A Princesa e o Cavaleiro*, tudo isso faz pleno sentido.

E é nesse universo singular que faz pleno sentido que Safiri atua, lidando com os paradigmas do mundo em que vive, da melhor forma que pode. Esse é outro diferencial dos animês: os personagens não são "perfeitos". Safiri muitas vezes é temperamental e, em muitas ocasiões, suas emoções estão à flor da pele, o que se pode notar muito por conta dos típicos olhos grandes da personagem (aliás, a função dos olhos grandes dos personagens de boa parte dos animês é demonstrar as emoções e criar conexão com os personagens, e não, segundo uma percepção bizarra muitas vezes reiterada, ajudar os japoneses a superar o suposto "trauma dos olhos puxados").

A princesa/"O Príncipe" comete alguns pequenos deslizes, é rude em alguns momentos, se irrita, é teimosa/teimoso. Ou seja: Safiri é como todo mundo, tem que lidar com emoções que muitas vezes são incongruentes. Nos mangás, muitas vezes, autores dialogam com os leitores, falando a respeito das dificuldades das produções, sobre como acham difícil acompanhar os prazos e desenhar tanto, sobre como seus traços podiam ser melhores. Mangás e animês não são sobre perfeição, mas sobre fazer o seu melhor com seus próprios recursos, e sobre os dilemas inerentes a isso.

Animês são isso: uma quase infindável biblioteca em constante crescimento, que ensina educação emocional e singularidade, que discute temas profundos de maneira leve e que conta com um enorme poder de atração e de retenção de público.

Another (2012, Tsutomu Mizushima) discute o isolamento e o *bullying*; *Kill la Kill* discute o confrontar das instituições de poder e o empoderamento; *Elfen Lied* (2004, Mamoru Kanbe) discute a rejeição ao diferente e as definições de humanidade; *Kujira no Kora* (*Filhos das Baleias*, 2017) discute a existência e a validade das emoções. Essas discussões, que podem ser consideradas de caráter macro, são ainda acompanhadas por outras de caráter micro, relativas a um exame apurado das emoções específicas que os personagens vivenciam nas diferentes situações narrativas.

Another é sobre as emoções de Misaki Mei, *Kill la Kill* é sobre as emoções de Matoi Ryuko, *Elfen Lied* é sobre as emoções de Lucy/Nyuu e *Kujira no Kora* é sobre as emoções do personagem Chakuro, que, inclusive, instiga outros personagens a pensar sobre as emoções.

Todas essas características fazem com que a adesão aos animês seja imensa. Por isso, em geral os/as fãs os assistem ininterruptamente, tanto como as já tradicionais maratonas, em que se vê todos os episódios em curto espaço de tempo, como assistindo muitos títulos diferentes, de maneira concomitante ou em sequência.

Essa ampla adesão das crianças e dos jovens aos animês já é suficiente para justificar a atenção de pais, mães, parentes, responsáveis, tutores, professores, professoras e de todo e qualquer tipo de profissional envolvido com educação. Mais importante, todavia, é que, por conta dessas características de ferramenta de educação emocional, os animês se constituem em ganchos muito eficientes e instigantes para interações.

Por isso, a condenação enganada que os animês sofrem é tão prejudicial. Como a afeição das crianças e dos jovens por eles é enorme, sofrem muito com sua condenação, mais do que talvez eles mesmos possam imaginar. Falar mal do gênero ou de um animê que um/uma jovem aprecia é como falar mal dele ou dela mesmo(a) ou de alguém de quem gosta muito.

Em contrapartida, tentar saber sobre os animês e sobre o porquê de as crianças e os/as jovens gostarem deles de modo geral ou de alguns em particular é muito bem recebido. Isso os surpreenderá e é o principal movimento que eu sugiro. Pergunte a um/uma jovem "Por que você gosta tanto do animê X" e saiba que há a quase certeza de uma resposta longa e inesperadamente profunda. Se os animês são ferramentas de formação de laços emocionais, deveriam ser aproveitados como tal.

No cotidiano das escolas, justamente por isso eles deveriam ser mais aproveitados. Como qualquer educador de hoje pode perceber, as crianças e os/as jovens são cada vez mais singulares. É preciso pensar a educação com o apoio de ferramentas que coloquem questões gerais, mas que abram espaço para o desenvolvimento pessoal singular, e os animês fazem justamente isso. E há um imenso universo de trabalho para escolher, com imensa variedade de títulos e temas. É só querer e saber utilizar.

Há ainda outros fatores que fazem os animês serem ferramentas tão especiais. Um deles é ligado à estética dos personagens e, mais especificamente, ao seu tipo físico. No desenvolvimento de toda linguagem, alguns elementos se estabelecem, como o *travelling* no cinema (quando a câmera se desloca em qualquer eixo) ou as linhas de movimento nos quadrinhos (linhas que indicam um movimento que está sendo feito).

Da mesma forma, nos mangás e nos animês há este tipo de elemento, e um dos mais significativos é a estética geral dos personagens que, historicamente, foram sendo desenhados com uma determinada configuração física (isto não é uma regra universal, mas uma orientação bastante desenvolvida). Os olhos grandes e arredondados, que evidenciam muito as pupilas, são certamente uma dessas marcas. Há quem diga, sem razão (e com completa insanidade), que esse tipo de olho é "por causa do trauma dos japoneses com os olhos puxados".

A real razão para o uso deste tipo de estética é, na verdade, outro, bem mais nobre e inteligente: os olhos grandes e arredondados, que assomam dos rostos e que se destacam muito, têm, na verdade, as funções de chamar a atenção para si e de evidenciar as emoções dos personagens (assim, chamando a atenção para as emoções em si).

Essa é, inclusive, uma das razões pelas quais os animês desempenham muito bem a função de ferramenta de educação emocional: os/as personagens de grandes olhos são transparentes, seu olhar é construído como uma oferta de leitura clara do que estão sentindo. Usando ditados populares para descrever isso, os personagens de animês, por conta dessa característica física em especial, são "livros abertos", com os seus "espelhos da alma" notadamente escancarados para quem quiser os encarar.

Esta configuração de olhos e de olhar não é uma qualidade absoluta nos animês, ou seja, não são todos que adotam essa estética, mas a porcentagem dos que fazem isso é absolutamente grandiosa. Por isso, personagens de animês são facilmente identificáveis, e qualquer passada de olhos por uma imagem animada ou não deles é suficiente para apontar que ela pertence ao gênero.

Há personagens de variados tipos físicos e, sejam eles altos, sejam baixos, magros ou gordos, muitas vezes demonstram possuir força física e destreza que parecem além de suas possibilidades. *Sword Art Online* (2012, Tomohiko Itō) é um bom exemplo disso: Kirito e Asuna, o casal protagonista, é magro e esguio, mas ambos são tremendamente atléticos, fisicamente hábeis, de grande destreza em combate e significativamente fortes.

Claro que há personagens notadamente fortes, com físicos típicos de halterofilistas ou de lutadores, e obviamente se exagera esses corpos, como no caso do personagem Ira Gamagoori, de *Kill la Kill* e o personagem *All Might*, de *Boku no Hero* (2016, inicialmente dirigido por Kenji Nagasaki) que é uma referência/homenagem ao Superman. Entretanto, o mais interessante de perceber é que quando se associa esse tipo de "desvantagem" física a grandes realizações físicas ou mesmo a grandes superações psicológicas se cria uma noção muito grande de possibilidade.

A Safiri de *A princesa e o Cavaleiro* é praticamente uma criança, magra e leve e, se existisse no mundo real e se a verossimilhança fosse minimamente importante, pouco ou nada passaria dos 50 quilos e quase nenhuma chance teria contra seus opositores, em especial os monstros. Todavia, Safiri enfrenta e supera todas as provações, firmando-se como uma guerreira respeitável. Matoi Ryuko em *Kill la Kill* age de maneira muito semelhante, superando desafios de combate contra antagonistas que são, teoricamente, muito mais fortes e/ou mais habilidosos do que ela.

A noção de possibilidade é justamente isso: perceber que é possível. E não se trata efetivamente de perceber que é possível derrotar um guerreiro habilidoso em batalha, mas sim notar que é possível vencer uma dificuldade, de qualquer natureza. Os animês, como toda obra de arte que assim possa ser considerada, são metáforas elaboradas. Quando Safiri derrota um monstro, ela não demonstra apenas que se pode derrotar um gigante, mas que é possível passar por grandes dificuldades de qualquer tipo. Os monstros que Safiri derrota são também os "monstros" dos espectadores.

Junte-se isso ao fato de que nos rostos dos personagens estão os grandes olhos que os tornam transparentes e que fazem assomar suas emoções, e então se percebe que o que está em jogo é a demonstração de um poder mais interno, mais emocional, mais ligado à qualidades subjetivas, como a devoção a uma causa ou a força de vontade. Os personagens dos animês são guerreiros do humano.

Como se isso não bastasse, há mais uma constatação que se pode fazer a respeito do aspecto físico dos personagens. Como sua estética é muito peculiar e como é amplamente adotada, ela configura algo como uma raça que não existe. E, se as crianças e os jovens gostam tanto dos animês e de seus personagens, estão mais do que acostumados a gostar dessa raça que não existe.

Isso é extremamente importante e diferencial: fãs de animês são acostumados e acostumadas a aceitar o estrangeiro, o diferente, o que vem de fora e que não se parece com eles em muitos aspectos, não só no físico (até porque, em muitos animês, aceitar o diferente é ou uma linha de atuação social ou uma temática). Como a afeição pelos/pelas personagens e pelo que representam é um fator primordial para a identificação com os animês, e como essa identificação é uma relação que se constrói com o que está à margem, isso engendra uma postura pessoal e social muito profunda e interessante.

A febre e a grande dedicação aos concursos de *cosplay* nos eventos voltados a animês é marca deste profundo amor: jovens se travestem dos personagens, muitas vezes gastando somas consideráveis para isso. Por conta de todas as características do gênero, das histórias e dos/das personagens, não se trata apenas de um fantasiar leviano, mas sim da busca pela incorporação de características e de uma significação que tem muito de uma busca pelas subjetividades mais profundas.

Se toda essa identificação é voltada a uma raça inexistente no mundo, tanto melhor: crianças e jovens estão sendo constantemente treinados para aceitar as diferenças. Fazendo o *cosplay* dos personagens de animês, estão adotando a empatia, o colocar-se no lugar do próximo, e esse próximo é um diferente, um estrangeiro de quem não se pergunta o saldo da conta bancária, mas sim alguém de quem se colhe metáforas profundas e construtoras.

Qualquer contato mais atento com crianças e jovens fãs de animês vai mostrar as consequências deste fanzinato dedicado aos personagens: o aceitar e o conviver com a nova raça dos animês geram pessoas preocupadas com pessoas, não com posições sociais, sobrenomes ou qualquer outro tipo de normatividade social.

Além disso, é notável como, uma vez que não é realmente possível aos fãs se parecer cotidianamente com seus adorados personagens, eles optaram por se parecer: qualquer passeio por uma convenção de animês ou por um local de concentração da comunidade de fãs, como o bairro da Liberdade, em São Paulo, permitirá perceber uma estética própria, onipresente e congruente.

Se os personagens de diferentes animês em geral se parecem e se constituem uma nova raça, essa raça é percebida também como uma comunidade, como se à noite se sentassem em um lugar comum que reúne personagens de todos os animês à mesa para cear ou tomar chá.

Outro ponto interessante é a cultura das "*waifus*" e dos "*husbandos*". Os dois termos vêm das palavras "*wife*" e "*husband*" da língua inglesa, que significam, respectivamente, "esposa" e "marido". Na cultura dos animês, esses termos se referem a personagens dos quais os fãs gostam muito, aqueles que se destacam em sua escala de preferência.

Uma visão mais superficial pode encontrar alguma orientação sexual ou mesmo pervertida nas designações, e infelizmente não é incomum que isso aconteça. Todavia, ainda que haja alguma fetichização, os sentidos mais profundos e significantes não são esses.

Se os/as fãs dos animês gostam tanto dos personagens, com alguns em especial eles têm maior ligação e algumas vezes demonstram essa ligação se apropriando deles com os termos "*waifu*" e "*husbando*", com os significados deles decorrentes. Não se trata na verdade de uma simples vontade de se tornar esposa ou marido de um personagem, mas de um sentido de cuidado profundo.

Essas designações são, na verdade, representações de um amor maior, de um amor na maior parte das vezes respeitoso e até devocional, que pode até mesmo ser casto. Obviamente, esse amor bastante respeitoso está ligado à admiração pelos personagens de animê como uma raça à parte e estrangeira, o que configura, mais uma vez, um tipo de amor qualificado e diferenciado, além de ser um aspecto ligado à ampla aceitação do diferente, o que é, com certeza, uma habilidade social desejável.

É comum que tanto meninos como meninas tenham *waifus* e *husbandos*, embora provavelmente seja mais fácil encontrar meninas que tenham *waifus* e/ou *husbandos* e meninos que tenham apenas *waifus*. Isso ocorre por conta do rastro social da normatividade ligada à sexualidade.

É preciso apontar também que ter uma *waifu* e/ou um *husbando* não significa, necessariamente, bissexualidade, ainda que não houvesse nenhum problema se significasse isso. Ter uma *waifu* e/ou um *husbando* significa, sim, uma capacidade mais elástica de manifestação de cuidado, algo que pode trazer vários benefícios a seu portador ou portadora e aos contextos pessoais e profissionais em que ele ou ela atuam.

Nos animês há então uma nova raça, com uma altíssima capacidade de congregação e de mobilização de seus fãs. Isso configura a noção de uma comunidade, e é exatamente isso que os animês são. Essa percepção é referendada, inclusive, nas narrativas internas dos diversos títulos. Em muitos, por conta de desenvolvimentos das histórias, os personagens se reúnem em grupos informais de suporte que se formam muito rapidamente e com um alto índice de fidelidade. Esses grupos podem ser grandes ou pequenos e têm uma série de finalidades, podendo inclusive se desfazer no decorrer da narrativa.

Em uma parcela considerável dos animês, esses grupos são também emblemas das possibilidades, pois muitas vezes as reuniões de pessoas têm o caráter de resistência a algum tipo de opressão ou a um grande mal. É comum que esses grupos agreguem personagens que parecem desconectados, oriundos de contextos diversificados que não têm, a princípio, formas claras de aproximação.

Todavia, no decorrer das histórias as conexões costumam ser esclarecidas. Um exemplo bastante emblemático da formação de grupos informais pode ser encontrado no animê *Elfen Lied*, em que jovens e pré-adolescentes, por conta de vicissitudes de suas vidas pessoais e do contexto da história, são agregados em uma comunidade que se forma em um antigo hotel desativado.

É interessante notar que esses grupos são em geral formados por adolescentes, pré-adolescentes e mesmo crianças, e que estejam frequentemente sem a supervisão de adultos. É como nas histórias de Maurício de Souza, em que os protagonistas são as crianças e os pais pouco aparecem ou, no máximo, ocupam papéis secundários.

Como se sabe, isto acontece porque, na sociedade japonesa, muitas vezes os pais têm pouco contato com os filhos, por trabalharem muito. Por isso, quando fora da escola ou de instituições de cuidado, crianças e jovens têm que ser bastante independentes e autossuficientes.

Talvez por conta desta condição, as comunidades que se formam nos animês são comunidades fortemente tecidas por afeto. Os personagens cuidam uns dos outros e estabelecem laços às vezes de imediato, mesmo que esses laços não sejam, de início, estabelecidos naturalmente.

Em *Kill la Kill*, a personagem Mako Mankanshoku simplesmente se declara amiga de Matoi Ryuko, muito antes de um laço efetivo de afeto poder ser formado. No decorrer da narrativa, os acontecimentos realmente vão aproximá-las e esse laço "burocrático" passa a fazer sentido.

Se os sentimentos são os maiores nós que mantêm os grupos unidos nos animês, é preciso dizer também que esses grupos muitas vezes existem como resistência a instituições de poder ou a demandas sociais e simbólicas de opressão ou ameaça física, como uma maldição. O anime *Corpse Party* (2012/3) representa bem esse segundo caso, enquanto *Elfen Lied* e *Another* são exemplos do primeiro.

Portanto, a formação de grupos nos animês tem função análoga ao desempenho dos personagens, no combater as normatizações sociais em nome da singularidade. Nos animês, grupos também são símbolos do guerrear pelo humano, e há muito a aprender com sua formação e manutenção, até mesmo questões como o respeito no tratamento e a cordialidade.

Essas são as razões pelas quais acredito profundamente nos animês como linguagem importantíssima para a formação humana e, em especial, para as formações social e cultural de crianças e de jovens. O que se pode construir com a utilização dos animês em sala de aula e também com seu fruir no cotidiano familiar é um modelo educacional e de convivência fundado tanto na criação de autossuficiência, de independência e de autoconsciência quanto na geração de liberdade e de amor atencioso.

Um animê é um poderoso laço emocional e de significação com crianças e com jovens, na sala de aula ou na sala de casa. A infinidade de títulos existentes dá margem para discussão de praticamente qualquer tema que se queira ou precise trabalhar.

Os títulos seriados, em especial, por serem divididos em capítulos que têm em média 25 minutos de duração, podem ser facilmente aproveitados nas escolas como ferramentas de ensino. Por isso, sugiro algumas atividades que podem ser facilmente realizadas, com indicações precisas de temas, títulos, episódios e abordagens. Como os animês são obras de significação aberta, as discussões geradas podem ter esta orientação, não necessitando de pré-formatações demasiadamente definidas.

ATIVIDADES SUGERIDAS

1. ANIMÊ: *ANOTHER*

O tema do *bullying* é recorrente nas discussões sobre o contexto escolar e na sociedade. O animê *Another* tem 13 episódios e trata de uma situação correlata ao *bullying*.

A protagonista, Misaki Mei, é isolada dos outros alunos da classe, não por ser indesejada ou por ter alguma característica específica, mas porque há na escola uma maldição que faz os alunos de sua classe serem mortos.

A história se desenvolve com a premissa de que sempre há na sala um aluno ou aluna que, na verdade, já está morto, sendo ele ou ela o/a responsável pelas mortes. O único meio de impedir os acontecimentos é fazer com que um dos estudantes faça o papel de morto, isolando-o dos demais.

É esse isolamento que é análogo ao *bullying*. Este animê tem apenas 13 episódios de 24 minutos em média cada. Por isso, recomendo que se assista todos os episódios. Se isto não for possível, vale a pena assistir aos 3 primeiros ou, ao menos, ao primeiro, pois neles se pode perceber com clareza o problema do isolamento.

Apresente o contexto do animê e faça comparações entre o isolamento sofrido por Misaki Mei e o bullying, enfatizando o quão sem sentido e injusto o *bullying* é.

2. ANIMÊ: *ELFEN LIED*

Elfen Lied trata da possibilidade de fim da humanidade, a ser causado por uma nova raça de humanoides chamada de Diclonius, que recebem esse nome por terem dois chifres na cabeça. Uma das membras dessa nova raça é Lucy, que recebe o nome de um fóssil que está ligado às origens da humanidade.

Lucy é poderosíssima e tem potentes habilidades de batalha, sendo praticamente impossível entrar em combate direto com ela. Ela tem também uma dissociação de personalidade e, às vezes, se transforma em Nyuu, uma garota inocente e inofensiva, incapaz de fazer mal a uma mosca.

No primeiro episódio, Lucy tem que escapar de sua prisão e faz de tudo para isso, inclusive matando várias pessoas no processo. As cenas são muito violentas e terminam em um momento em que, ainda não havendo escapado completamente, Lucy opta por levar um tiro na cabeça, que arranca a trava do capacete de contenção que estava usando.

Recomendo usar esse episódio ou ao menos seu início, até o momento do tiro em Lucy (em torno de 8 minutos), para discutir liberdade e as reações diante de limitações impostas tanto por pais quanto pela sociedade. A reação violenta de Lucy se justifica? É preciso agir desse modo ou se pode ser mais tranquilo?

É possível relacionar ainda esse primeiro capítulo ou sua primeira parte com o ódio nas redes sociais, por conta das reações extremas.

CAPÍTULO 11

NETFLIX

"Professor, tem na Netflix?"
(pergunta de 95% dos alunos)

A Netflix é um serviço de *streaming* de séries, filmes, desenhos animados e animês mundialmente conhecido. Segundo o site da empresa, seu início se deu em 1997, ainda como um site de aluguel on-line de filmes. No ano seguinte, lançou um serviço de aluguel e compra de DVDs, e em 1999 a possibilidade de assinatura, com aluguel ilimitado de DVDs por um custo baixo.

Em 2005, a Netflix já contava com 4,2 milhões de assinantes. Em 2007 é lançado o serviço de *streaming*, que permitia assistir filmes e programas de TV instantaneamente. De 2008 a 2010, a plataforma fez várias parcerias, se associando com empresas poderosas, como Microsoft (Xbox), Sony (PS3), Apple e Nintendo. Em 2011, a empresa se estabelece na América Latina e no Caribe, e em 2012, na Europa, inicialmente em alguns países e depois se tornando mais abrangente.

Em 2013, a Netflix se torna a primeira empresa de conteúdo on-line a ser indicada para o Emmy, a maior e mais prestigiosa premiação de televisão, pelas séries *Orange is The New black* (2013), *The Square* (2013) e *House of Cards* (2013). Em 2015, alcança Japão, Nova Zelândia e Austrália e lança seu primeiro filme, *Beasts of no Nation*. Em 2016, a empresa já tem alcance mundial.

Toda esta expansão é bastante emblemática do avanço e do poder da Netflix: de um início ligado às mídias físicas para a utilização da tecnologia de *streaming*, que obviamente seguia e ditava tendências de mercado. A associação com empresas fortes também foi inteligente, principalmente pela associação com os mais famosos consoles de *videogame*.

A expansão da empresa, até chegar a atender todo o mundo, foi bem planejada e executada, num passo a passo constante e organizado. Por tudo isso, hoje a Netflix é o gigante que é, depois de haver literalmente enterrado o mercado das *videolocadoras* e com amplo impacto sobre as TVs abertas e por assinatura, que ainda tentam lutar contra seu modelo, com resultados pífios.

Qualquer professor que indica uma série, um filme, um desenho animado ou um animê já deve ter ouvido a pergunta: "Tem na Netflix?", e esse é apenas um pequeno – mas muito poderoso – sinal do impacto da empresa. E, com certeza, há várias boas razões para isso, como o fato de o serviço ser barato, disponível para múltiplas telas ao mesmo tempo por uma só assinatura e pela possibilidade de ser acessado de *tablets*, *smartphones*, *notebooks* e computadores.

O baixo preço e a amplidão do uso de uma só conta são importantes, mas mais ainda significativo é o fato do serviço ser multiplataforma, pois isso certamente amplia seu público. Além disso, a Netflix exige conexão com a internet, mas não uma maravilhosa, pois com uma rede apenas razoável já é possível navegar muito bem.

Outros fatores fundamentais para seu sucesso são a liberdade de escolha e de horários. Os usuários literalmente podem assistir à Netflix quando quiserem, de onde quiserem, no local que quiserem; podem escolher o que assistir e o quanto assistir, podendo ou "maratonar" uma série (um neologismo típico de fãs de séries, que significa "assistir a todos os episódios de uma vez ou em um curto espaço de tempo") ou assistir a episódios de séries distintas, na ordem que desejarem. E vê-los quantas vezes quiserem.

Assim, pode-se dizer que as expressões que definem o serviço são "amplo acesso", "liberdade" e "autonomia", e qualquer semelhança com a internet e a *web* não é mera coincidência. Desde o surgimento do computador e de acordo com vários pesquisadores consagrados, autonomia na produção de conteúdos é um dos recursos mais potentes que foram disponibilizados aos usuários.

Isso naturalmente traz a liberdade, e o amplo acesso à *web* sempre foi algo almejado e cada vez mais atingido, embora o acesso universal ainda seja uma utopia, uma vez que ainda há muitos locais no mundo sem acesso à rede ou em que o acesso é controlado por fortes políticas de censura.

Ou seja, o serviço da Netflix é representativo do próprio desenvolvimento dos computadores, da internet e da *web*. Não poderia ser diferente, uma vez que o que a empresa oferece só pode ser ofertado por conta da existência do universo on-line. E, como as crianças e os/as jovens são muito ligados a tudo o que é digital, é perfeitamente natural que tenham fortes laços com a Netflix.

Se os computadores são máquinas que congregam diferentes linguagens e suas conexões, a Netflix é um serviço que faz relações ou *hiperlinks* entre seus conteúdos e linguagens a eles inerentes de maneira automática e inevitável, por conta de sua própria natureza e necessidades.

Essa construção de relações é típica da web e das plataformas de *streaming*. Por isso, neste capítulo, é importante que se saiba que a Netflix está sendo usada como exemplo, mas que os pressupostos apresentados se aplicam aos serviços de *streaming* de maneira geral, tanto os de vídeo, como Amazon Prime, ou os de música, como o Spotify.

Como boa parte dos serviços on-line de oferta de conteúdo, a Netflix sugere títulos de acordo com as preferências dos usuários e mesmo a simples exposição de seu catálogo já configura um quadro relacional. O serviço ainda oferece a divisão de títulos por categoria e séries aclamadas pela crítica, apresenta os títulos mais populares e uma faixa de sugestões muito interessante: "Porque você viu..." + nome da série, filme etc.

Esta última é realmente muito boa e eficiente, porque o que se oferta são conteúdos correlatos aos assistidos pelos usuários, que em geral, pelo menos em suas principais sugestões, são muito coerentes. Tudo isto é muito marcante, pois nitidamente a Netflix é, assim como os computadores e os *games*, uma ferramenta de operação da cultura que funciona de maneira correlata à própria cultura, sendo por isso de profunda essência metalinguística.

Isso não é pouco: se pensarmos nesse conjunto de computadores e *web*, *games* e Netflix, e se percebermos que as crianças e os/as jovens são apaixonadamente aficionados por eles, transitando constantemente e com fluência por essas plataformas e linguagens, é fácil perceber que estão apresentadas as condições para um letramento de natureza muito especial.

É claro que se precisa dar consciência desses processos, trabalhando todos esses conteúdos em sala de aula e sob essas perspectivas, mas o simples fato de as novas gerações operarem com frequência e naturalidade essas ferramentas é bastante significativo. Por isso, as condenações que esses meios sofrem são absolutamente enganadas e irresponsáveis.

As séries disponíveis em serviços como a Netflix podem ou ser séries originais da TV aberta ou a cabo (como *Blindspot*, 2015), séries adquiridas pela empresa e continuadas no *streaming* (como *Black Mirror*, 2011) ou séries originais (feitas diretamente para a plataforma e disponíveis apenas nela, como *Stranger Things*, 2016). Outras configurações de negócio e disponibilização podem se apresentar, mas o importante é notar que nos *streamings* de vídeo como a Netflix há um vasto catálogo, com conteúdos de todos os tipos, dos quais darei alguns exemplos a seguir.

A série *Black Mirror* é uma "estrela" das discussões acadêmicas, com temporadas curtas e episódios interconectados pela temática, mas independentes e bastante impactantes. O primeiro episódio da primeira temporada é, neste sentido, um excelente cartão de visitas, porque apresenta uma situação dramática em que o Primeiro-Ministro da Inglaterra é chantageado, por conta de um sequestro de uma duquesa popularmente conhecida como "Princesa Susannah", a fazer sexo com uma porca, ao vivo em toda a rede britânica de TV.

Como a transmissão precisava ser feita no mesmo dia (16h) e como havia direcionamentos técnicos precisos que impediam qualquer tipo de manipulação de imagem, e como a localização da duquesa era muito difícil de rastrear e descobrir, a bizarra missão dada é considerada incontornável.

Como é mostrado no episódio, no horário marcado as pessoas se reúnem em bares ou nos locais de trabalho para assistir. Durante a transmissão Susannah é libertada e encontrada bem, em uma ponte. O chantageador se suicida e é descoberto que a libertação da duquesa havia sido 30 minutos antes do cumprimento da exigência.

No episódio é dito que a libertação tinha sido antes porque o chantageador sabia que todos estavam ocupados em assistir ao evento. Esse elemento é profundamente impactante, pois aponta a existência de um sentimento de voyeurismo relacionado a uma situação degradante, e se junta a outro fato: o chantageador havia mandado ao governo um dedo humano, supostamente de Susannah, que se revela um dedo masculino (dele mesmo).

Ninguém percebeu a libertação antecipada da duquesa e, devido à urgência e à natureza da situação, ninguém cogitou fazer um exame de DNA na parte extirpada. O sacrifício do Primeiro-Ministro e do animal não eram necessários, e o episódio termina com uma atmosfera muito ácida e crítica, que ajuda a pensar, por exemplo, no alto índice de visualizações de vídeos violentos ou constrangedores no YouTube e em outras plataformas.

Por motivos óbvios, esse é um episódio difícil de ser passado em sala de aula, mas capaz de suscitar discussões importantes ligadas à ética e ao uso das tecnologias, da *web* e das redes sociais. Esse, em geral, é o tom criativo e de contestação dos episódios e das temporadas de *Black Mirror*, que podem, inclusive, serem abordados sob vários vieses teóricos.

O episódio *Toda a sua História*, da temporada 1, fala de um mundo onde as pessoas usam implantes de memória que gravam todas as experiências das pessoas, e que muitas vezes é usado como um substituto da realidade. Este conceito pode ser usado para pensar as redes sociais e a hiperexposição associada a elas, assim como para pensar o conceito de história e seus diversos tipos de registro.

Ainda, é possível elaborar contestações acerca do valor do efêmero, uma vez que o valor registro integral das mais mínimas experiências cotidianas não parece ter uma função efetivamente útil, ou parece ter um valor que é algo fetichista. Estas contestações podem ser relacionadas com o culto às celebridades e a seu modelo de criação no seio da indústria cultural, associadamente a programas como o Big Brother Brasil.

O episódio "Momento Waldo", da segunda temporada, mostra um personagem midiático que é um urso animado e que se candidata a um cargo político, conseguindo bastante adesão. Este episódio é muito útil para se discutir a ética dos políticos e seus instrumentos e estratégias de persuasão, bem como o favorecimento da mídia e os conceitos de verdade e ilusão.

Por esses exemplos, é fácil notar que *Black Mirror* tem uma orientação contestadora e que é uma série de "mão pesada", premeditadamente chocante. Este, certamente, é um de seus maiores atributos, mas justamente por isso a utilização de seus episódios em sala de aula demanda tanto um preparo prévio. Além disso, é melhor que a série seja utilizada em salas do segundo ano do Ensino Médio em diante, e é perfeita para a discussão em universidades de comunicação, como nos cursos de Publicidade, Rádio e TV e Jornalismo.

A série *13 Reasons Why* (2017) também ficou famosa por seu peso, pois trata do suicídio adolescente. A protagonista é Hannah Baker, uma estudante do equivalente ao Ensino Médio dos EUA, que, ao longo de 13 episódios, conta as razões de sua decisão, uma série acumulativa de decepções e de episódios de *bullying*, que culminaram em um estupro.

A narrativa é desenvolvida de maneira criativa: Hannah grava 13 fitas e as entrega a um dos envolvidos em sua história, que as tem de repassar de acordo com instruções. As fitas são dedicadas sempre a uma pessoa em especial, invariavelmente envolvida na história. Como essas fitas, se descobertas, podem causar vários problemas, sua posse e utilização é um dos eixos dramáticos da história.

A história é apresentada com duas narrativas. Há o tempo presente, posterior à morte de Hannah, e o tempo passado, anterior a ela. Não há uma clara diferenciação entre as temporalidades, em termos de imagem, e os espectadores devem deduzir pelo contexto. Aproveitando isso, outra peculiaridade narrativa é desenvolvida sobre o personagem Clay.

Clay é um dos que mais aparece e que também recebe as fitas, por se tornar amigo de Hannah e por ter um pequeno envolvimento amoroso com ela.

Ele constantemente se lembra de passagens relacionadas à Hannah, na escola, na cidade e em lugares que frequentavam, e algumas vezes essas lembranças o perturbam. Isso faz com que as pessoas que assistem a série entrem em seu mundo e em sua percepção, que guia a visão dos fatos.

O tema de *13 Reasons Why* é espinhoso, mas gera discussões muito interessantes, que podem ser desviadas para a questão do *bullying* e aproveitadas tanto em sala de aula como na formação de professores. O episódio 13, "Fita 7, Lado A", encerra a primeira temporada da série e traz uma longa sequência de cenas que é extremamente importante para a discussão do *bullying* e das responsabilidades dos educadores (na temporalidade -39:28 a -17:50, na contagem regressiva da Netflix).

Trata-se, principalmente, da conversa de Hannah com Mr. Porter, o conselheiro estudantil, em uma reconstituição do passado. Nela, Hannah expressa estar perdida e sem se importar com nada, nem com a escola, nem com suas perspectivas, nem mesmo com seus pais. Ela fala do estupro que sofreu, claramente em um pedido de ajuda.

O conselheiro pergunta o autor do crime e Hannah fica receosa em dizer. Nesse momento, a atitude de Mr. Porter pode ser considerada bastante controversa, pois ele não insiste muito e diz à Hannah que ela tinha como única opção seguir em frente e superar o fato. Hannah vai embora e ainda espera um pouco para ver se o conselheiro ia atrás dela, mas ele não faz isso. É quando ela decide definitivamente se matar. A cena do suicídio de Hannah chegou a ser mostrada integralmente, com o momento em que ela cortava os pulsos em destaque, mas a Netflix retirou a cena e subiu uma versão menos impactante.

Clay sabia da conversa do conselheiro com Hannah por conta da fita 13, dedicada à Mr. Potter. Durante a conversa de Hannah com o conselheiro, se nota que ela a estava gravando em áudio, pois um microfone exposto pode ser visto em sua mochila. Portanto, o que Clay contesta ao conselheiro é se ele não poderia ter feito mais, se ele não poderia ter ido atrás dela quando deixou a sala.

No início da conversa com Hannah, Mr. Porter deixa seu celular sobre a mesa e, só quando ele toca pela terceira vez é que o guarda na gaveta. Ele não o desliga ou silencia, e esse pequeno fato pode, dependendo da perspectiva, ser muito significante. Todavia, creio que não seja maduro tecer uma condenação do personagem por conta disso, mas com certeza ele poderia ter sido mais incisivo e mais apoiador ao lidar com a situação.

Fica bem claro que Hannah tinha a visita ao Mr. Porter como sua última esperança, e isto pode ser pensado sob dois vieses: ou em termos mais gerais, no tocante ao apoio aos estudantes sobre variados assuntos; ou no que é relativo aos casos de *bullying* e mesmo de violência física e sexual, quando esta discussão for pertinente.

Notadamente, Hannah se sentiu o tempo todo sem apoio real e firme de lado nenhum, e cada uma das fitas é uma evidência disso. No final da sequência citada nos parágrafos anteriores, Clay diz ao Mr. Porter que eles podiam ter feito bem melhor por Hannah, o que é provavelmente verdade. Por conta de todos esses fatores, esta sequência pode ser muito usada em eventos de formação de professores e mesmo do corpo administrativo das escolas, ainda que a figura de um conselheiro não seja típica das escolas brasileiras.

Outra série interessante é *Lúcifer* (2016), baseada nos personagens criados para o selo Vertigo de histórias em quadrinhos, por Neil Gaiman, Sam Keith e Mark Dringenberg. Lúcifer deixa o inferno e vai para Los Angeles (EUA), para tirar férias, onde abre um bar (chamado Lux) que se torna bastante popular.

O que dá o principal eixo da trama é o assassinato de uma celebridade amiga de Lúcifer, em frente a seu bar, enquanto estava com ele. Por conta das investigações, Lúcifer conhece a detetive Chloe e, ao longo dos episódios, vai se tornar cada vez mais próximo dela, inclusive tornando-se amigo e uma espécie de consultor externo.

A série tem um claro tom policial, mas a presença de Lúcifer faz com que haja claras diferenciações das tramas investigativas mais clássicas, pelas relações que são tecidas com a figura do diabo e suas significações religiosas e culturais.

Outro atributo de destaque é a postura corporal do personagem. Embora muitas vezes a conduta ética de Lúcifer possa ser questionada, como quando ele, na abertura do episódio 1 da primeira temporada, usa seus dons para manipular um guarda de trânsito que o tinha parado por dirigir em alta velocidade (início a -42:15, na minutagem negativa da Netflix), sua postura corporal é exemplar em termos de empoderamento.

Obviamente, por se tratar de um personagem do sexo masculino, este empoderamento é mais aplicável aos alunos do que às alunas, mas todos podem se beneficiar de seus sentidos mais gerais. Em toda a série, mesmo em momentos desfavoráveis, Lúcifer nunca é submisso ou subserviente, e nunca se desvia da manutenção e da evidenciação de uma postura corporal que denota força e confiança.

Essa série e esses atributos de construção de poder pessoal podem ser relacionados com uma apresentação TED que trata do tema, a da pesquisadora Amy Cuddy, chamada "Your body language may shape who you are" ("Sua linguagem corporal pode definir quem você é"). Além de Cuddy fornecer orientações pragmáticas fáceis de serem adotadas, boa parte de suas considerações toma forma na postura corporal do personagem Lúcifer.

Dentro do espectro dessas manifestações de poder e pensando também na tomada de decisões e do julgamento de contextos pessoais, em especial quando esses contextos pessoais são delicados e desafiantes, é possível pensar em outra série que apresenta uma perspectiva criativa instigante e um contexto ficcional muito próprio que, por uma quase completa dissonância verossimilhança com a realidade, se torna uma ferramenta potente de construção de relações.

Trata-se de *The End of the F**ing World*, sem tradução de seu título, e que tem episódios curtos. A série tem dois protagonistas, dois jovens, James e Alyssa. No começo, James se declara psicopata e também deixa clara a intenção de matar Alyssa. Os acontecimentos narrativos direcionam a trama para que James e Alyssa fujam juntos, deixando suas vidas e sua família para trás.

Sugiro a utilização do primeiro episódio da primeira temporada para a visualização e a discussão de contextos pessoais e familiares, e até mesmo para a discussão acerca de outros contextos sociais e perspectivas de vida e atuação. Neste sentido, a situação social de James não é a mais significante, mas sim a de Alyssa.

James morava apenas com seu pai, não tinha uma relação boa ou próxima com ele e o considerava um imbecil e um inútil. Alyssa vivia com a mãe, os irmãos gêmeos e o padrasto, que dá indícios do começo de um assédio sexual que poderia piorar muito. Além disso, Alyssa era deixada de lado pela mãe em favorecimento dos irmãos e do padrasto.

O que fica bem claro é o distanciamento das perspectivas de Alyssa e de sua família, muito por conta da contraposição entre a futilidade e a superficialidade da família e a singularidade da protagonista. Como um reforço disto, é importante a cena em que Alyssa diz que não via o pai desde os 8 anos, porque ele se sentia deslocado e teve que ir embora. Além disso, Alyssa diz em uma cena: "Não confio em quem se adapta" (-15:15, na minutagem decrescente da Netflix).

No primeiro episódio da primeira temporada, em uma sequência de cenas de uma festa na casa de Alyssa (na minutagem -6:05 a -3:33) tudo isto fica muito claro. Alyssa está deslocada e é colocada apenas como garçonete, menosprezada pela mãe e pelas pessoas que estão lá.

Ela encontra o padrasto na cozinha, ele oferece a ela uma cerveja e, quando ela reclama da vida e da festa, ele diz que, se ela está insatisfeita, deve ir embora. Ainda, o padrasto dá indícios de assédio. A mãe de Alyssa vê e não toma nenhuma atitude. Pouco depois, Alyssa sobe em uma varanda e observa todo o ambiente da festa, notando em definitivo seu distanciamento de tudo aquilo.

Como ela mesma diz: "Você se distancia e enxerga a realidade" (-04:03). É quando decide ir embora, indo à casa de James e propondo a ele a fuga. O garoto a estava esperando com uma faca escondida no sofá, embaixo das almofadas, com a intenção de matá-la. Todavia, ele aceita a proposta de Alyssa e decide fugir, deixando o suposto assassinato da garota para depois.

Saindo da casa, James dá um soco no rosto de seu pai e rouba seu carro. Então, ele e Alyssa iniciam uma fuga que vai se estender aos outros episódios.

A sequência de acontecimentos da festa é muito emblemática, pois representa, justamente, a inadequação. Obviamente, a inadequação de Alyssa tem uma configuração muito específica, mas pode ser usada como matriz para se pensar modelos sociais e adaptação e inadaptação. Uma vez que os jovens das novas gerações costumam se sentir deslocados, é muito fácil construir relações com suas situações pessoais e sociais.

A cena de Alyssa na varanda pode assumir um caráter de guia para esta visualização, já que ela está em uma posição geográfica superior que a permite ver a situação da festa como um todo. Como na cena seu posicionamento e a análise que ele permite é citado, possibilita a construção de um sistema de análise, calcado em um distanciar mais objetivo, que pode ser muito útil, especialmente aos jovens. Além disso, a cena do assédio do padrasto pode ser trabalhada como exemplo de sinais de assédio que podem progredir, caso haja a necessidade de se trabalhar o tema.

Naturalmente, não é preciso propor que os adolescentes, como James, deem socos em seus pais e roubem seus carros, e os/as jovens são suficientemente inteligentes para não tomar esse acontecimento da trama como um modelo a se seguir. Esse elemento narrativo é, como o conceito da série, típico da geração de um ambiente de fantasia, que só torna mais fácil a metaforização da série e, por isso, sua utilização em sala de aula, como agregado lúdico.

E há também *Stranger Things*, uma das séries de maior sucesso da Netflix, já cultuada e com uma imensa multidão de fãs. O início da série é ambientado no ano de 1983 e em uma cidade pequena dos EUA (Hawkins, Indiana) em que fenômenos sobrenaturais acontecem, de início envolvendo mais um grupo de garotos e posteriormente se estendendo para toda a cidade e tomando abrangência nacional.

Uma das premissas básicas é que o mundo normal está sendo atacado pelo que se chama de *upside down*, ou seja, o "de ponta-cabeça". Trata-se de outro mundo, correlato ao mundo normal, mas corrompido e dominado por uma ameaça monstruosa que não se consegue de imediato identificar, mas que é muito poderosa.

Essa relação entre os dois mundos pode ser pensada como a contraposição de uma utopia e de uma distopia, ou seja, como o duelo entre esses dois mundos: o mundo idealizado das cidades pequenas dos EUA, notadamente representativas da moral e dos bons costumes (conforme isso foi estabelecido pelo cinema hollywoodiano); e um mundo distorcido, que inverte os paradigmas do mundo normal e que representa a ameaça por meio da corrupção da fisicalidade e dos valores do mundo normal.

Nesse sentido, o duelo entre os dois mundos é reforçado pela contraposição que existe entre os protagonistas e os universos sociais em que convivem. Os personagens principais da série são Mike, Will, Lucas e Dustin, quatro garotos nerds adeptos de jogos e histórias de ficção, que estão sempre juntos, são vistos como *nerds* e se comunicam por comunicadores de rádio.

A presença desse grupo de amigos, suas interações e aventuras lembram filmes como *Os Goonies* (Richard Donner, 1985) e *Conta Comigo* (Rob Reiner, 1986), clássicos dos anos 1980. Isso parece ser bastante intencional, pois em *Stranger Things* são citadas todo o tempo várias referências do cinema e da cultura pop dos anos 1980 e 1990.

Esses dois aspectos, o da contraposição da utopia contra a distopia e o do grupo de amigos, são o que pode dar a um trabalho com *Stranger Things* seus melhores direcionamentos. Há, na série, uma clara geração de uma comunidade de crianças e jovens fora da curva, inicialmente centrada nos quatro garotos protagonistas e que, à medida que os episódios progridem, vai recebendo acréscimos, mesmo de adultos.

A primeira pessoa que entra no grupo é Eleven ("onze", em inglês), encontrada no fim do primeiro episódio da primeira temporada por Lucas, Mike e Dustin, quando investigavam o desaparecimento de Will, em uma noite chuvosa (-02:50). A garota tem poderes sobrenaturais e tem esse nome por ser com ele classificada em um laboratório de experimentos em que era prisioneira.

Eleven, ou El, como é apelidada, é levada pelos meninos para a casa de Mike. Eles decidem deixá-la passar a noite lá para que possam resolver a situação no dia seguinte. No porão onde Eleven fica, após dar à garota roupas limpas e secas, Mike improvisa para ela um pequeno abrigo, protegido, além de cobertas. Essas pequenas atitudes do garoto indicam um profundo sentido de proteção dele, que é geral, mas que têm na proteção a Eleven seu ponto mais alto.

Essas atitudes de Mike são muito importantes de serem apontadas e discutidas, e podem ser vistas logo no início do episódio 2 da temporada 1, até a temporalidade -51:09, logo antes dos créditos iniciais. Esse sentido de proteção é uma das tônicas de *Stranger Things*, estando presente em boa parte dos episódios.

A entrada de Eleven no grupo dos amigos, que até o início do episódio citado no parágrafo anterior parece que não vai se concretizar, termina por se estabelecer, porque no decorrer do episódio ela indica ter pistas de onde Will está. Inclusive, há uma discussão muito interessante sobre amizade, no mesmo segundo episódio da temporada 1, encontrável na temporalidade -19:51 a -18:36.

A configuração do grupo de amigos é interessante. Na segunda temporada, uma nova personagem, Maxine, uma garota a quem chamam de Max, está constantemente com um *skate*, se aproxima do grupo e começa a participar de tudo o que se relaciona com os quatro garotos. Mike não dá muito crédito a ela e não gosta muito de sua presença, demonstrando em várias ocasiões resistência a sua participação.

No episódio 3 da segunda temporada, os garotos estão vasculhando a escola à procura de um ser reptiliano (do mundo de ponta-cabeça) que Dustin tinha encontrado em sua casa e que estava escondendo e criando, e que tinha escapado.

Na temporalidade -10:05 a -08:02, coincidentemente, Mike e Max se encontram no vestiário masculino da quadra de esportes. Eles discutem um pouco, Mike diz a Max que não a quer por perto porque ela é chata e porque o grupo já tem uma configuração definida: ele como paladino, Will como clérigo, Lucas como Ranger, Dustin como bardo e Eleven como maga.

Essa descrição das funções de cada um dos amigos é muito interessante, pois recupera o contexto dos RPGs, um tipo de jogo de tabuleiro e de atribuição de papéis que eles sempre jogam, além de imbuir cada um dos personagens de atributos que, de variadas formas, eles encarnam na série.

Ouvindo as descrições, Max se propõe como "*zoomer*", uma classificação que Mike diz não existir e que é ligada aos *videogames*, nos momentos em que é possível travar em um alvo com um *zoom*. Max começa a circular Mike com o *skate* e está tendo sucesso em dissuadi-lo de sua possível importância para o grupo, até o momento em que Eleven aparece e a derruba, usando seus poderes psíquicos.

Mike a ajuda a se levantar e pergunta o que aconteceu e, quando ela relata ter se sentido puxada, ele desconfia que Eleven está por perto, e sai para investigar. Esse é um momento importante, pois o fato de Mike ter ajudado Maxine a se levantar denota algum cuidado e, posteriormente, Max vai se integrar ao grupo mais propriamente, evocando justamente sua função como *zoomer*.

Essa sequência de cenas, em particular, pode ser usada como eixo motivador de um trabalho a ser desenvolvido em sala de aula e que pode gerar bons frutos e ser muito prazeroso. A ideia seria usar a definição da equipe de *Stranger Things* para motivar a pensar em equipes de alunos para diversos projetos, tanto em trabalhos típicos de escola quanto em trabalhos extraclasse e até mesmo trabalhos sociais.

Inclusive, é possível pensar em atividades emulem os papéis dos protagonistas da série, com o professor explicando a função de cada um deles e suas possíveis interdependências e discrepâncias, evidenciando a disparidade cultural entre um clérigo e uma maga ou as diferenças de função de um bardo e de um ranger.

É também possível pensar na formação de equipes com papéis que se baseiam na formação do grupo de adolescentes da série, mas que tem outras nomenclaturas e funções; ou simplesmente tomar a série como inspiração e usar terminologias mais pragmáticas ou vinculadas a outras áreas, como a publicidade ou o *design*.

É tudo uma questão de adequação às necessidades de disciplinas, de projetos e de escolas, mas com certeza a utilização de *Stranger Things*, por todas as questões que a série coloca, pode fomentar a percepção do trabalho em grupo e das funções e responsabilidades de uma maneira contundente e atraente.

Além disso, como a série transita entre utopia e distopia, é possível discutir visões mais otimistas e visões mais pessimistas de mundo, com o mostrar dos perigos dos dois extremos e com a busca de soluções por meio da atuação de equipes em que haja uma inteligente divisão de papéis, com cada integrante contribuindo o mais possível, à sua maneira e com base em suas habilidades e singularidades.

A Netflix continuará crescendo e oferecendo conteúdos exclusivos de qualidade, e o objetivo deste capítulo é apenas dar um panorama das possíveis abordagens de seus materiais. Uma vez que os gêneros desses materiais são variados, a miríade de conexões que se pode gerar é imensa, e educadores de diferentes áreas podem selecionar as séries que mais lhes sejam úteis de acordo com suas demandas.

A Netflix, além de tudo, é um produto extremamente adequado às crianças e aos/às jovens da novas gerações, pois não demanda nem grande investimento nem compromisso com horários, e sua palavra de ordem é flexibilidade. Isso permite, por exemplo, que a grata tarefa de assistir uma série ou alguns episódios de uma série seja realizada como os alunos e as alunas queiram, dentro de seus cotidianos. Então, a Netflix é uma ferramenta poderosa e acessível, e escolas, professores. professoras, alunos e alunas só têm benefícios a extrair dela.

CAPÍTULO 12

TED

O TED é uma plataforma de disseminação do conhecimento mundialmente conhecida. Segundo seu próprio site, trata-se de uma organização sem fins lucrativos que surgiu em 1984, devotada a espalhar ideias, normalmente na forma de palestras curtas e poderosas, de até 18 minutos (muitas têm menos que 10 minutos).

O TED iniciou suas atividades focado nos temas de Tecnologia, Entretenimento e Design (daí seu nome), mas expandiu tremendamente esse enfoque, cobrindo quase todos os tópicos do conhecimento humano, desde ciências a negócios, passando por problemas globais e, claro, educação.

As palestras contidas na plataforma são, em geral, traduzidas para mais de 100 idiomas, com o apoio de voluntários. Além disso, o TED oferece o TEDx Talks, oportunidade para que qualquer pessoa desenvolva um evento TED independente, com temas a escolher e contando com o suporte da organização.

Ainda segundo seu site, a missão do TED é espalhar ideias, proporcionando visibilidade e impacto a palestrantes de todo o mundo e de todas as áreas do saber, que visam a um entendimento mais profundo do mundo. A crença da organização é no poder que as ideias têm de mudar atitudes, vidas e, também, o mundo.

Uma vez que a plataforma não é paga, embora qualquer pessoa possa se tornar um patrocinador, o objetivo é construir uma rede informal de transmissão de conhecimento livre e gerar uma comunidade que encampa as ideias e que se apoia, on-line e por meio de eventos presenciais.

Resumidamente, o maior objetivo do TED é espalhar grandes ideias sempre da melhor forma possível, tornando o conhecimento acessível por sua transmissão facilitada. Sendo assim, o TED se pauta por intenções que são correlatas ao que se discute, desde o nascimento da internet e depois da web, como suas potencialidades mais profundas: a formação de uma rede on-line e mundial de transmissão e acesso ao conhecimento.

Nesse sentido, o TED pode ser pensado como um bom modelo para se pensar a materialização da utopia de uma sociedade em rede que tenha sua comunicação e sua teia de saberes integradas, de maneira democrática. Mesmo que se possa apontar vários desafios para o atingir desta dificílima meta, tal como a falta de acesso em várias regiões do planeta, o TED é em definitivo uma iniciativa a se seguir e pensar a respeito.

A abertura da organização é realmente louvável. Com o TEDx Talks, por exemplo, o TED coloca sua expertise a serviço de comunidades, organizações e indivíduos que desejam começar e compartilhar discussões sobre determinado tema.

Toda essa estrutura são lições de atuação que se pode aprender com o TED. Além disso, seu presidente, Chris Anderson, lançou o livro *TED Talks* – O Guia Oficial do TED para Falar em Público (2016), em que trata das apresentações e dos palestrantes de maior sucesso do TED e sobre o que os fez ser impactantes e ter números elevadíssimos de visualizações. Anderson cita também coisas que não se deve fazer em uma boa apresentação, como começar falando da morte recente de um animal de estimação.

A abordagem do livro é muito pragmática e sua linguagem é clara e simples. Por isso, a obra é um excelente guia para a comunicação eficiente, podendo ser estudado por qualquer pessoa que queira ou necessite expor suas ideias para um público, não importando se para uma sala de aula ou em um evento internacional para milhares de pessoas.

Portanto, há grandes lições a se aprender com o TED, de todos os tipos. A duração máxima das palestras é, com certeza, um desses tópicos. Limitando as falas a 18 minutos, automaticamente os organizadores garantem, se não a coesão, ao menos uma exposição breve.

É por assimilar essa lição do TED que escolhi, neste livro, os animês como tema, uma vez que a média de duração de um episódio típico gira em torno de 25 minutos. Isso, claro, é mais que os 18 minutos tradicionais do TED, mas os animês são narrativas lúdicas de alta adesão e impacto (garantir adesão e impacto é uma das metas do TED), e não palestras.

A ampla abrangência dos temas também pode ser apreendida e aprendida. É difícil pensar em um tema que não seja coberto pelo TED e, mais importante que isso, é o diálogo entre esses temas, inerente à plataforma, o que mais interessa. O TED, como um ambiente de diálogo entre palestras de variados temas, faz imediatamente e por simples convergência espacial, a relação entre eles.

É como se o TED fosse a mente de um grande pensador, como Leonardo da Vinci, capaz de transitar entre diversos assuntos com profundidade. Percebido desse modo, o TED é uma grande ferramenta de discussão cultural, articulada e atraente. Isso é precioso, ainda mais em se tratando de uma ferramenta de custo zero.

E, ainda que as palestras TED possam ser usadas em sala de aula como estímulos à discussão de variados temas, acredito que seu melhor uso em escolas seja na formação de professores e como matriz para a formação de uma comunidade docente engajada.

Assim, proporei são algumas linhas gerais de trabalho com o TED, baseadas em alguns temas específicos e também em suas interações. Este tipo de proposição é coerente com o TED enquanto ferramenta, por isso acredito que pode ser bastante eficiente.

Além disso, vou apontar palestras que se destacam por seus temas, por suas abordagens, por seus apresentadores ou pelas próprias ideias apresentadas. Desse modo, o fato de o TED valorizar tremendamente o poder de pensamento das pessoas também estará em pauta, podendo ser emulado nas escolas como valorização dos pensamentos de professores, das professoras, dos alunos e das alunas.

Quando se procura um tema no TED, as diversas opções mostradas costumam conter abordagens diferenciadas e complementares dos assuntos. A busca por "*games*", por exemplo, leva a apresentações sobre o impacto dos *games* no cérebro, sobre como os *games* podem tornar as crianças mais produtivas, ao cruzamento dos *games* com a realidade, à possibilidade de se fazer *games* direcionados a garotas e a uma análise do desenvolvimento futuro desta linguagem. Essa ampla abordagem de um tema é típica da plataforma e MUITO desejável.

Uma apresentação famosa na área de *games* é a da professora, pesquisadora e *game designer* Jane McGonigal, chamada "Gaming can make a better world" ("Jogar pode criar um mundo melhor" [tradução minha]), na qual estimula o aumento das horas de *game* e que usei como eixo do capítulo "Um diálogo com Jane McGonigal". Recomendo fortemente que esta apresentação seja vista e discutida entre coordenação e professores, em especial se houver algum educador acostumado com o universo dos *games*, capaz de referenciar com precisão os argumentos da apresentadora.

Muito interessante também é a apresentação de Gabe Zichermann no TEDxKids de Brussels, chamada "How games makes kids smarter" ("Como os *games* tornam as crianças mais espertas" [tradução minha], 2011). Nela, o apresentador trabalha com a noção de que os *games* podem ser entendidos como um tipo de treinamento para diversos tipos de trabalho e como um modelo de formatação de atividades educacionais.

O autor apresenta os *games* como mundos ideais para os jovens de hoje, pois são uma linguagem formada por uma série de estímulos constantes que atende à sua velocidade de pensamento e ação. Desse modo, os *games* seriam capazes de treinar as novas gerações para focar e cumprir objetivos a curto e longo prazo, a desafiarem-se, a pensar criativamente encontrando alternativas e a fazer trabalhos duros, voluntariamente.

Além disso, Zichermann enfatiza que os *games* são plataformas de aprendizado constante, pois neles se está o tempo todo aprendendo. Seriam também um lembrete de que a aprendizagem ocorre de forma mais natural e eficiente se ela é divertida e multiplayer, ou seja, compartilhada.

Também seria importante o que o apresentador chama de "*game thinking*", ou seja, uma maneira de pensar típica do *game*, que, por conta de características da linguagem, reúne elementos de lógica e de imaginação. O apelo final é algo que considero de extrema importância: não se tentar atacar os *games* e condená-los, mas sim valorizar suas peculiaridades e jogar junto com as crianças os jovens, aproveitando para entender como suas mentes funcionam (faz anos que sugiro isso aos pais).

Certamente, é muito conteúdo para uma apresentação de 18 minutos, mas é esse o modelo TED. As apresentações são, em geral, recheadas de dados importantes e coerentes, e este é outro ponto pelo qual elas se tornam atraentes e impactantes. Os/As jovens, em especial, lidam muito bem com essa grande quantidade de informação e, no caso do uso de uma apresentação TED em sala, basta enfatizar os dados que se quer discutir.

Sir Ken Robinson (1950-2020) era um frequente palestrante TED, descrito na plataforma como um homem que desafia os modelos tradicionais de educação e propaga a valorização da criatividade e o reconhecimento de múltiplos tipos de inteligência.

As apresentações de Robinson contam com milhões de visualizações e títulos criativos: "As escolas matam a criatividade?" ("Do schools Kill creativity?", 2006), "Provoque a revolução no aprendizado!" ("Bring on the learning revolution!", 2010), "Como escapar do Vale da Morte da educação" ("How to escape education's Death Valley", 2013) [todas as traduções são minhas].

Uma vez que as perspectivas desenvolvidas por Robinson são fundadas em novos modelos educacionais mais livres e menos formais, mais criativos e menos estressantes e como o autor acredita em um tipo de processo educacional que é muito coerente com a proposta deste livro, creio que suas apresentações podem ser usadas em paralelo com as discussões e propostas aqui expressas.

Outra apresentadora que traz conceitos inovadores, facilmente aplicáveis e de impacto é Amy Cuddy, que tem uma apresentação chamada "Sua linguagem corporal pode definir quem você é" ("Your body language may shape who you are", 2012).

Nessa apresentação, Cuddy se baseia em sua própria história e em sua pesquisa para demonstrar que a adoção de posturas corporais de empoderamento pode mudar radicalmente a forma pela qual uma pessoa se vê e é vista, em especial quando se trata do ganho de autoestima e de autoconfiança.

Como a pesquisadora fala de elementos de linguagem corporal e de posturas específicas que podem ser aproximadas de atos e de gestos de heróis e de heroínas, esta apresentação pode, com certeza, ser usada como elemento de apoio à discussão de algumas séries, *games* e animês.

Por meio dos conceitos apresentados por Cuddy, é possível ler as posturas dos personagens e decodificar seus significados óbvios e subjacentes, em especial quando aplicados a personagens que se destacam, para o bem ou para o mal, por suas posturas corporais.

Nas séries de heróis, como *Flash* e *Supergirl*, a natureza de uma postura corporal que significa força e altivez é evidente, mas a composição de uma imagem pessoal de confiança também pode ser vista nos protagonistas das séries *Lucifer* e *Merlí*.

Games como os da série God of War (iniciada em 2005 no PS2) são também aulas de postura corporal contundente, assim como o animê *Sword Art Online* (2012). No animê *Elfen Lied* (2004), uma mesma personagem, a protagonista Lucy/Nyuu, por conta de seus dois *alter egos* que se revezam na dominância de sua personalidade (um fisicamente empoderado e ou outro, não), pode ser usada como modelo para uma discussão baseada na palestra de Cuddy.

O animê *Another* (2012), cujos personagens são alunos do equivalente ao Ensino Médio japonês, é um bom cenário de análise de posturas corporais que denotam confiança e timidez e isolamento. Para o mesmo tipo de discussão, a série original *13 Reasons Why* (2017) também pode ser utilizada, podendo ser trabalhado qualquer episódio, bastando que se foque nas posturas corporais dos personagens adolescentes.

Uma busca no TED por "Education" leva a uma lista de apresentações que "podem te levar de volta à escola" e também a uma listagem de apresentações sobre educação especialmente escolhidas por Sir Ken Robinson, dentre as quais está uma apresentação de Mae Jemison, chamada "Ensine Artes e Ciências ao Mesmo Tempo" ("Teach Arts and Science Together", 2002).

Jemison é apresentada como astronauta, médica, colecionadora de arte e dançarina, que pede que o ensino de arte e ciências seja congregado, para que se desenvolva tanto a intuição como a lógica nos alunos. Uma apresentação como essa pode ser bastante motivante, pois trabalha com uma proposição instigante e pouco comum, que pode trazer ideias para trabalhos multidisciplinares, quando agregada a discussões sobre novas possibilidades de ensino, por exemplo.

Caso se opte por passar essa apresentação para os alunos, a formação multidisciplinar da palestrante pode ser evocada como um modelo. O que interessa não é doutrinar (palavra que não cabe neste livro) estudantes a seguirem exatamente as mesmas inclinações e áreas de trabalho da apresentadora, mas mostrar que é possível e perfeitamente normal se interessar por mais de uma coisa ao mesmo tempo, mesmo que essas coisas sejam bastante distintas.

Aproveitando a conexão à temática da intuição que Jemison apresenta, é possível buscar a palavra no TED e encontrar temas tão diversos como o autismo e a lógica matemática dos movimentos de basquete. O autismo pode ser aproveitado para a discussão da inclusão social (junto, por exemplo, com a série *Atypical*, da Netflix) e também para a rejeição ao diferente, que pode trazer junto de si o tema do *bullying*.

A apresentação sobre basquete, chamada "A matemática por trás dos mais selvagens movimentos do basquete" ("The Math Behind Basketball's Wildest Moves", 2015), de Rajiv Maheswaran tem como sugestão de "Watch next" (Assista depois") uma apresentação sobre realidade aumentada e a construção da empatia ("How augmented reality will change sports ... and build empathy", 2014, conforme acesso em 21/2/2022), que pode ser usada para se discutir com os alunos sobre *web* e redes sociais, ou sobre os impactos das tecnologias na vida cotidiana.

Como é fácil notar, os temas vão se abrindo e as áreas se conectando, porque o TED é como um grande sistema de *hiperlinks*, todos com a intenção de promover o conhecimento profundo em formas impactantes e com pouco investimento de tecnologia e de tempo para se ter acesso a todos esses benefícios.

Provavelmente, aproveitando o escopo da multiplicidade de saberes e o formato de apresentações curtas e impactantes, a realização de concursos internos nas escolas para a escolha dos temas TEDx seria sábia. Professores e professoras podem propor que os alunos e as alunas pesquisem e sugiram temas, com a apropriada defesa de suas proposições. Isso pode ser feito em um só dia ou com um intervalo para pesquisa e montagem da apresentação e defesa do tema, de uma ou duas semanas. Certamente, as discussões geradas serão produtivas e delas pode surgir tanto a congregação de dois ou mais temas quanto até mesmo temas que não haviam sido previamente selecionados.

Como sugestão de temas para um TEDx, gostaria de oferecer uma abordagem de um autor do qual gosto muito, Italo Calvino. Em *Seis Propostas para o Próximo Milênio* (1990), o italiano fala sobre temas que ele achava importantes para o Século XXI e que só a literatura poderia trabalhar com profundidade.

Esse livro, fruto de uma série de apresentações que Calvino faria (infelizmente, ele faleceu antes) em Harvard no ano letivo de 1985-86, é muito culto e profundo, com uma série de citações e referências, tudo muito bem amarrado e desenvolvido. Por isso, pode-se dizer que o livro é um grande *hiperlink* e essa é uma razão forte para adotá-lo como referência para um trabalho com jovens.

Apesar do livro se chamar *Seis Propostas para o Próximo Milênio*, na verdade traz apenas cinco, pois o autor infelizmente faleceu antes de escrever a última. Os temas que Calvino desenvolveu foram "Leveza", "Rapidez", "Exatidão", "Visibilidade" e "Multiplicidade", e "Consistência" foi o tema não desenvolvido. Como é fácil perceber, todos esses temas têm muita relação com a configuração do mundo atual e, em especial, com a internet, a *web* e as redes sociais.

Como o livro é cheio de referências, é possível trabalhar diretamente com elas, mas melhor ainda é usar suas simbologias elaboradas para o fomento a discussões livres ou vinculadas aos temas a serem desenvolvidos. A leitura da obra de Calvino, que por conta da linguagem precisa do autor é fácil e fluida, certamente trará boas inspirações para este trabalho.

Cada um dos temas do livro de Calvino pode virar um tema TEDx, ou eles podem até mesmo ser congregados em um tema mais geral, como "Multiplicidade e visibilidade nas redes sociais", ou "Exatidão e rapidez na sociedade em rede". Além disso, para ajudar a pensar os conceitos e também para a escolha de apresentações que podem compor o TEDx a ser realizado, sugiro que se busque todos os temas na plataforma, deixando-se guiar pelas sugestões de temas, apresentadores e apresentações oferecidos.

O TED funciona como uma rede neural, fazendo múltiplas associações interessantes e profundas. Por isso, é uma ferramenta extremamente valiosa na educação das novas gerações, porque, assim como o computador e os *games*, trabalha com interações hipermidiáticas que são análogas ao funcionamento do cérebro e do pensamento, bem como ao próprio sistema de transmissão da cultura.

Como se trata de uma plataforma aberta e gratuita e como as apresentações têm formato curto e são elaboradas para impactar e para atrair e manter a atenção dos espectadores, o TED é facilmente aplicável tanto em reuniões do corpo docente como em dinâmicas em sala de aula. A possibilidade de elaboração de um TEDx pode congregar toda a escola, e até mesmo a escola e sua comunidade, gerando discussões produtivas que serão disponibilizadas dentro da própria plataforma, o que por si só pode ser um grande estímulo para os/as estudantes e para todos os envolvidos.

Por tudo isso, o TED é um instrumento de geração e de transmissão do conhecimento poderoso, que pode e deve ser aproveitado como modelo de pensamento e de docência, em benefício de todos, capaz de servir aos conteúdos do programa de ensino e aos desenvolvimentos extracurriculares.

CAPÍTULO 13

LUCY, FRANKENSTEIN, SARA E A LIBERDADE PARA DESENVOLVER TALENTOS DIFERENCIADOS

Para Milena e Rebeca Brucker
(Lobos a postos)

No desenvolvimento cotidiano de meu trabalho e de minhas perspectivas educacionais, uma orientação nunca deixou de estar presente: a da desobediência. Ela está ligada a um grande apreço pela informalidade e pela liberdade, que penso serem atributos fundamentais para uma vida que valha a pena ser vivida e também para a geração de significâncias relevantes na vida profissional.

Por isso, obras de arte de todos os gêneros que tocam nesses temas sempre chamaram minha atenção. Paralelamente, gosto muito também de obras que sejam sobre o uso de capacidades individuais distintivas, ainda mais quando essa utilização se põe como uma espécie de insurgência contra o lugar-comum, contra as normoses e contra a opressão (de qualquer tipo).

Uma longa lista de obras poderia ser apresentada, mas prefiro discorrer acerca de algumas que são representativas deste contexto, pois desse modo posso ser bem específico e construir um raciocínio claro, muito mais que apresentar uma simples listagem para consulta.

Usarei como referência um animê, um filme e um livro. Essa variância de linguagens é proposital, pensada para promover diálogos culturais entre estruturas, conteúdos e significados. Todavia, mesmo que existam grandes diferenças entre as linguagens, as histórias e as narrativas, todas se unem para propiciar uma discussão ao mesmo tempo livre e orientada, sobre a necessidade de insurgência contra o lugar-comum, contra as normoses e contra a opressão, calcada na desobediência, na informalidade e na construção da liberdade.

O animê escolhido é *Elfen Lied* (2004), e em especial o primeiro episódio, com foco nas cenas que acontecem em seus primeiros oito minutos. Trata-se de um animê dirigido por Mamoru Kanbe, baseado em um mangá de Lynn Okamoto. A história é sobre o surgimento de um novo ramo da espécie humana, considerada mais avançada e ao mesmo tempo extremamente perigosa, pois os novos espécimes tendem a aniquilar os humanos normais com os quais entram em contato.

O que importa para a discussão deste capítulo é o fato narrativo de que a protagonista, Lucy, matriarca da nova raça, está presa em uma grande instalação de pesquisa militarizada. A personagem, como é muito poderosa, está trancada atrás de imensas portas de aço, imobilizada em uma gaiola de metal especialmente projetada e usando um capacete de contenção.

A situação de Lucy parece quase sem saída, mas ela precisa de apenas uma mínima oportunidade para se libertar. Aproveitando uma desatenção dos guardas, a personagem consegue sair de sua gaiola e iniciar sua fuga, mas ainda usando o capacete.

As cenas que se seguem são de extrema violência, com Lucy vencendo um número grande de guardas que, apesar de bem armados, não são páreo para ela. Apesar de sua situação difícil e de sua clara desvantagem numérica (ela contra todos os outros), Lucy caminha tranquilamente pela estação, nunca chegando a correr. É impossível pará-la. Outra falha na segurança propicia que ela saia por uma porta aberta, em direção a um penhasco e ao oceano.

Do alto de uma janela na instalação de pesquisa, um guarda aponta para Lucy um fuzil potente. Sob a ordem do diretor, ele atira para matá-la, visando acertá-la diretamente na cabeça, para que não tenha chances de sobrevivência. Lucy se vira e o tiro acerta na trava do capacete, libertando a protagonista em definitivo de seu último grilhão. Ela cai no mar e desaparece, e na sequência sua fuga vai gerar interações que são importantes para o contexto e para a narrativa do animê.

Alguns pais, mães, professores e professoras podem achar o início do animê exageradamente violento, mas esta é uma consequência da temática desenvolvida e da narrativa. Cair em uma simples condenação por conta desses elementos é um procedimento principiante, mediocremente condenatório e despropositado.

O que mais importa nesta sequência de cenas é seu ato final. Dotada de uma percepção extrassensorial desenvolvida, Lucy decide levar um tiro na cabeça em nome da própria liberdade. Tão significante quanto isso é o fato de ela direcionar o tiro para a trava que prendia o capacete, último resquício de sua prisão e das imposições que sofria.

Lucy leva o tiro e é ferida, está sangrando quando cai do penhasco para o mar. Ferida, mas livre, liberta das correntes literais e simbólicas que a prendiam. Pode-se presumir que Lucy faria qualquer coisa em nome de sua liberdade, e creio que esta seja uma postura bastante desejável (para a narrativa de *Elfen Lied* e para a vida). É preciso ensinar a ser radicalmente em favor da própria liberdade.

Não estou sugerindo libertinagem, que é uma coisa muito diferente e muito menor. Também não estou sugerindo irresponsabilidade, mas sim responsabilidade, no sentido de uma responsabilidade por si mesmo que leva à autoconsciência e que ancora a força ou a condição de geração de força para lidar com situações desfavoráveis e, principalmente, injustas.

Em minha experiência educacional, me deparei com muitos alunos e muitas alunas que, por variados motivos, eram prisioneiros de algum contexto familiar ou social, e que não sabiam como contornar ou sair daquilo. Na maioria das vezes, o que precisavam era deixar muita coisa para trás, romper com modelos e normoses, demolir opressões e se tornarem livres.

Obviamente, essas situações estavam geralmente ligadas a algum tipo de hierarquia que, como toda hierarquia, é artificial. Infelizmente, é comum que se confunda parentesco com propriedade e posição hierárquica superior com direito ao menosprezo ou à humilhação.

No início da primeira temporada da série *Merlí*, sobre um professor de Filosofia do equivalente ao Ensino Médio catalão, na segunda temporada entra em cena uma nova professora, Coralina. A personagem é responsável pela disciplina de História e, por algum motivo, desde o segundo episódio, começa a implicar com a personagem Berta, sem maiores justificativas.

No decorrer dos episódios, essa implicância continua e se torna um assédio moral, do qual Berta não sabe se defender. Obviamente utilizo o exemplo apenas como ilustração, mas também para deixar claro que considero primordial ensinar o tipo de postura de Lucy, como uma espécie de antídoto à postura passiva de Berta e contra a opressão de Coralina.

Em uma aula, por exemplo, é possível passar as cenas das interações entre Coralina e Berta, abrir a discussão e, posteriormente, apresentar os oito minutos iniciais de *Elfen Lied*. Quase não é admissível que alguém pense que estou sugerindo uma matança indiscriminada de opressores dos diversos tipos, mas gostaria de dizer que não é essa minha intenção (apesar de que [*spoiler alert*], em *Merlí*, foi bem satisfatório ver que Coralina morre no banheiro, quando o contêiner da descarga bate em sua cabeça).

É preciso ensinar a identificação de situações como a de Berta, mesmo que mais sutis (são as piores); e é preciso ensinar uma postura que seja, simbolicamente, como a de Lucy, no combate a este tipo de opressão. Por conta de as novas gerações serem naturalmente desenvolvidas em suas singularidades, é comum que sobre elas recaiam algumas rédeas e correntes que eles nem merecem e nem suportam. Infelizmente, se a consciência sobre o problema na maior parte das vezes existe, em muitas ocasiões existe também o sentimento de impotência.

Não é uma questão de demolir famílias e derrubar muros das escolas, mas sim a de construir uma espécie de orgulho nas novas gerações pelo que são, pelo que podem representar e acrescentar, porque é muito triste quando o retraimento de uma criança e/ou de um/uma jovem com altíssimo potencial os impede de desenvolver-se plenamente.

É preciso que a educação das novas gerações seja montada também no desenvolvimento de uma vontade de liberdade análoga à de Lucy. É necessário que gestos como levar um tiro na cabeça em nome da própria liberdade de ação e pensamento sejam mostrados como símbolos inequívocos de capacidade e de poder consciente.

E este é um movimento relativamente fácil de ser configurado, pois as mentes das novas gerações são dotadas de todos os recursos que dos quais necessitam, uma vez que são naturalmente inclinadas a um tipo de pensamento relacional e não hierárquico. O que acontece é que muitos não sabem que podem ou nem sequer desconfiam que conseguem levar sua vida por seus próprios parâmetros, sem ser desrespeitosos com quem lhes importa. E é por isso que também precisamos de Frankenstein.

Frankenstein é o nome do estudante de medicina que, no romance *Frankenstein ou O Moderno Prometeu* (1985), de Mary Shelley, tenta criar um ser humano que ultrapasse a barreira da morte (não é o nome do monstro, como muitos pensam). Como faz isso usando pedaços variados de cadáveres diversos e em condições precárias, Frankenstein, que almejava criar um ser belo e perfeito, apenas consegue criar um ser que considera monstruoso, e por isso o abandona à própria sorte.

Há inúmeras decorrências do romance (que completou 200 anos de sua primeira publicação e que é uma ou A obra mais adaptada para diferentes linguagens da história da Literatura) que poderiam ser discutidas, inclusive com o apoio de uma infinidade de adaptações para outras mídias que a obra de Mary Shelley ganhou. Todavia, o que importa para esta discussão é o caráter mais básico das intenções de Frankenstein.

Tido por muitos como a definição perfeita do arquétipo do cientista louco (o livro é considerado por muitos a primeira ficção científica), Frankenstein, traumatizado pela morte de sua mãe, almeja banir a morte. Essa intenção pode ser pensada como uma desobediência primordial, como "a desobediência ideal" ou como uma "desobediência arquetípica". Em um mundo que ainda esperaria pouco mais de 40 anos para receber *A Origem das Espécies*, de Charles Drawin (1859), o *Frankenstein*, que foi publicado originalmente (anônimo) em 1818 e em 1831 com o crédito da autora, traz ao público a figura de um homem que, mortal como todos, considerava a possibilidade de conseguir superar o insuperável.

Perspectivas como a do dito popular "A morte é a única certeza" são elucidativas do quanto a busca de Frankenstein é desobediente em relação a um desígnio que, a princípio, é considerado irreversível. Mesmo que os avanços da medicina moderna ainda não sejam suficientes para tirar a imortalidade do terreno das utopias, o que importa é seu modelo de desobediência.

Afinal de contas, quase nada pode ser considerado incontestável. O que tenho percebido ferir imensamente as novas gerações são imposições sociais e familiares que os cerceiam sem justificativas. Como as mentes das novas gerações são da expansão e não da recessão, sofrem imensamente quando coagidos a adotar atitudes que contradizem suas naturezas.

Não estou falando de imposições ainda persistentes, como "Você vai fazer medicina ou engenharia", ou "De jeito nenhum você vai fazer um curso de videogame", mas sim de retroações mais profundas, como "Você não pode ser desse jeito".

As crianças e os/as jovens precisam ser mais "frankensteineanos" e "frankensteineanas", para serem mais autênticos e mais autênticas. Creio ser absolutamente necessário instaurar algumas ações educacionais que instiguem as novas gerações a se perguntar acerca de arbitrariedades, principalmente aquelas que são travestidas de tradições imutáveis. É preciso que as novas gerações sejam estimuladas a pensar na arbitrariedade de prisões conceituais, acerca de "tradições lobo em pele de cordeiro", como a "óbvia" separação bipolar entre gêneros.

Para um exercício nesse sentido, quase qualquer filme que seja uma adaptação do *Frankenstein* de Mary Shelley pode ser útil. Os primeiros filmes são do início do Século XX, mudos ou em preto e branco, com um tipo de cinematografia que é muito distante dos padrões modernos. Apesar de serem referências históricas muito importantes, não os recomendo para este fim.

Sugiro que se trabalhe com o filme *Victor Frankenstein*, uma adaptação livre de 2015, dirigida por Paul McGuigan e que tem, inclusive, Daniel Radcliffe (o astro da série de filmes Harry Potter) como um dos personagens. Este filme tem os elementos de desobediência que são caros à discussão proposta e uma linguagem moderna, rápida, com cenas impactantes e bem produzidas.

A partir da exposição da desobediência primordial de Frankenstein, é possível desenvolver com os jovens uma série interminável de discussões acerca de cerceamentos de liberdade de ação e de pensamento que existem na sociedade. A partir destas perspectivas, seria muito interessante a montagem de grupos de estudos, formais ou informais, dedicados ao tema.

Não apenas a questão da liberdade pode ser desenvolvida, mas também contestações correlatas, como as focadas em padrões de comportamento social, como o consumismo e a ancoragem da felicidade no consumo de produtos supérfluos.

No episódio 5 da segunda temporada de *Merlí*, o professor dá sua aula em um *shopping center*. A ideia é discutir padrões artificiais de medição de felicidade, baseados no consumo. O professor passa uma missão aos alunos: entrar nas lojas e pendurar etiquetas nos produtos expostos com a frase "Felicidade não garantida". As melhores contestações são frankensteineanas, nada oficiais e estimulantes (recomendo muito o assistir desse episódio, obviamente).

Nesse contexto, há um filme que pode fornecer preciosos instrumentais para a conscientização a respeito dos potenciais e da liberdade: *Viva a Rainha!*, um filme holandês de 1995, da diretora Esmé Lammers. Nele, a protagonista Sara de Waal, uma menina de mais ou menos 9 anos, vive duas situações de opressão que contorna de maneiras criativas, mas firmes e desobedientes. Como o filme tem vários momentos significantes, vou contar detalhadamente sua história, focando nos detalhes que mais servem ao tema em discussão.

Na escola em que estudava, Sara não era considerada uma boa aluna, porque só ia bem na disciplina de Artes. O professor responsável pela sala a menosprezava em favor de outros alunos e esse comportamento do docente se refletia na atitude que os outros alunos tinham com ela. O professor a repreende com desvalorização e entrega uma carta para sua mãe. Como o professor continua a repreendê-la, Sara diz a ele que não é de propósito que seu desempenho não é bom e que também não é porque não queira ser esperta.

A seguir, Sara passa por um estabelecimento comercial que estava fechado e que estava sendo reaberto. O lugar iria se transformar em uma loja de antiguidades e era de propriedade do pai de um futuro colega de sala, que ela tinha visto chegando à cidade pela janela da sala de aula.

Seu futuro amigo está carregando uma caixa e a derruba. Nela, há um jogo de xadrez antigo, artesanal e muito bonito. Sara fica encantada por ele e em especial pela Rainha Branca, que rapidamente cria vida e sorri para ela (só Sara pode vê-la). Quando chega a sua casa, procura por um jogo de xadrez e não o encontra. Então, ela pergunta ao avô sobre ele e fica sabendo que sua mãe gostava muito de xadrez, mas que por algum motivo passou a odiá-lo.

Mexendo em um baú, Sara encontra um álbum de fotografias e, nele, uma foto da mãe abraçada com um homem, na frente de um cartaz que é a representação de um tabuleiro de xadrez.

No dia seguinte, um novo aluno chega à sala, e é justamente Victor, o garoto filho do dono da loja de antiguidades. Ele se senta ao lado dela. Depois da aula, Sara e Victor vão estudar na casa dele. Sara rejeita todas as matérias e, quando começam a estudar matemática por sugestão de Victor, ela logo desiste. O pai de Victor sugere que ela aprenda algo de que goste, e ela escolhe o xadrez, olhando para o tabuleiro artesanal, que agora estava exposto na entrada da loja.

Victor pega o livro de regras e começa a ler, mas não as regras em si. Victor lê uma narrativa fantasiosa sobre a criação do xadrez, e a Rainha Branca sorri novamente para ela. É neste momento que a fantasia entra fortemente no filme, pois Sara é conduzida para o ambiente de um castelo, no qual a Rainha Branca, preocupada com seu rei que quer ir para a guerra, cria o xadrez como um jogo representante e substituto da ação real, aproveitando para ensinar as regras à menina.

Victor fica um pouco tonto e tem que se deitar. Antes que Sara vá embora, conversa com o pai de Victor sobre o jogo de xadrez e diz a ele que acha que aquele tabuleiro deve valer muito. O pai de Victor a presenteia com o livro com as regras do xadrez e com a história da Rainha Branca.

Nessa noite, Sara retira suas pequenas economias de um cofrinho de porco, com a intenção de comprar o tabuleiro de xadrez. Ela também vê na televisão uma reportagem sobre um torneio de xadrez, em que um dos jogadores é o homem que viu na fotografia junto com sua mãe, e em uma entrevista de um jogador local, o mesmo cartaz da fotografia pode ser visto.

Sara leva seu cofre com seus trocados para a loja do pai de Victor, para comprar o jogo do qual tinha gostado. Obviamente, suas economias nem de longe são suficientes, mas o pai de Victor "vende" para ela o jogo, inclusive colocando seu exato valor anunciado como um presente extra, no cofre da menina (aliás, mesmo que o pai de Victor não seja um professor, todas as suas atitudes podem ser pensadas como modelares).

Quando Sara vai ler o livro com a história da Rainha Branca e adentra novamente o mundo fantasioso, ela é valorizada, por parecer esperta e por se lembrar da posição e dos movimentos das peças. Na escola, no dia seguinte, o professor anuncia que o jogador de xadrez que Sara viu na fotografia com a mãe chegaria na cidade e jogaria contra alunos alguns alunos selecionados por ele. A princípio, ele não escolhe Sara, pelo motivo de ela ainda estar aprendendo as regras.

No ambiente fantasioso, quando a Rainha Branca vai propor ao Rei Branco o jogo em vez da guerra, é Sara quem o convence, estabelecendo que o Rei Branco sempre comece e explicando a ele as regras. Sara joga contra o Rei e ganha dele, sendo depois aplaudida. Em seguida, o Rei pede a ela que o ensine a ser esperto e que o deixe ganhar na próxima rodada.

Quando Sara retorna ao mundo real, escuta a mãe conversando com o avô, sobre ela ir mal na escola e sobre a necessidade de mais severidade em sua educação. Sara retorna à rainha, mostrando uma foto de seu pai e do torneio de xadrez simultâneo que ele jogará em sua cidade, e ela a estimula a mostrar seus talentos.

Na escola, o professor convoca os alunos e as alunas para jogar contra ele no ginásio, em um pequeno torneio para determinar quem estará apto para duelar com o jogador profissional que irá à cidade. Mesmo não estando previamente selecionada, Sara comparece, com seu jogo de xadrez artesanal.

O professor deixa claro que se ela não souber jogar está fora e pergunta a um organizador se não há um tabuleiro padrão. Como não há, ele concorda em continuar o jogo contra Sara com o tabuleiro artesanal. Sara dialoga com as peças, mesmo na frente de todos, o que causa estranheza (embora, para deleite dos espectadores, ela não se importe com isso).

O Rei Branco pergunta sobre contra quem é o jogo e instrui o exército de peças brancas (comandado pelo professor) a perder o jogo, para ajudar Sara. O Rei diz "Perder nunca matou ninguém", o que tanto funciona como uma orientação à esportividade quanto como um estímulo à garota e uma prova de que o xadrez, como substituto da guerra, estava funcionando.

Alguns movimentos são feitos. Sara perde um peão e, rapidamente, monta uma estratégia que o professor interpreta como equivocada. A rainha diz que ele está cometendo um erro, subestimando sua oponente. O jogo prossegue e Sara faz um movimento arriscado, perdendo sua rainha.

Esse, na verdade, foi um movimento estratégico que a levou à possibilidade de dar um xeque-mate, o que ela faz. O Rei Branco comemora sua derrota. O professor derruba o Rei em aceitação de sua derrota e parabeniza Sara. O nome da menina é escrito no quadro negro, como a única ganhadora. Por conta de sua vitória, Sara é autorizada a jogar contra o jogador profissional. Pela primeira vez no filme, Sara fica feliz com alguma coisa da escola (importante notar que essa coisa não é parte do programa oficial e que é uma atividade lúdica).

À noite, Sara assiste a uma entrevista na TV do jogador profissional, que se chama Bob Hooke. Ele diz que irá retornar à sua família, sem entrar em detalhes. Ele irá, justamente, para a cidade onde Sara vive, jogar o torneio simultâneo.

No mundo da fantasia, Sara diz à Rainha Branca que está com medo de jogar, e o Bispo Branco diz a ela que talvez não seja bom jogar contra um jogador famoso. A Rainha diz que ela não precisa jogar se não quiser. No torneio simultâneo, Sara é impedida de usar seu tabuleiro artesanal, e tem que jogar com um tabuleiro profissional.

Ela guarda seu tabuleiro embaixo da mesa, mas deixa a Rainha Branca sobre ela e a segura cuidadosamente, como em concentração. Pela primeira vez no filme, o professor a estimula: "Mostre o que sabe". Depois do primeiro movimento de Bob Hooke, Sara fica nervosa e parece sair do jogo, mas apenas vai ao banheiro, levando consigo a Rainha Branca, e fica sentada no chão olhando para ela.

Sara perde a primeira rodada e, na segunda, se mostra receosa, sem fazer nenhum movimento. Bob Hooke diz que jogou sua primeira partida com a idade dela, e propõe que ela faça um movimento na próxima rodada. Quando ele volta a Sara, a garota já tinha feito sua primeira jogada.

Durante o jogo, Sara mais uma vez fala com a Rainha Branca, sobre os movimentos a fazer. Bob Hooke elogia sua estratégia e seus movimentos. Sara consegue deixar o jogador profissional em xeque e ele mais uma vez a elogia, ainda dizendo que ele próprio falava com suas peças. Hooke diz que isso é perigoso, pois os oponentes podem ouvir, mas garante à menina que não ouvirá, e pela primeira vez ela sorri para ele. Bob Hooke a estimula novamente: "Continue assim".

Victor passa mal e tem que ir para casa. Mesmo que a partida seja importante para ela e mesmo que esteja indo bem, Sara o acompanha, esquecendo seu jogo de xadrez artesanal sob a mesa. Como ela não está mais lá, Bob Hooke e outros jogadores analisam seu jogo. Hooke diz que ela tem um jogo interessante, que estava o pressionando e que poderia ganhar.

O professor, hipocritamente, diz à Hooke que Sara sempre teve muito talento. Hooke diz que o professor devia estimulá-la e mais uma vez ele mente, dizendo que estava fazendo isso. Na casa de Victor, Sara lembra que esqueceu seu jogo de xadrez e o vai buscar. A cena é cortada para Bob Hooke falando em uma entrevista sobre Sara, sobre o quão raro é uma menina com tanto talento.

No local do torneio, Hooke vê o jogo artesanal de Sara e decide devolvê-lo pessoalmente. Sara chega, não encontra seu tabuleiro e é informada de que o jogador profissional iria à sua casa. Ela corre para sua residência e vê Hooke chegando. A garota se aproxima dele e recebe o tabuleiro de volta. Ele diz à Sara que era uma pena não terem terminado o jogo, pois ela era a melhor, "uma verdadeira lutadora".

Hooke mais uma vez diz a ela para continuar daquele modo e combina de duelarem novamente no ano seguinte. O jogador profissional se despede da menina e, quando seu táxi está deixando o local, ele vê a mãe de Sara chegando e manda o motorista parar. Hooke vê Sara com a mãe, mas o táxi segue seu caminho.

Uma equipe de TV chega à casa de Sara, levada por seu professor. Mais uma vez de maneira hipócrita, ele afirma que sempre soube que Sara era especial. Sara fica tímida em frente às câmeras, e uma colega que a menosprezava se apresenta como sua melhor amiga.

Victor e seu pai chegam à casa, e o táxi de Bob Hooke retorna. O que acontece é que, como Sara desconfiava, o jogador profissional é seu pai. Hooke pede para falar com Sara e com sua mãe, que pergunta à menina se ela deseja isso, ao que Sara responde perguntando se a mãe também o quer. As duas vão ao encontro dele.

A mãe de Sara e Hooke conversam, a cena corta para Sara e a Rainha Branca e se ouve o barulho do táxi indo embora. Na beirada de um ancoradouro em frente à sua casa, estão sentados a mãe de Sara e seu pai. Sara se junta a eles e o filme termina.

Para facilitar o entendimento da linha de construção do filme e para deixar claro como ele é sobre a valorização de talentos diferenciados, vou apresentar um quadro de orientação dos acontecimentos narrativos, e depois fazer uma análise deles. No quadro é também apontado quando uma passagem é do mundo real ou do mundo de fantasia, pois isso tem significações na obra.

Nº	Mundos	Acontecimentos
1	Real	Sara é desvalorizada na escola, por só ter boas notas em artes.
2	Real	Sara vê o jogo de xadrez artesanal, na loja do pai de Victor.
3	Real	Victor chega à sala e senta ao lado de Sara.
4	Real	O pai de Victor sugere que Sara aprenda algo de que goste, e ela escolhe o xadrez.
5	Fantasia	A Rainha Branca sorri para Sara.
6	Real	O pai de Victor presenteia Sara com o livro com a história da Rainha Branca (que tem as regras do xadrez).
7	Real	O pai de Victor "vende" o jogo de xadrez artesanal para Sara, acrescentando a seu cofre o valor correspondente ao preço.
8	Fantasia	Sara é valorizada por ser esperta e por se lembrar da posição das peças.
9	Real	O professor anuncia que haverá o jogo simultâneo contra Bob Hooke, mas não deixa Sara jogar por ela ainda estar aprendendo.
10	Fantasia	Sara convence o Rei Branco sobre a importância do xadrez e explica a ele as regras.
11	Fantasia	Sara mostra à Rainha Branca a foto de Bob Hooke na propaganda do torneio de xadrez e ela a estimula a participar, por ser muito boa.
12	Real	Sara vai ao torneio de xadrez de sua sala, com seu jogo artesanal, mesmo não estando autorizada ou selecionada previamente.
13	Fantasia	O Rei Branco, com quem o professor jogava, decide perder para ajudar Sara.
14	Real	Sara e o professor jogam.

15	Real	Sara vence o jogo contra o professor e seu nome é escrito no quadro negro, como única vencedora (com isso, Sara é autorizada a jogar o torneio simultâneo contra Bob Hooke).
16	Fantasia	Sara demonstra à Rainha Branca medo de jogar o torneio simultâneo, e a Rainha não a pressiona.
17	Real	O professor estimula Sara brevemente.
18	Real	Sara se concentra no banheiro.
19	Real	Bob Hooke conversa com Sara e a tranquiliza.
20	Real	Sara joga contra Bob Hooke, falando às vezes com a Rainha Branca e realizando um jogo inteligente e agressivo.
21	Real	Bob Hooke estimula Sara: "Continue assim".
22	Real	Victor passa mal e Sara o acompanha de volta à sua casa, apoiando-o com o braço em torno de sua cintura.
23	Real	Bob Hooke, o professor e outros jogadores analisam o jogo de Sara. Bob Hooke diz que ela ganharia.
24	Real	O professor diz que Sara tinha talento.
25	Real	Bob Hooke diz que o professor devia estimular Sara.
26	Real	Sara volta ao local do torneio para buscar seu tabuleiro, que esqueceu.
27	Real	Falando à TV sobre Sara, Bob Hooke diz que é raro uma menina com tanto talento.
28	Real	Bob Hooke decide levar o tabuleiro artesanal de Sara para sua casa, para devolver pessoalmente a ela.
29	Real	No local do torneio simultâneo, Sara não encontra seu tabuleiro e é informada que Bob Hooke foi a sua casa devolvê-lo pessoalmente.
30	Real	Bob Hooke devolve o tabuleiro à Sara, dizendo que ela era a melhor jogadora no torneio e caracterizando-a como "Uma verdadeira lutadora".
31	Real	Bob Hooke volta a dizer para Sara "Continue assim" e que espera jogar contra ela novamente no ano seguinte.
32	Real	O professor e a colega de Sara a elogiam para a equipe de TV.

O primeiro aspecto importante a ser apontado é o trânsito entre a realidade e a fantasia. Este é o movimento de construção simbólica do filme, e necessário porque, como Sara era muito desvalorizada por seus colegas e professores, ela precisava de um terreno mais amigável no qual construir sua confiança.

Os momentos fantasiosos são entremeados à narrativa do presente, e o funcionamento dessa mistura de mundos fica bastante evidente quando se percebe que os tópicos 5, 8, 10, 11, 13 e 16 são os momentos mais significativos de Sara no mundo da fantasia.

O fato de não haver mais momentos fantasiosos relevantes para a aquisição de sua habilidade de jogar xadrez e para a formação de sua confiança, após o tópico 16, é indicador que Sara já era hábil e confiante em si o suficiente para sustentar sua paixão e vocação.

É importante perceber com isso a importância da ludicidade como ferramenta de entrada em um universo mais pragmático. É por meio da fantasia que Sara aprende as regras do xadrez, e por meio do xadrez que a menina consegue fazer sua voz ser ouvida, que consegue uma valorização perante seu professor e seus colegas que até então era inédita para ela.

Este livro se vale de *games*, animês e séries pelo mesmo motivo, pois essas linguagens e seus produtos são ferramentas de entrada a ludicidades privilegiadas, que já contam com ampla adesão do público infantil e jovem e que são capazes de fornecer conteúdos profundos e significantes, mas ao mesmo tempo leves e atraentes. Em *Viva a Rainha!*, o xadrez é leve e atraente para Sara. Esses ganchos são primordiais.

Apesar de haver momentos em que Sara é desvalorizada, como nos itens 1 e 9, o filme é sobre a valorização da protagonista e sobre seu crescimento pessoal e estudantil, que é inerente a este processo: os itens 4, 6, 7, 8, 10, 11, 12, 13, 15, 16, 17, 19, 21, 23, 24, 25, 27, 28, 30, 31 e 32, positivos neste sentido, provam isso. É importante notar que eles percorrem toda a narrativa do filme.

Alguns momentos são especialmente significantes. Em uma passagem muito importante, no item 4, o pai de Victor sugere que Sara possa aprender algo de que gosta. Esta é uma postura de abertura que considera como saber também os aprendizados paralelos, apontados como igualmente válidos. Todas as linguagens e todos os produtos culturais apontados neste livro devem ser considerados do mesmo modo.

O item 7 é um item para o público: Sara não vê o pai de Victor colocando dinheiro em seu cofre e não percebe que não tinha realmente pago por ele. Ela apenas recebe a gentileza do personagem e é impactada por esse gesto (não no tocante ao dinheiro, mas com relação à posse do tabuleiro, que, para ela, é a posse de um instrumento de ludicidade e de valorização pessoal). Como Sara não vê que ganhou o dinheiro e nem percebe que havia na verdade ganhado um presente, isso não é significante para ela, mas sim para os espectadores, que podem ver e pensar sobre a natureza da atitude do pai de Victor (que, para mim, é um herói).

O item 8 apresenta a primeira valorização de Sara no mundo da fantasia, em que de imediato a menina é apontada como esperta, em contraposição à percepção que se tinha dela no mundo real. Esse posicionamento marca o mundo ficcional como o terreno de Sara, o local onde ela é valorizada por suas habilidades e talentos.

O item 12 é dos mais interessantes: mesmo não estando previamente selecionada pelo professor e nem oficialmente autorizada a jogar, Sara comparece ao torneio de sua sala com seu tabuleiro artesanal e o posiciona sobre uma mesa, ao lado de Victor. O professor se surpreende um pouco, mas a permite continuar.

Esse talvez seja o único momento do filme em que o professor tem uma postura francamente valorizadora de Sara, sem a hipocrisia que demonstra em outros momentos. Para a menina, o gesto de comparecer ao torneio, estando a princípio fora dele, é um gesto de autoafirmação e de confiança, o de uma criança de 9 anos se tornando confiante e responsável pelo início da construção simbólica de seu lugar no mundo.

No item 13, o Rei Branco, que seria manipulado pelo professor, decide ajudar Sara. Isto caracteriza a demonstração de um imprescindível apoio incondicional, pois o Rei Branco perderia a partida (coisa da qual ele normalmente não gosta). É desse tipo de apoio que as novas gerações precisam, resguardadas as peculiaridades narrativas da cena.

No item 15, Sara vê seu nome escrito sozinho na coluna dos vencedores do quadro negro. Para uma menina até então tratada como quase incapaz de aprender, isso pode ser profundamente significante. Obviamente, não é preciso criar pódios para os alunos, mas é preciso fazer com que se sintam assim, em todo o tipo de movimento educacional que seja preciso para isto. A proposta geral e as propostas específicas deste livro têm essa intenção.

No item 16, Sara demonstra medo de jogar o torneio simultâneo de xadrez. Esse medo estava, provavelmente, mais ligado ao medo de encontrar seu provável pai do que de jogar. A Rainha Branca não pressiona a menina de nenhuma maneira, deixando a decisão de jogar ou não nas mãos dela, construindo um laço afetivo baseado na atribuição de confiança e no empoderamento.

O item 17 é um dos raros momentos do filme em que o professor elogia Sara. A cena é rápida, mas não deixa de ser uma conquista. O item 18 é de concentração da menina, que pode ser lido como a necessidade de um momento de imersão em si mesma e de pensamento quieto sobre tudo o que envolvia o jogo no torneio simultâneo.

Muitas vezes, é esse silêncio das novas gerações que não é respeitado. Como uma parcela bastante considerável dessas crianças e desses/dessas jovens é introvertida, muitas vezes são percebidos como em um afastamento alienante ou com a intenção de agredir de alguma maneira. Uma percepção desse tipo é, além de enganada, um tanto desrespeitosa, e desconsidera tanto a capacidade de abstração quanto a necessidade de recolhimento introspectivo.

Esse tipo de silêncio deve ser visto como mais um dos muitos recursos das novas gerações, pois ele é extremamente construtor. É sabido que, quanto mais marcada pela singularidade, mais uma pessoa precisa de tempos como este, e o que Sara foi buscar em sua rápida ida ao banheiro foi justamente isso.

No item 22, quando Victor passa mal e Sara o acompanha, o que está em cena é a humanidade e o caráter cuidadoso da menina. Sara se importa mais com a saúde do amigo do que com o jogo, mesmo após ter sido elogiada por Bob Hooke, em especial no item 21. Sara esquece seu tabuleiro no local e leva Victor até a casa dele, abraçando-o pela cintura.

Essa é outra característica das novas gerações: costumam ser solidários e prontamente dispostos a colaborar com os/as colegas. Afinal de contas, passam uma parte considerável de suas vidas compartilhando informações ou usufruindo de informações compartilhadas. Mas essa característica é muito mais do que apenas um fruto de um treinamento propiciado pelas tecnologias: as novas gerações, de uma maneira geral, são mais solidárias, menos julgadores e nada condenadores. Estas são, obviamente, habilidades sociais muito desejáveis.

Os itens 19, 20, 21, 23, 24, 25, 27, 28, 30 e 31 são todos relativos à valorização das qualidades de Sara como jogadora de xadrez, estando ela presente ou não. Ou seja: uma parte bastante considerável do filme é dedicada a enaltecer o talento de Sara, de várias formas.

Essa é a essência de uma educação peculiar: investir na descoberta, na manifestação e no aprimoramento de talentos. Certamente, um talento desenvolvido alavanca outros, e pode ser usado como uma plataforma para outras habilidades. Mesmo que essas outras habilidades não sejam aquelas que as novas gerações vão dominar e exercer profissionalmente, são catapultadas pelo simples fato de o talento principal ser desenvolvido.

Por isso, pais, professores, professoras e escolas devem ajudar a descobrir, a manter e a aprimorar os talentos das crianças e dos/das jovens sob sua guarda e tutela. Alguém que quer escrever deve ser estimulado a fazer isso, quem quer cantar deve cantar, quem quer dançar deve dançar, e assim por diante. Criticar uma habilidade artística, por exemplo, que em geral é considerada "menos útil" que a habilidade de resolver uma equação ou de identificar o objeto direto de uma frase é condenar quem a detém, quer e precisa a desenvolver. E isso é cruel e irresponsável.

Hoje em dia, muito se discute sobre um tipo de educação mais livre ou mesmo sobre os conteúdos paralelos que são, inclusive, previstos nas propostas educacionais oficiais. Todavia, seu uso ainda é tímido e bastante burocrático. É preciso que esses conteúdos sejam trabalhados com mais profundidade.

Ainda mais: é necessário um mapeamento e uma capacitação de pais e de educadores e educadoras para que sejam capazes de identificar os produtos culturais de diversas mídias que são capazes de atrair a atenção das novas gerações, utilizando-os para gerar discussões relevantes que, certamente, têm adesão garantida.

Muito mais do que isso, é preciso que haja boa vontade, na forma de um interesse genuíno e responsável pelo que as novas gerações manifestam como vontades e como talentos. É vital que se seja mais como o pai de Victor, que em *Viva a Rainha!* é o verdadeiro professor da vida real, fazendo um papel de estímulo à Sara equivalente apenas ao que a Rainha Branca fez, no mundo da fantasia.

É o pai de Victor que, logo no início do filme, não recrimina o filho quando ele derruba o tabuleiro de xadrez; quem convoca primeiramente Sara para jogar xadrez; quem a conduz ao mundo de fantasia onde encontrará força e estímulo para seu talento; quem apresenta "pedalar, desenhar ou jogar" como atividades válidas; quem permite que ela comece a aprender as regras do xadrez; quem dá de presente à menina o livro com a história da Rainha Branca; quem "vende" a Sara o tabuleiro artesanal, colocando em seu cofre o valor correspondente a seu preço anunciado (mudando para sempre sua vida).

A influência do pai de Victor na história e na vida de Sara é tanta que o personagem não é mais visto, depois de aproximadamente um terço do filme, só aparecendo novamente no final, quando tudo já se resolveu (em boa parte, graças a ele) e Sara ficou conhecida por seu desempenho contra Bob Hooke. Pais e professores precisam ser, premeditadamente e com afinco, mais como o pai de Victor, lutando mesmo que nos bastidores para nutrir os talentos das novas gerações.

Finalmente, tudo isso é necessário porque, para essas maravilhosas pessoas em nossas salas de aula, não desenvolver seus potenciais é literalmente um castigo. As novas gerações, em especial, são muito sensíveis a isso, ansiosas para constantemente se aprimorarem naquilo que mais as interessam. Por isso, é preciso que se saiba, também, olhar além do pragmático, além do que os parâmetros curriculares pontuam como os tópicos a serem desenvolvidos. Sara só se desenvolveu quando seus talentos foram estimulados e quando pôde se aprimorar neles. Isso a permitiu ser melhor nas outras áreas, também.

A forma de percepção cognitiva das novas gerações mudou, as maneiras pelas quais elas geram seus significados mudou, sua maneira de construir pensamentos e correlações mudou. Por conta do rápido desenvolvimento tecnológico, esses aspectos continuarão mudando, e a melhor forma de se encontrar as melhores maneiras de lidar com isso é deixar que as crianças e os/as jovens forneçam as respostas, trazidas de suas subjetividades e de seus talentos, de suas singularidades.

Este processo será virtuoso, pois trará, além de respostas, adiantamentos sobre situações e contextos que ainda nem foram mapeados, uma vez que a capacidade de pensamento e abstração das novas gerações é também visionária.

Crianças e jovens querem e merecem se desenvolver e precisam das condições para isso. Para que isso seja possível, precisam que seus múltiplos talentos sejam valorizados.

CAPÍTULO 14

O DIABO VESTE PRADA: UMA APOLOGIA DO TRANSITAR

Uma das maiores marcas de maturidade cultural e do poder de construção do pensamento é extrair significados das obras de arte, principalmente quando se identificam elementos menos óbvios. Esse é um dos mais importantes recursos cognitivos que se precisa ensinar para os alunos e para as alunas, treinando olhares e percepções.

Não se trata, naturalmente, de investir em subjetivações delirantes ou no invariavelmente desastroso procedimento de discorrer sobre "o que o artista QUIS dizer". O que é importante é saber encontrar, nos produtos culturais, elementos de significação que constroem simbologias sólidas e coerentes e a trama de significados que essas simbologias geram.

Obras como os clássicos da literatura universal ou do cinema já têm, normalmente, alto valor agregado e presumido. Por isso, é razoavelmente fácil identificar e expor seus significados, até porque em geral haverá muitos estudos disponíveis sobre esses temas. Todavia, quando se aborda uma obra erroneamente considerada menos densa e se sabe dela derivar significações relevantes e concretas, há um ganho cultural que pode ser um excelente propulsor de pensamento organizado e expansivo.

É sob esta perspectiva que proponho uma breve análise e a utilização do filme *O Diabo Veste Prada* (David Frankel, 2006) como uma ferramenta de ensino agregada à proposta de uma educação peculiar. O filme, normalmente visto como uma simples comédia romântica hollywoodiana como tantas outras, é na verdade bastante elaborado e profundo, recheado de elementos de significação muito bem amarrados, coadunados com os conceitos expostos.

Para começar, é preciso dizer que *O Diabo Veste Prada* é mais uma obra em que se faz a apropriação da jornada do herói, um modelo clássico de narrativa mítica bastante conhecido. Nesse sentido, o filme se assemelha a outros que parecem muito distantes, como a trilogia do *Senhor dos Anéis* (Peter Jackson, 2001-2003, considerada como um todo) e *Tubarão* (Steven Spielberg, 1975).

O modelo da jornada do herói prevê, muito basicamente, que um protagonista receba uma missão e a rejeite inicialmente, para depois aceitá-la com o apoio de um mentor, passar por altos e baixos, vencer desafios, cumprir a missão e voltar para casa glorificado. Esses elementos são altamente adaptáveis, podendo tomar uma imensa variabilidade de formas específicas e mesmo serem suprimidos ou adicionados de outros elementos coerentes, mas certamente podem ser encontrados em uma boa parte da produção dos filmes de grande circuito dos EUA, que se chama de "cinemão", "*mainstream*" ou "cinema hollywoodiano".

Usa-se esse modelo porque já é consagrado e reconhecido e porque gera adesão. Mostrar a pertinência da jornada do herói na construção de *O Diabo Veste Prada* já é interessante por si só, mas mais importante ainda é pensar nos significados subjacentes à trama, normalmente pensada apenas como a história de uma jovem que sofre por ter que trabalhar em uma revista de moda, em uma área em que não estava acostumada e da qual nitidamente desgostava.

O Diabo Veste Prada não é sobre esse drama do emprego, ou não é apenas sobre ele. É também sobre isso, mas, principalmente, o filme é sobre trânsito cultural, uma capacidade que pode ser desenvolvida e que é extremamente importante para as vidas cultural, intelectual, social e profissional de qualquer pessoa e que pode beneficiar e muito as novas gerações.

No filme, a protagonista é Andrea Sachs, uma jovem jornalista recém-formada, vivida por Anne Hathaway. Estando em busca de emprego, Andrea (ou Andy, seu apelido) é selecionada para uma entrevista de emprego na *Runway*, uma revista de moda. Quando comparece à entrevista, fica nítido que Andy não tem o perfil típico das jovens que trabalham na revista, por não ser aficionada por moda, por desconhecer a publicação e por não se enquadrar no estereótipo de moça magra e bem vestida.

Mesmo assim, após uma conversa aparentemente malsucedida com a editora, Miranda Priestly, uma terrível personagem vivida por Meryl Streep, viciada em trabalho e cruel, Andy é aprovada e consegue o emprego. No seu cotidiano de trabalho e em especial nos primeiros dias, a protagonista sofre muito para minimamente se adequar, e fica claro que sua maior missão será cumprir todas as exigências de Miranda, algumas das quais bastante – e propositadamente – absurdas.

A inadequação de Andy ao ambiente de trabalho na *Runway* é bastante marcada pela diferenciação de seu vestuário com os das outras pessoas. As roupas da protagonista são informais, discretas, desleixadas e em NADA orientadas pela moda. Essa diferença é percebida e comentada por muitas pessoas, muitas vezes de maneira sarcástica, e será o ponto-chave de um acontecimento que marca o filme e que define o tema do transitar cultural como um de seus principais eixos de significação.

Em uma apresentação para a escolha de roupas que poderiam estar em uma das capas da edição mensal da revista, Andy comenta que acha quase iguais dois cintos apresentados como muito diferentes. Todos parecem se ofender, em especial Miranda, que apresenta a Andy, de forma agressiva, as razões pelas quais as cores dos cintos eram importantes, inclusive para definir a cor do suéter que ela estava usando naquele dia.

Esse acontecimento se configura como uma dura lição e, momentos depois, ao conversar com seu pai em um restaurante, Andy defende sua experiência na revista, mesmo que um tanto desvinculada de seus objetivos de carreira iniciais, que eram o jornalismo mais tradicional e cultural.

É quando acontece algo que fornecerá suporte para o ponto de virada do filme: Miranda liga para Andy exigindo que ela consiga passagens de avião, mesmo com todos os voos cancelados devido a um furacão. Obviamente, Andy não consegue as passagens, mesmo depois de tentar arduamente. Quando Miranda volta ao escritório, humilha Andy por sua incompetência em cumprir a missão das passagens, mesmo que isso seja bastante injustificado.

Andy fica transtornada, pensa em se demitir e vai procurar Nigel, um dos diretores de arte da revista. Nigel, sem meias palavras, diz a Andy que ela não estava realmente tentando participar da revista e fazer bem seu trabalho, apenas se posicionando como alguém que estava ali por um tempo, sem comprar a ideia da *Runway* e sem dar o seu melhor.

Além disso, Nigel diz a Andy que há muitas pessoas interessadas em sua posição de trabalho e que, por isso, deveria decidir se fica e trabalha duro ou se deixa definitivamente a revista. É quando há o ponto de virada e quando a perspectiva de trânsito cultural começa a ser construída: Andy tem um *insight* sobre o que tem que fazer e pede a ajuda de Nigel para isso.

Em seguida, eles vão ao enorme galpão que serve de guarda-roupa para a revista e Nigel escolhe várias roupas para Andy, que no início resiste, mas acaba aceitando as sugestões. No dia seguinte, Andy chega à revista muito bem vestida, nitidamente se destacando e se integrando ao ambiente em que trabalhava. Inclusive, como um referendo claro, ela recebe um elogio da personagem secundária Serena, vivida por Gisele Bündchen (mesmo que Gisele esteja atuando e cumprindo um papel, isso é bem significante).

Ao tomar essa nova atitude, Andy ganha mais segurança e, automaticamente, demonstra mais competência. Há uma sequência de cenas que mostram seu percurso de casa ao trabalho e que é editada para mostrá-la usando diversos trajes elegantes e se posicionando cada vez mais solidamente em seu trabalho.

Por conta dessa nova postura e do novo código de vestuário que adota, Andy é muitas vezes criticada pelo namorado e por seus amigos em comum. Coerentemente com suas novas diretrizes, ela se defende e se afasta um pouco deles. Essa condenação de um posicionamento considerado superficial é uma das fortes marcas que expressam o trânsito cultural, pois Andy não adotou a nova postura apenas superficialmente, mas de maneira sólida e consistente.

O crescimento profissional de Andy é percebido por todos e até por Miranda, que termina por elevar o *status* da protagonista, passando-a de segunda a primeira assistente.

Paralelamente, percebe-se que em termos pessoais Andy também cresce, pois se torna mais capaz de defender seus pontos de vista e de se perceber como uma boa realizadora de tarefas, com um alto índice de superação de metas.

Nesse sentido, um episódio marcante do filme é quando Miranda pede a Andy que consiga para suas filhas o novo volume da série Harry Potter, que não tinha ainda sido publicado. Essa, a princípio, é uma missão impossível, e Miranda vincula a permanência de Andy no emprego a seu cumprimento. Acionando sua rede de contatos e contra todas as possibilidades, Andy consegue o texto (obviamente, essa passagem não é verossimilhante, mas o que importa é seu significado).

Em sua função de assistente principal de Miranda, Andy viaja com ela a Paris, para uma semana de eventos de moda. Lá, após notar todo um esquema de favorecimentos e de desfavorecimentos profissionais, Andy se sente descontente com o entorno cultural de seu emprego e mesmo com o fato de haver suplantado a posição de sua colega Emily.

Este é um dilema ético apresentado: o fato de Andy ter tomado a posição de Emily como primeira assistente é apresentado a ela como uma escolha profissional consciente, ao contrário de sua percepção inicial, que era ancorada em uma suposta imposição de Miranda. Provavelmente, a percepção mais equilibrada é a de que esse escalar profissional tenha sido um misto de imposição e de escolha.

Ao descerem do carro em que estavam indo para mais um evento, Andy simplesmente vai para o outro lado e emblematicamente deixa, assim, tanto a revista quanto Miranda para trás. Ainda mais emblematicamente, Andy, ao receber uma chamada de Miranda, joga fora seu celular. O ciclo da protagonista na *Runway* está, então, definitivamente encerrado.

O final do filme mostra Andy de volta a seu ambiente, sendo entrevistada em um jornal. Na sequência, dois fatos narrativos relevantes são mostrados: o editor do jornal diz a Andy que Miranda a recomendou muito bem e, na *Runway*, Emily diz à nova segunda assistente que ela tinha de ser muito boa para substituir quem estava substituindo. Estes reconhecimentos, cunhados após a saída de Andy da revista, mostram o quanto sua presença e sua atuação foram impactantes.

Todo esse contexto e essas significações se encaixam na perspectiva de uma educação peculiar de dois modos: no tocante a uma formação mais pragmática que pode ter ecos até mesmo na educação profissionalizante e também com relação ao entorno cultural das novas gerações, que é em grande medida tema deste livro.

A matriz curricular é formada por uma série de disciplinas diferentes, inscritas nas áreas de exatas, biológicas e humanas. Os contextos de cada uma dessas áreas são bastante distintos e os/as estudantes, em geral, se inclinam a uma delas, muitas vezes tendo dificuldade nas outras. *O Diabo Veste Prada* pode ser usado para se trabalhar tanto a necessidade quanto, e principalmente, a possibilidade de adequação a outros contextos que não aquele no qual os jovens têm mais facilidade.

No filme, Andy não se torna exatamente uma especialista em moda nem passa a dominar por completo todos os seus conceitos e minúcias. O que a protagonista faz, e o que creio que é grandioso e um modelo a ser adotado, é dispor-se a participar de uma empreitada desafiante, usando seus recursos pessoais (de sua área de afeição) da melhor forma possível.

Andy usa sua simpatia e seu poder de persuasão para convencer Nigel a ajudá-la, usa sua beleza e seu bom gosto para escolher e usar roupas elegantes e adequadas a seu novo ambiente, usa sua inteligência para lidar com desafios e usa sua resiliência para se manter firme em horas de dificuldade.

O grande ensinamento do filme é que essa capacidade de transitar pode ser nutrida e exercida. Por isso, é possível dizer que *O Diabo Veste Prada* não é apenas sobre uma menina que vai trabalhar meio contra a vontade em uma revista de moda, mas também sobre uma pessoa que se torna hábil em atuar em um contexto cultural muito diferente de seu meio conhecido. O filme é sobre sair da zona de conforto e sobre a capacidade de atuar com consciência e com eficácia fora dela.

No contexto das disciplinas escolares, *O Diabo Veste Prada* pode ser usado como uma ponte para diálogos acerca do estudar disciplinas de outras áreas que não a de predileção dos alunos e das alunas, principalmente se os professores forem capazes de amarrar isto com esclarecimentos acerca das razões pelas quais se estudam tais assuntos (na via de uma formação humanística completa).

Andy só compra a ideia da moda e só enxerga como benéfica sua atuação na revista quando entende em definitivo seu novo contexto e quando vê, nele, uma perspectiva de crescimento pessoal. As novas gerações são bastante arredias ao que não lhes faz sentido, e serão cada vez mais. Isso não é apenas uma rebeldia inconsequente, muito pelo contrário: é esse um dos pontos que, se devidamente estimulado, pode trazer grandes progressos humanos, tanto no campo pessoal quanto no profissional.

Um aluno ou uma aluna que possa enxergar áreas que não a de sua preferência com propriedade, examinando seus contextos sob a orientação de que estas são áreas nas quais pode transitar sem deixar sua essência de lado, só tem a ganhar. Mais do que tudo, a lição de *O Diabo Veste Prada* é que os alunos podem fazer isso usando suas capacidades pessoais, aprendendo com outros contextos e angariando benefícios deles.

Em termos de uma futura profissionalização, isso também pode se provar extremamente útil, pois necessariamente, em qualquer emprego e até mesmo para uma entrevista de emprego, se adequar a um determinado contexto ou a diferentes contextos é extremamente importante e pode se tornar um diferencial.

Um/uma jovem que saiba se apresentar em uma entrevista de emprego de uma forma que pareça adequado(a) àquele ambiente e alguém que saiba se portar em diferentes situações e ambientes dentro de uma mesma empresa tem com certeza mais chances de iniciar uma atividade ou de mantê-la. E essas duas coisas *O Diabo Veste Prada* pode ensinar.

A jornada de Andy pela *Runway* pode e deve ser esmiuçada com os/as estudantes para que vejam que têm capacidade para estudar as diversas disciplinas do currículo e dar conta delas e de seus aprendizados específicos usando suas capacidades e sendo fiéis às suas naturezas. Essa perspectiva agrega muito e é muito além da visão mais tradicionalista, que nem sequer toca nessa habilidade ou que força hierarquicamente alunos e alunas com menos talento em uma área a estudá-la indefinidamente, sob a promessa e a pressão de ter que melhorar ou corrigir defeitos.

Só será possível fazer as novas gerações transitarem por outras áreas que não as de sua preferência e excelência se esta contextualização for feita, porque elas são definitivamente gerações da construção de sentidos profundos. Por isso, é necessário desenvolver com consciência habilidades de trânsito como as que Andy desenvolveu em *O Diabo Veste Prada*.

É importante apontar que os *games* podem ser grandes aliados neste processo, porque são produtos culturais em que pensar e agir coerentemente em determinado contexto é a exigência máxima. Como cada *game* tem um sistema específico de funcionamento e metas específicas que *gamers* devem atingir, cada *game* jogado é um novo contexto em que crianças e jovens têm de atuar.

Ou seja, a cada *game* que se joga, se exerce a habilidade de trânsito cultural, se aprende a entrar com profundidade e com cuidado em outra esfera de construção de significados. Como nos *games*, ainda, esse trânsito é cuidadosamente coadunado com um trabalho inerente de pesquisa dos ambientes e dos contextos, próprio do ato de jogar, o trânsito de *O Diabo Veste Prada* é, neles, aprimorado.

Portanto, oficinas em que se trabalhe *O Diabo Veste Prada* associadamente a *games* teriam muito a acrescentar, bastando discutir o filme ou trechos dele e apresentar *games* selecionados com o maior espectro possível de diferenciação entre seus contextos, temáticas e jogabilidade, comentando, sob o viés de trânsito cultural do filme, como os protagonistas de cada *game* transitam em seu espaço, pensando também como atuariam em *games* diferentes.

O que a protagonista de *Alice Madness Returns* (Spicy Horse, 2011) de faca em punho e sangue no vestido faria em um *game* tranquilo como *Journey* (Thatgamecompany, Santa Monica Studio, Tricky Pixels, 2012)? E o inverso, como seria? Eles teriam dificuldades? Se eles tivessem uma aula de comportamento em diferentes contextos com a Andy de *O Diabo Veste Prada*, o que ela poderia ensinar a eles? Eles aprenderiam? Essas perguntas são referentes a apenas um exemplo, e quaisquer *games* que se queira utilizar poderiam receber questionamentos semelhantes.

Se falarmos do trânsito cultural como uma qualidade de alto índice de diferenciação e que, por isso, pode ser considerada bastante desejável, é possível também pensar em outro desenvolvimento desta habilidade, com benefícios complementares. Trata-se da conscientização a respeito do trânsito interlinguagens.

As novas gerações, já hábeis em manipular aparelhos multimidiáticos e hipermidiáticos, estão mais do que habituadas a realizar concomitantemente múltiplas atividades, o que requer que exerçam diferentes capacidades de linguagem o tempo todo. Todavia, é pouco que essas competências sejam exercidas apenas no âmbito de sites de conteúdo, aplicativos e serviços on-line, sendo extremamente interessante que se desenvolva a consciência da comunicação com diferentes linguagens.

Uma perspectiva como esta pode ser considerada uma metacognição, pois seria o estudo de diferentes linguagens e de suas semelhanças e diferenças, com o objetivo de gerar nos alunos o efetivo conhecimento das diferentes possibilidades de expressão que as variadas linguagens oferecem.

Para isso, não é necessário apenas que se trabalhe em sala de aula produtos culturais distintos, como fazer, uma vez por semana, a discussão sobre alguma obra de uma linguagem específica. É preciso relacionar tudo isso e tecer comparações e, mais ainda, é primordial que os/as estudantes sejam estimulados(as) a criar e recriar conteúdos em linguagens diversas.

Como cada linguagem tem seus elementos de expressão típicos, quando um aluno ou uma aluna tem um repertório variado, ele ou ela não apenas pode contar com um bom repertório, mas também com diferentes abordagens e distintas formas de expressão. O que as linguagens ensinam não são apenas os temas discutidos, mas também a maneira como essa discussão é feita.

Uma série como *13 Reasons Why* (2017) não é apenas sobre o suicídio de uma adolescente, é também sobre a maneira como uma série pode discutir o assunto. Uma história em quadrinhos como *Watchmen* (1986/87), de Alan Moore e Dave Gibbons, não é apenas sobre a Guerra Fria e o poder de vigilância, ela é também sobre como uma história em quadrinhos pode tratar esse tema (em *Watchmen*, os autores exploram imensamente o potencial narrativo da linguagem, como pode ser conferido na obra *Os bastidores de Watchmen*, de Dave Gibbons, de 2009).

Sob esta perspectiva, certamente um mangá que tocasse no tema do suicídio de adolescentes trataria do mesmo tema que *13 Reasons Why*, mas seria, diferentemente da série, sobre a forma que o mangá pode tratar o tema. É por isso que, tecnicamente falando, quando se faz uma adaptação da literatura para o cinema, por exemplo, por mais fiel que esta adaptação seja, surgem diferenças incontornáveis que fazem com que o filme seja uma mensagem diferente do livro.

Por mais que a adaptação do romance *As Vantagens de Ser Invisível* (2007) para o cinema (2012) seja bastante fiel e por mais que o autor do livro e o diretor do filme sejam a mesma pessoa (Stephen Chbosky); por mais que o elenco seja sublime e tenha encarnado com maestria os personagens, livro e filme passam mensagens distintas aos leitores e aos espectadores, pelo simples fato de que são produtos culturais de linguagens diferentes.

O que falta e muito nas escolas é uma abordagem desse tipo que, progressivamente, instaure a metacognição das linguagens, capacitando a entender sutilezas de expressão, semelhanças e diferenças e que, mais do que isso, habilite a utilização dos recursos das diferentes linguagens como formas próprias de expressão.

Uma das melhores formas para fazer isso é aproveitar casos de adaptação interlinguagens, como de livros para filmes ou para séries. Há um belo filme de *Watchmen*, dirigido por Zack Snyder em 2009, adaptando a homônima história em quadrinhos de Alan Moore e Dave Gibbons; e há a sublime série *Anne com E* (2017), disponibilizada pela Netflix, adaptando o livro *Anne de Green Gables* (2020), da autora L. M.

Montgomery. Esses livros e suas adaptações fornecem estofos para bons e produtivos estudos e oficinas.

O importante é que um trabalho desse tipo, que também pode ser feito com base nas adaptações de mangás para os animês, como nos casos de *Kill La Kill* (2013) e *Elfen Lied* (2004), seja notadamente comparativo. É preciso mostrar a obra original e a forma como seus trechos e seus elementos de linguagem comparecem na obra adaptada, preferencialmente com imagens comparativas.

Na internet, são facilmente encontradas imagens e estudos comparativos das adaptações para o cinema de *Watchmen* e de *Sin City* (uma história em quadrinhos homônima de Frank Miller em 1992, que gerou um filme codirigido pelo autor e por Robert Rodriguez em 2005). É possível usar essas comparações como modelo de apresentações.

Ao se trabalhar com constância as diferentes linguagens e seus elementos de semelhança e de diferença, o nível perceptivo dos alunos e das alunas cresce significativamente. No trânsito da literatura para o cinema, por exemplo, temos uma linguagem formada apenas por palavras e outra basicamente constituída de imagens, que em geral é adicionada de falas (em um filme legendado, é preciso considerar as legendas como elemento de expressão).

Uma discussão que aponte essas diferenças traz bons ganhos cognitivos aos/às estudantes, pois se tornam conscientes de COMO as duas diferentes linguagens abordaram a mesma obra. Automaticamente, os alunos incorporam esse como, que se torna mais que seu repertório cultural, se torna também seu repertório de mecânica de expressão, se torna uma forma possível de dizer qualquer coisa que tenham a comunicar.

Para que esta metacognição seja ainda aprimorada, sugiro que se realizem algumas oficinas criativas com um viés muito específico. Elas podem ter o nome que a escola ou o professor desejarem, mas sugiro que esse nome contenha algo ligado às transformações, como "Transoficinas".

Elas seriam oficinas em que os alunos têm que desenvolver um tema específico com base em uma obra determinada, ou oficinas em que os alunos sejam estimulados a desenvolver uma obra em uma linguagem específica com base em outra obra de outra linguagem, preferencialmente de contexto cultural e social distintos.

No primeiro caso, pede-se que os alunos desenvolvam, por exemplo, o tema da aceitação das diferenças com base no animê *Another*, que trabalhem o *bullying* com base na série *13 Reasons Why* ou que usem o *game* Little Big Planet (em especial as fases do casamento de Frida) para abordar criativa e livremente a obra da pintora mexicana Frida Kahlo.

Ao fornecer uma base específica de linguagem, o professor dá aos alunos e às alunas parâmetros muito claros e ao mesmo tempo elásticos para suas criações. Naturalmente, é de vital importância evidenciar os elementos de linguagem e estimular sua adoção, mas a natureza do trabalho é tal que o crescimento da metacognição relativa à linguagem trabalhada é automático.

No segundo caso, aquele em que os/as estudantes são estimulados a desenvolver uma obra autoral em uma linguagem baseados em outra obra de linguagem diversa, preferencialmente distante em termos de época de produção, o trabalho é mais complexo. Todavia, há vários ganchos que se pode aproveitar, mesmo os negativos.

Obras literárias que contam com grande resistência dos estudantes mais jovens, como os textos de Machado de Assis ou Eça de Queiroz, por exemplo, podem ser trabalhadas com base em jogos de tabuleiro ou em *games*. Como seria um conto de Machado de Assis, como "A Cartomante", se fosse transformado em jogo de tabuleiro? Como poderia ficar um *game* de *A Cidade e as Serras*?

Como ficaria o livro *Quem é Você, Alasca?*, de John Green, se fosse transformado em poesia? E os filmes da série *Velozes e Furiosos*, como terminariam se fossem adaptados para haicais? As oficinas que podem ser feitas são praticamente infinitas, ainda mais se suas temáticas forem também sugeridas pelos alunos e pelas alunas.

Nem é preciso que os/as estudantes efetivamente façam, por exemplo, um jogo de tabuleiro com base em "A Cartomante", mas é vital que pensem sobre esta possibilidade e que trabalhem materialmente nela, nem que seja apenas um pouco, no nível de elaborações iniciais. Esse pensamento contextualizado e esse "trabalho braçal" sobre as linguagens se transformarão em grandes diferenciais, capazes de elevar e muito as capacidades de raciocínio, dotando os/as estudantes de métodos diferenciados de construção de seu raciocínio e de sua expressão.

As novas gerações fazem relações desse tipo com extrema facilidade, pois são parte da forma como acionam a cultura e entendem o mundo. Por isso, a proposta de valorização da habilidade do trânsito cultural tão claramente demonstrado em *O Diabo Veste Prada* e sua materialização na forma das Transoficinas pode ser uma ferramenta educacional de muito valor.

Além de lúdico e atraente, este trabalho leva em conta a própria formatação do raciocínio das novas gerações, bem como sua visão de mundo. Os resultados da adoção destas sugestões serão, com certeza, sentidos a curto, médio e longo prazos, com seus bons rastros sendo deixados na vida cultural, intelectual, social e mesmo profissional dos/das estudantes.

CAPÍTULO 15

SUZUMURA RIO E A NOVA TÁVOLA REDONDA

Para Thamires Souza, que me ensinou a resiliência

Os Cavaleiros da Távola Redonda são, segundo as lendas, membros de uma alta ordem de cavalaria que se reuniam na corte do Rei Arthur, um líder que teria defendido a Grã-Bretanha contra invasões bárbaras nos Séculos V e VI. Apontados como guerreiros habilidosos e homens honrados, seguiam um estrito código de conduta que orientava suas ações.

O fato de utilizarem uma távola redonda, ou uma mesa redonda para se reunirem é emblemático, pois uma mesa redonda não tem cabeceira, o que a caracteriza como promotora de um ambiente de união, igualdade e respeito mútuos. Em uma mesa redonda, não há lugar central e o centro é ocupado pela pessoa que fala, para quem todos podem olhar diretamente.

Gosto dessa metáfora, porque as histórias do Rei Arthur são mundialmente conhecidas e porque são profundamente simbólicas, com significados evidentes e bem montados, simples de serem entendidos por qualquer pessoa. Acima de tudo, paira a ideia de honra e de valor, com significações derivadas de companheirismo, resistência e combate honrado.

Das figuras de Arthur e seus cavaleiros, é possível remeter às modernas concepções de líder servidor e de resiliência. O líder servidor exerce sua função com respeito e com a vontade de ser um instrumento de melhoria constante de seus liderados. A resiliência é originalmente a capacidade de um corpo voltar à sua forma original, após sofrer alguma deformidade; metaforicamente, é a capacidade de superar ou de se recuperar de adversidades.

A resiliência é estudada em manuais de liderança e empreendedorismo e é tema de vários livros de autoajuda, dos bons e dos superficiais. Pessoalmente, creio que sua essência é belíssima, pois ancorada no nutrir e no assomar de qualidades pessoais intrínsecas, mesmo nas piores condições.

Resiliência pode, num sentido geral, ser comparada com "elasticidade", que é simbolicamente associada à capacidade de adaptação, e essa analogia pode ser útil em todos os tipos de treinamento ou explanação que envolvam este conceito. Todavia, prefiro o termo "resiliência", por ter adquirido um sentido mais forte, quase como uma habilidade especial de combate, embora desvinculado de agressividade.

É importante deixar claro que resiliência não é aceitação. Ser resiliente não significa, em nenhuma hipótese e sob nenhum ponto de vista, "baixar a cabeça" ("resignação" é a palavra para isso). Ser resiliente significa resistir de maneira proativa, lutar com seus melhores meios para mudar ou melhorar situações desfavoráveis.

Naturalmente, a resiliência faz com que que a pessoa que a tenha e demonstra seja considerada uma liderança, nos mais diversos contextos. Mesmo que um indivíduo resiliente não ocupe formal ou informalmente uma posição de liderança, seu exemplo é forte o suficiente para que seja visto e respeitado por seus atributos, e principalmente pelo impacto benéfico que pode causar a pessoas e instituições com as quais se envolve.

O "simples" fato de as novas gerações lidarem com os descompassos entre suas singularidades e parâmetros sociais generalizantes já é um índice de forte resiliência. Há, claro, desafios mais específicos, gerados por conflitos oriundos de diversos contextos. Esse é um processo que acontece desde sempre, uma vez que é natural que uma geração conteste os paradigmas das gerações anteriores.

O que venho percebendo, educando as novas gerações, é que são dotadas de uma resiliência de um molde muito específico: uma resiliência que é vinculada ao mergulho na singularidade. Como ser resiliente é ser elástico e resistir, as crianças e os/as jovens fazem isso com habilidade, embora muitas vezes não sejam conscientes dessa habilidade como uma habilidade, mas apenas como consequência.

Vi e ainda vejo muitas crianças e muitos/muitas jovens precisando ser resilientes com relação a pressões de seus pares, de familiares, das instituições e da sociedade. A resiliência contra a pressão dos exames e vestibulares, por exemplo, é bem marcante. Jovens são submetidos(as) a pressões torturantes para obterem bons desempenhos em avaliações que, como toda avaliação universalizante, não medem o que é mais importante. E lidam com isso em seu cotidiano.

Esse lidar com essas pressões pode ser simples e corriqueiro, como uma ida ao cinema com amigos, mas a resiliência está lá. Mais complicado, com certeza, é quando a resiliência é exigida de uma "fonte amiga": vi, por exemplo, muitos e muitas jovens sendo boicotados(as) em suas naturezas e singularidades por condenações familiares, sob o jugo de preconceitos e de injustiças que são tão intoleráveis quanto cruéis.

Obviamente, sou bastante partidário das novas gerações e minhas opiniões nesse sentido são propositadamente favoráveis a elas, no sentido mesmo de "compra de briga". Isso pode, com certeza, parecer algo contundente demais ou agressivo, mas essa é minha postura. Por conta disso, nas ocasiões em que me foi requerido ou em que tive a oportunidade, auxiliei alguns e algumas jovens a lidarem com situações difíceis, de todos os tipos.

Em geral, a resiliência que precisam desenvolver é muito pessoal, no sentido de enfrentarem com maior propriedade e sucesso limitações e/ou adversidades que os tolhem enquanto pessoas. No mais das vezes, a questão é fazer valer suas vozes, suas opiniões, fazer valer seu valor. Como evidencio sempre, a batalha maior das novas gerações é poderem ser elas mesmas.

A sociedade, por sua característica de foco no bem comum, é sempre generalizante. Todavia, a presença das novas gerações exige a adaptação deste conceito, para uma forma em que o bem comum seja mantido, mas que seja capaz de abarcar as diferenciações, porque, com absoluta certeza, as novas gerações são uma reunião de singularidades e não um ajuntamento de estereotipados.

A luta das novas gerações é essa, e procuram cavar seus espaços todos os dias. A batalha é difícil, pois é contra uma superestrutura que quase não lhes propicia instrumentos de guerra, e contra microestruturas que replicam, em sua escala, as maquinações manipulativas dos contextos mais amplos.

Portanto, esses meios devem ser providos. Em minha experiência educacional, felizmente, noto que isto não significa grandes necessidades quase utópicas, mas sim pequenas ações pragmáticas. Muitas vezes, o necessário é apenas uma orientação informal, mas em todos os casos o que é preciso é a geração de consciência e de confiança.

Por isso, no tocante à formação da resiliência, creio que é preciso trabalhar com os alunos este conceito, por meio de pontes que o simbolizam. Por "pontes", quero dizer produtos culturais que demonstrem o conceito de forma simples e atrativa. Este livro fala de séries, *games* e animês, e em vários desses produtos é possível encontrar belas discussões sobre resiliência.

Como exemplo e como sugestão de atividade, trabalharei com um mangá, *The God's Lie*, de Kaori Ozaki. A história foi publicada no Brasil em 2016 pela Panini, com título em inglês, sem tradução. Ao contrário do que o título sugere, não se trata de uma obra de ataque à religiosidade, mas sim de uma narrativa doce e singela que desenvolve o conceito de resiliência de forma muito contundente e criativa.

Os protagonistas são Suzumura Rio, uma menina de 11 anos, e Natsuru Nanao, seu colega de classe, da mesma idade. Os dois são mostrados em seu cotidiano escolar, com destaque para os treinos de futebol de Nanao e para um certo estar à margem da turma, por parte de Rio.

Logo no início da história, Nanao vai com Rio até sua casa, para ajudá-la a carregar as compras e para deixar com ela um gato branco que ele havia resgatado na rua. Com eles, está Yuuta, irmão de Rio. Quando chegam ao lugar, é fácil notar pela ambientação que a casa não oferece condições ideais de moradia: o local é mau cuidado e sua fachada parece estar caindo aos pedaços.

No interior da casa, não há sinal de nenhum dos pais e o ambiente também não é dos mais favoráveis. Pouco depois, Nanao fica sabendo que os dois moram sozinhos.

A mãe das crianças foi embora e o pai, **teoricamente**, está no Alasca, ocupado em trabalhar como pescador de caranguejos. Nanao se impressiona muito com o fato de os dois irmãos morarem sozinhos.

Na história, a mãe de Nanao, que é escritora, estava enfrentando dificuldades para escrever. Nanao sugere que ele fique na casa do avô, para dar espaço a ela. Nanao, que treina futebol, teria que participar no dia seguinte de um treinamento coletivo de alguns dias, com seu novo treinador e com seus colegas. Fica então acordado que, depois do treinamento, o garoto seguiria direto para a casa do avô.

Nanao sai de casa no dia seguinte com tudo o que precisa para o treinamento e para a estadia fora, mas não se apresenta para a viagem. Em vez disso, ele se senta em um parque, onde Suzumura Rio o encontra. Rio o convida para voltar à casa dela, para ver novamente o gatinho branco. Nanao vai com ela e lá permanece por uns dias, e é aqui que a história realmente toma seus rumos principais, que envolverão a doçura e a resiliência de Rio.

Quando Nanao deixou o gato (nomeado Tofu) com Rio e Yuuta, Rio cobrou dele mil ienes por mês a título de despesas do animal. Quando Nanao foi ficar com eles ao invés de seguir para o treinamento de futebol, a menina cobra dele quinhentos ienes por dia.

Fora de contexto, estas cobranças podem parecer advindas de alguma espécie de interesse comercial, mas elas são na verdade parte da resiliência de Rio. Como ela e o irmão moram sozinhos e sem o apoio de ninguém, Rio tem que administrar os escassos recursos financeiros de que dispõem (na história, fica subentendido que eles são oriundos de posses do avô e de alguma reserva deixada ou enviada pelo pai).

Em alguns momentos da narrativa, Rio está indo ou voltando do supermercado, aproveitando promoções e fazendo contas. A menina se mostra bastante pragmática, mas isso não a impede de, quando Nanao vai à sua casa pela segunda vez, fazer um hambúrguer de atum para ele, "sem querer".

Há uma passagem na história que marca bastante o abandono de Rio e Yuuta pelo pai. Um dia pela manhã, Rio anuncia a Nanao que aquele era o dia em que o pai voltaria. Esse dia é marcado por um festival da cidade e fica subentendido que o pai sempre voltava nessa data. Todavia, o pai não aparece, o que deixa Rio desolada.

Nanao a consola, e eles terminam indo sozinhos à celebração. Nanao, Rio e Yuuta aproveitam o festival e estão contentes. Um núcleo familiar não tradicional muito forte se forma. Por isso, Rio agradece Nanao, "Obrigada", sem pontuar exatamente a causa do agradecimento.

Pouco depois, acontece o que na narrativa simboliza com mais propriedade a resiliência de Rio: Nanao vai enterrar no quintal um besouro que os três estavam criando, mas que tinha morrido, quando desencava uma mão humana, pertencente ao esqueleto do avô de Rio e Yuuta.

O avô havia morrido pouco depois de o pai das crianças as ter abandonado e, sem recursos e sem querer chamar a atenção para sua situação, com o objetivo de não atrair a atenção da mídia, das autoridades e das pessoas, Rio o enterra no próprio quintal. O discurso de Rio, ao pedir a Nanao que não conte nada a ninguém, é muito claro sobre suas perspectivas e resiliência: "[...] eu preciso manter a cabeça erguida, [...] Tenho que proteger todo mundo".

Rio ainda diz que daria um enterro decente ao avô quando o pai voltasse. Assustado, Nanao volta para sua casa, e o discurso dele ao imaginar Rio enterrando o próprio avô é muito triste: "A Rio o enterrou... com aqueles braços fininhos... Ela, sozinha...".

Este episódio do enterro do avô é o que se pode chamar de "exemplo extremo". Passar por uma situação igual a esta ou correlata é muito improvável, mas a arte não trabalha com verossimilhança. Um exemplo extremo funciona porque é como a exponenciação máxima de um determinado tema ou assunto.

No caso, o enterro de um avô por sua neta de 11 anos, no quintal de casa, é como o máximo que se pode exagerar para expor a resiliência, para expor o agir em uma situação utilizando os – escassos – recursos que estão à disposição. Esta é uma escolha da autora, que certamente tinha consciência da significação que estava imprimindo em sua narrativa.

Como esta situação é muito forte e impactante, chama a atenção e se cristaliza na mente dos leitores. O enterro do avô é um dos pontos culminantes de *The God's Lie*, a passagem em que Rio demonstra inequivocamente sua resiliência, sua determinação que parece não se abalar com nada. Uma poderosa metáfora é criada, e ela certamente fala mais do que uma situação narrativa mais verossímil.

Na escola, uma das colegas de classe diz a Rio que ela está desleixada, com os cabelos desarrumados e com a roupa suja. A colega diz: "A culpa não é sua se seus pais não são bons. Não dá para aceitar que os filhos paguem pelas atitudes dos pais.", e "Você tá parecendo... uma criança abandonada.". Ouvindo isto, Nanao tem uma reação extrema e bate na menina. Na cena toda, Rio se mantém sentada na cadeira e cabisbaixa, sem esboçar reação. Os pais são chamados e Nanao e sua mãe têm que se retratar, na secretaria da escola.

Pouco depois, outra cena forte para testar os limites de Rio: ela encontra o pai na rua, com uma nova namorada, e ele finge não a conhecer.

A cena é cortada para a casa de Rio, com imagens que remetem ao abandono dela e do irmão. A garota está prostrada e as tentativas de Yuuka de dialogar com ela e de animá-la não funcionam. É quando chega Nanao, propondo uma fuga. Então, Nanao, Rio e Yukka fogem de trem, indo parar em uma cidade costeira. Lá, andam um pouco pela orla e pela praia e conversam descontraidamente.

Rio diz a Nanao que ele é bom no futebol e que, quando ele corre, ela ouve "o som do vento" e sente como "se o chão do pátio estremecesse". Eles conversam mais um pouco, perambulam pela cidade e encontram uma pousada, onde alugam um quarto.

Nele, terão o mais próximo que o mangá apresenta de um envolvimento amoroso, sem conotações eróticas. Rio entra em um armário e Nanao a segue. Eles se abraçam e beijam ternamente. Rio agradece Nanao por ele ter se tornado parte de sua família.

Pouco depois, a proprietária da pousada chama a polícia e logo a mãe de Nanao aparece para levá-lo para casa. Rio e Yuuta são levados para algum lugar no carro da polícia. Ao se dar conta da situação, a mãe de Nanao não o repreende, apenas pergunta a ele: "Você esteve... protegendo-a ela esse tempo todo?". O menino fica embargado e chora, sem responder.

Na sequência, a conclusão: o título da história é esclarecido (por meio de uma relação com a morte do pai de Nanao), a polícia encontra os restos do avô e o pai de Rio e Yukka, revistas e programas de TV anunciam o caso do abandono das crianças. A atenção do público se volta mais para a menina que enterrou o avô sozinha do que para o abandono, Nanao briga na escola com quem comenta sobre sua amiga e adquire má fama por conta disto.

É dito que Rio e Yukka estão vivendo em uma instituição em outra cidade e que uma ONG encontrou novos donos para Tofu, o gatinho branco. Como o animal tinha problemas em uma pata traseira, ela é amputada. O texto da página seguinte é belo e simples, além de emblemático de toda a obra, funcionando em paralelo com as atitudes e com o exemplo de Rio: "Um gato que perdeu uma das patas... pode correr com as outras três. Isso não é nem um pouco triste".

Nanao continua a jogar futebol e, um dia, Rio liga para ele, dizendo que sonhou que ele virará jogador profissional e que sabe que o sonho se tornará realidade. Em seguida, Rio diz: "Natsuru-kun... vamos nos ver de novo, tá?". E a história termina. Não um final exatamente feliz, mas lindo da mesma forma.

Há várias significações que são importantes em *The God's Lie*. Há, inclusive, peculiaridades narrativas muito interessantes e uma longa série de pequenos detalhes muito bem trabalhados. Todavia, o foco aqui é determinar quais são os pontos principais relacionados à resiliência, conforme expressa por Suzumura Rio.

Rio e o irmão Yuuta são crianças abandonadas, que vivem sozinhas, por seus próprios meios, na medida do possível. Notadamente, Rio faz um excelente trabalho, cuidando de si e do irmão. Ela o alimenta, o mantém seguro e tem uma relação carinhosa com ele.

Esse abandono fica mais terrível quando Rio encontra o pai na rua e fica sabendo que ele mora na mesma cidade, com outra pessoa. Ou seja, o pai mentiu a ela e ao irmão, não estando trabalhando pela família, mas sim a deixando à sua própria sorte. Na cena em que eles se encontram na rua, o pai ainda faz a ela um pequeno adeus sorridente, que soa mais como uma agressão e como uma humilhação do que como qualquer outra coisa.

Quando diz que vai pescar caranguejos para cuidar da família, o pai de Rio diz a ela: "Tome conta das coisas por aqui por mais um tempinho, tá, Rio-chan? Por Favor". A garota responde: "Mesmo quando você tá aqui, sou eu que sempre cuido de tudo". Ou seja: Rio já era consciente de que tinha responsabilidades grandes, muito além das que devia ter.

Na sequência, o pai diz: "Que bom que temos você, Rio..." e promete voltar para o festival seguinte, coisa que não fará. Na manhã seguinte, o pai já não está mais em casa.

Rio fica sozinha para cuidar da casa, do irmão e do avô, e este também é um exemplo extremo, muito além do que uma criança de 11 anos tem ou deve ter que lidar.

No decorrer da história, Rio mostra sua resiliência sobrevivendo, enterrando o avô e, ainda, sendo uma boa menina. Digo boa menina não em um sentido inocente, mas como uma menina que se preocupa com os outros e que mantém sua doçura e sua capacidade de sorrir, mesmo em situações extremamente adversas.

Rio, como o pai disse a ela na cena do abandono, "[...] é realmente incrível [...] [e] consegue fazer qualquer coisa".

Por isso, creio que Suzumura Rio é uma heroína moderna da mais nobre linhagem. Ela, diferentemente dos Cavaleiros da Távola Redonda, não tem efetivamente uma linhagem nobre, não enfrenta bárbaros ou grandes ameaças, mas enfrenta adversidades que são para ela monstruosas, sem deixar de lado sua motivação, sem deixar de acreditar em momentos futuros melhores e, principalmente, sem deixar de ser ela mesma, sem desacreditar sua singularidade.

Nas minhas experiências educacionais e também no contato mais pessoal com alguns/algumas estudantes, tenho os/as visto passar por diversas situações análogas às de Rio (guardados os contextos e as devidas proporções). Nunca, que eu soube, algum aluno ou alguma aluna enterrou um parente no jardim, mas talvez existam desafios tão grandes e assustadores quanto este. Creio que qualquer educador ou educadora que se interesse um pouco e que abra espaço termina por receber relatos de dificuldades enfrentadas pelas crianças e pelos/pelas jovens, algumas das quais bastante desafiadoras.

É até entendível que uma sociedade e um sistema de ensino formatados como coletivistas não deem muito conta de lidar com o elevado índice de singularidade das novas gerações, mas é preciso que se entenda o que são as batalhas que elas empreendem. Sendo bem claro e direto: eles empreendem batalhas de Suzumura Rio.

As crianças e os/as jovens das novas gerações são Rios, resilientes e lutando com todas as suas forças para manter sua identidade, sua dignidade, lutando para levar sua vida pelos parâmetros em que acreditam. Para isso, não querem agredir ninguém, querem ter condições decentes para a própria liberdade. É nisso que estão interessados.

Além disso, como Rio, eles e elas protegem e também precisam de proteção, como a que Rio recebeu de Nanao: uma proteção que não julga, que não condena, uma proteção terna e que acompanha sem tentar direcionar por rédeas curtas, uma proteção que é fundada em um tipo de amor que possa ser traduzido como um profundo interesse pela felicidade do outro.

As novas gerações são Nanaos, Yuutas e Rios, transitando por uma sociedade que pouco as compreende, mas cavando o seu espaço e se unindo em grupos de afetividade em que se sentem protegidos. Todos eles e todas elas têm condições de serem Cavaleiros e Amazonas, têm condições de montar suas próprias Távolas Redondas.

Abram espaço para isto, lendo *The God's Lie* e deixando que suas significações se entranhem como posturas e como modelos. Para terminar de modo pragmático, sugiro a proposição da leitura completa do mangá como um trabalho extracurricular que pode abordar tanto a linguagem como os episódios narrativos e seus significados primários e metafóricos.

The God's Lie é uma obra leve e profunda, que não tem erotismo inerente e que trabalha com metáforas muito simples que, discutidas em sala, podem ajudar a educação escolar e emocional dos alunos e das alunas (é mais adequado seu uso do 7º ano do Ensino Fundamental II em diante).

Finalizando: o que Rio faz é, basicamente, cuidar de seus mundos, o externo e o interno, o literal e o simbólico, e ensinar isto é o ato mais profundo e revelador que um educador ou uma educadora pode realizar por aqueles e por aquelas que estão em suas salas de aula.

CAPÍTULO 16

O METAMÉTODO E A PREPARAÇÃO DE OFICINAS DE CULTURA: LINGUAGEM, METALINGUAGEM, SENTIDOS PROFUNDOS E RECOMPOSIÇÕES

Para Júlia Pipolo

Acreditar nas próprias soluções e ser capaz de construir a autoconfiança são, muito provavelmente, as maiores benesses que uma educação responsável pode trazer a qualquer pessoa. Infelizmente, todavia, o modelo educacional vigente vai na contramão dessas orientações, pois o sistema em que se ensina e aprende é em muito montado com base no decorar e no seguir de fórmulas, bem como em uma espécie quase cruel de antiempoderamento.

A regra geral é que os alunos passem boa parte de suas vidas estudando e respondendo questões teoricamente pensadas para testar conhecimentos supostamente universais e habilidades cognitivas, mas que não os ensinam a pensar por si próprios. Os longos anos escolares são todos pensados em termos de notas e de aprovações a se conseguir, e os sistemas de entradas nas faculdades e nas universidades são o ápice dessa estrutura, para onde ela converge e o que a justifica.

Pensando por esse viés, é possível perceber que todos esses parâmetros são de avaliação externa, referendos que se tem de conseguir por meio de demonstrações de adequação a demandas na maior parte das vezes desvinculadas de sentido pessoal. "Provas" é o nome que se dá a uma das formas de avaliação formal e social mais conhecidas, mas, fazendo um trocadilho, elas são apenas provas da capacidade de seguir instruções generalizantes, não provas de real e profundo conhecimento.

Obviamente, não se trata de demonizar tudo o que existe em termos de sistemas de ensino, mas, sim, de pontuar constatações que vão guiar os argumentos em outro sentido, em uma direção que, creio, pode ser complementar e acrescentar bastante. Afinal de contas, o objetivo não é demolir o que já existe, mas propor um sistema paralelo de trabalho.

Para isso, contarei com a ajuda de Paul Valéry, filósofo, escritor e poeta francês, que viveu entre o fim do Século XIX e a primeira metade do Século XX. Valéry escreveu um livro chamado *Introdução ao método de Leonardo da Vinci* (1998), em que propõe a ideia de que, uma vez que a obra de Da Vinci é tão complexa, elaborada e multiárea, precisa de um método derivado da própria obra para estudá-la.

Valéry denominou este método hipotético de "metamétodo", expressão que carrega o sentido de ser um método sobre o próprio método, um estudo de como a obra de Da Vinci funciona, tomando como base a própria obra e o próprio pensamento do estudioso italiano.

Este procedimento se assemelha ao conceito da metalinguagem, que é quando, em uma determinada linguagem, se raciocina acerca da própria linguagem, como quando se escreve sobre escrever, se produz um livro sobre livros, se faz uma música sobre fazer uma música ou um filme sobre fazer filmes.

O filme *A Noite Americana* (1973), de François Truffaut, é um filme sobre se fazer um filme; *Desvendando os Quadrinhos* (2004), de Scott McCloud, é uma história em quadrinhos sobre como fazer histórias em quadrinhos. Portanto, ambas são obras de metalinguagem, e é preciso apontar que este tipo de realização artística é altamente elaborado e parte do que melhor existe em termos de pensamento sobre linguagem.

Desvendar como uma linguagem funciona acrescenta elementos cognitivos importantíssimos ao repertório individual de qualquer pessoa. Por isso, trabalhar com a percepção de metalinguagem em sala de aula é imprescindível. Não é preciso, necessariamente, fazer uma exibição de *A Noite Americana*, mas é vital que elementos de conscientização sobre o funcionamento das linguagens sejam expostos pelos professores e pelas professoras.

A rigor, quando se ensina as disciplinas de Língua Portuguesa e de Redação, o que se está fazendo é muito próximo da metalinguagem, uma vez que os objetos de estudo são a própria língua. As análises de obras literárias também prestam um serviço metalinguístico fundamental, nos momentos em que se analisam as construções de texto típicas dos autores, como as ironias de Machado de Assis e as construções simbólicas de Augusto dos Anjos.

Todavia, as escolas ainda carecem de ações mais frequentes e pontuais sobre linguagem e metalinguagem. A simples exibição de um filme ou o ensaio de uma apresentação de coral não cria automaticamente este tipo de pensamento. É preciso que haja a intenção premeditada de se estudar as linguagens, que se desvende seus mecanismos de funcionamento e de construção das significações.

Como se está falando do contexto escolar e não de uma formação profissional, naturalmente não é necessária uma formação extensa e profunda, com o estudo de variadas escolas de cinema e cineastas, por exemplo. Entretanto, seriam muito bem-vindos estudos mais constantes de linguagem no cotidiano escolar, na forma de apontamentos feitos sobre peculiaridades dos objetos de linguagem abordados em sala.

Ações deste tipo geram conscientização. Demonstrar que no poema *No meio do caminho*, de Carlos Drummond de Andrade, a repetição do trecho "tinha uma pedra", em quase todas as frases, simboliza a colocação efetiva de uma pedra no meio do caminho, é construir consciência sobre a estrutura do poema, sobre a construção das metáforas, sobre duplo significado, sobre a Língua Portuguesa.

Infelizmente, poucos filmes são sobre se fazer filmes: o que se faz é contar cinematograficamente uma história, não pensar sobre a linguagem específica em que ela foi contada. Por isso, quando um estudioso se debruça sobre um filme ou sobre um poema, o que faz é desvendar seus significados, por meio do estudo de uma individualidade artística.

Ao propor um método para se estudar a obra de Da Vinci derivado de sua própria obra, Paul Valéry estava propondo o estudo de determinada individualidade artística e de pensamento, visando ao seu entendimento integral. Consequentemente, este estudo levaria a um conhecimento profundo sobre a obra estudada, e também à construção de conscientização sobre linguagem e pensamento, de maneira geral.

O que gostaria de propor é a apropriação desse tipo de conceito como modelo para ações educacionais que tenham duplo objetivo: conscientização sobre linguagem e, mais importante, conscientização sobre as individualidades e as singularidades. Se os modelos de sociedade e de educação são globalizantes, cumpre tentar inserir dentro deles orientações particularizantes.

A proposta deste capítulo é apresentar um modelo de trabalho em que o estudo de linguagens, dentro de uma estrutura específica, leve os alunos a um patamar de consciência em que possam usar as diferentes linguagens e seus conteúdos como plataformas para encontrarem seus próprios metamétodos. Ou seja, o objetivo é pensar um modelo de trabalho capaz de capacitar crianças e jovens a pensarem sobre eles e elas mesmos(as) e a encontrarem suas próprias soluções, visando ao autoconhecimento e ao crescimento pessoal.

Essa proposição está vinculada com um dos pressupostos educacionais da modernidade que considero mais relevante: a certeza de que as novas gerações são singulares, ancorada em experiências práticas de docência em variados campos e níveis educacionais. Isso quer dizer que, mesmo que as novas gerações tenham que transitar constantemente pelos meandros coletivistas da sociedade e das instituições de ensino, são cada vez mais diferenciadas.

Isto não quer dizer que sejam insensíveis ou que tendem ao isolamento, mas sim que são mais sensíveis. É fácil perceber sinais dessa tendência: cada vez mais crianças e mais jovens são o que se define muitas vezes como "introvertidos", e o problema está no fato de que é comum que se entenda essa característica como prejudicial ou antissocial.

Todavia, uma percepção diferenciada pode ser apresentada: uma pessoa introvertida é, na verdade, apenas uma pessoa que precisa de menos estímulos que uma pessoa extrovertida. Os introvertidos "sentem mais com menos", e isso faz com que, muitas vezes, tenham realmente dificuldades sociais.

Por outro lado, introvertidos olham mais para si mesmos, o que faz com que, de modo geral, tenham mais consciência de suas próprias características. Não estou falando de vantagens e desvantagens, nem de forma nenhuma pontuando que a introversão é melhor que a extroversão, pois ambas têm suas benesses e seus malefícios.

O que o aumento de crianças e jovens introvertidos(as) aponta é o aumento da singularidade, mas não é apenas nas crianças e nos/nas adolescentes mais intimistas que essa singularidade vem florescendo: mesmo nos/nas extrovertidos(as) os traços de singularidade vêm cada vez mais se apresentando para serem percebidos, e é esta a principal diferenciação dos novos tempos, que pode ser muitíssimo bem aproveitada nos sistemas de ensino e nas salas de aula.

Nas novas gerações, cada criança e cada jovem merece um metamétodo próprio, e digo isto bem ancorado em uma experiência muito significativa. Desde 2015 tenho ministrado aulas de redação com um método próprio, fundado na semiótica e desenvolvido para o Enem. Trabalho com um único modelo estrutural de construção de textos, que tem trazido resultados bastante satisfatórios.

Quando desenvolvi esse modelo, sua intenção era, mais do que configurar textos, ajudar os alunos a pensarem. Eu sabia que era preciso, mais do que nada, ensinar a pensar. Isso, de maneira nenhuma, quer dizer "o que" pensar: não se trata de uma imposição de valores, mas sim de diálogos. Portanto, eu estava preparado e desejoso das intervenções dos alunos e das alunas, mas em definitivo não estava preparado para algumas boas surpresas.

O modelo estrutural propõe um esqueleto de texto sobre o qual trabalhar, com lugares muito definidos para todos os itens exigidos pelo Enem, como a tese e as propostas de intervenção, e ajudou muito porque é uma matriz única que todos os/as estudantes utilizam. Obviamente, o modelo foi primordial na organização dos textos, mas não apenas nisso: a estrutura que propus aos alunos ajudou na manifestação das singularidades.

Percebi isso depois de uns dois meses de curso, quando todas as turmas estavam niveladas, em termos da utilização do modelo estrutural. Era interessante notar que, na medida em que os textos de todos adquiriam "uma cara geral", eram também marcados por características peculiares a cada um dos/das estudantes.

Quando adquiriam razoável habilidade de utilizar o modelo, os alunos e as alunas começavam a utilizá-lo mais profundamente, pois se tornavam capazes de dialogar com ele, de imprimir nele suas marcas. Fazendo isso, conseguiram conquistas muito importantes: estavam resguardados em termos de estrutura de comunicação e, ao mesmo tempo, se tornaram autorais.

Aprendendo o modelo estrutural, os estudantes aprendiam uma nova linguagem. Quando a dominavam, a usavam para falar com seu próprio sotaque. Os textos passaram a ter duas orientações: uma "minha", dada pela estrutura que propus; outra individual, fruto da formação e da história de vida de cada um dos/das estudantes.

Isso ficou tão marcado que, quando eventualmente uma redação era entregue sem o nome, eu era capaz de identificar a quem ela pertencia. Como eu sempre comentava trechos de redações e apontava algumas soluções de pensamento e de construção de texto que me agradavam, e como era costume a troca de redações para *feedback* mútuo, os alunos começaram a falar em "um estilo Daniela" ou em uma "solução Matheus" para este ou para aquele assunto.

O que estava em pauta, portanto, era um método específico individual ou, usando uma possível definição do processo por Paul Valéry, uma multidão de metamétodos. Muitos não percebiam de imediato o aparecimento desse tipo de recurso em seu texto e, quando eu os apontava, às vezes diziam: "Eu faço isto?". E eles e elas faziam e faziam muito bem. Quando ganhavam consciência a esse respeito, suas redações melhoravam muito, pois sua segurança aumentava exponencialmente.

A segurança que crescia não era apenas relativa à capacidade de escrita, mas também à segurança como pessoas pensantes, com bons usuários da inteligência. Se os textos produzidos eram bem estruturados e, ao mesmo tempo, singulares, e se essa singularidade, por ser bem ancorada, se transformava em uma autoria que se refletia em um aumento da autoridade e da validade dos argumentos, alguma coisa estava funcionando bem. E essa "coisa" não era uma "coisa", eram os alunos e as alunas.

Desenvolver isso é desenvolver um metamétodo. O que deixava a todos e a todas felizes era se expressar de maneira personalizada e ter isso validado por textos coesos e coerentes. Consequentemente, as notas também aumentaram e, mais importante, se mantiveram em patamares elevados.

Para um/uma jovem estudante, sair de uma nota mediana (como um 600 no Enem) e alcançar uma nota alta (como um 900 no Enem), com um texto que exprime o melhor de SUAS características e de seu pensamento, é algo extremamente gratificante, estimulante. O pronome grafado em letras maiúsculas na frase anterior é de extrema importância: jovens das novas gerações ficam satisfeitos(as) por imprimir suas marcas, não por simplesmente se enquadrar em um sistema (isso faz MUITA diferença).

Falei aqui de uma experiência específica com o ensino de redação, mas este tipo de trabalho pode ser feito com qualquer linguagem. É apenas uma questão de abordagem: as diferentes linguagens e obras de arte devem ser trabalhadas de determinada maneira, para que os estudos de produtos culturais se transformem também em construções de metamétodos.

Outra percepção é importante: os metamétodos não precisam apenas ser utilizados por seu autor ou autora, mas devem também ser compartilhados e adaptados às diferentes necessidades individuais, no que se poderia chamar de "trânsito de metamétodos". Isso é extremamente desejável, pois com isso se cria com isso uma rede de saberes e de interações que é muito benéfica para os estudantes e para as turmas.

O compartilhamento de um metamétodo é a exposição e a proposição de um modelo de pensamento individual que pode ser reutilizado e que é inesgotável em suas possibilidades de adequação. Além disso, esse compartilhamento cria laços emocionais sólidos, gera confiança e um senso de comunidade propulsora, diferente da sensação de comunidade esterilizante, típica das sociedades.

Um exemplo deixará tudo bastante claro. Em meus cursos de redação, ao fim de uma semana de aulas, sempre peço aos alunos que escrevam no quadro o que mais aprenderam naquele período, pois isso faz com que cristalizem os aprendizados. Uma das alunas escreveu: "crie seu próprio método".

No contexto de produção e de estudo específico dessa estudante, essa frase estava ligada à definição de uma tese, antes de escrever a redação. Muitos alunos fazem isso, mas o costume mais geral é a escrita de UMA tese. A aluna escrevia duas, iguais em conteúdo, mas diferentes nas palavras e construções textuais utilizadas.

Esse método respondia a uma dificuldade que a estudante tinha de escrever o início da conclusão, em que se deve, preferencialmente, retomar a ideia central do texto, ou seja, a tese. Como a aluna não se sentia segura em escrever essa retomada e como demorava em fazer isto, preferia resolver o problema de imediato, ficando livre posteriormente para se dedicar à estrutura do texto e à argumentação.

O que ela percebeu e estabeleceu foi seu metamétodo, um método derivado dela mesma. Esse é um ganho incrivelmente significante. Não se trata apenas de uma solução de escrita, mas também de uma solução de pensamento, efetiva, que promove tranquilidade e segurança. O fato de a solução estar exposta a todos no quadro permitiu o compartilhamento daquele saber e a breve discussão que o seguiu criou laços e a possibilidade da reutilização daquele conhecimento.

O que deve ser percebido é que isto é mais que a percepção de técnicas de construção de linguagem. A construção de um metamétodo pelos/pelas estudantes é a [re]construção da própria linguagem, da própria significância, da própria relevância, da própria autoria. Mais uma vez, há ainda o benefício de essa autoria ser reconhecida, não apenas pelo professor ou corretor, mas também pelos(as) colegas e no âmbito da própria construção desse metamétodo.

Nesse sentido, a construção de um metamétodo de redação pela aluna representou algo muito sério e profundo: a habilidade de lidar com uma dificuldade e de a superar, a capacidade de gerir a pressão por um bom desempenho e a adequação de seu sistema de significação pessoal a um sistema de análise de sua produção que tende a ser homogeneizante, sem ser homogeneizada. Construir um metamétodo é se tornar consciente de si, é organizar a mente, é resistir à coletivização, é saber lidar com o inimigo no terreno do inimigo.

Obviamente, quanto mais repertório um/uma estudante tiver, mais fácil é que consiga a elaboração de um metamétodo, pois a alfabetização em diferentes linguagens é acumulativa e exponencial. É a habilidade em perceber linguagem(ns) que propicia o discernimento necessário para uma composição de linguagem como um metamétodo. Só quem conhece um material consegue trabalhar com ele.

Por isso, proponho a preparação de oficinas de cultura que sejam baseadas em conhecimento de linguagem por meio de percepções de metalinguagem e também em recomposições. Já comentei a metalinguagem como raciocínio sobre a linguagem, devido à ênfase que tem na demonstração dos elementos de linguagem e dos processos de construção dos significados.

Quando falo das recomposições, quero dizer tanto o que se chama correntemente de "adaptações", como a passagem de um livro para um filme, quanto a proposição de que os/as estudantes reconstruam obras de arte com seus próprios recursos expressivos, utilizando a(s) linguagem(ns) que escolherem.

Este tipo de processo conduz naturalmente a uma grande consciência sobre linguagem e, para que seja ainda mais potencializado, é ideal que os professores e as professoras associem estes exercícios a obras de arte com conteúdos relevantes e que sejam significantes para os alunos e para as alunas. Desse modo, constroem-se discussões sobre temas importantes pautadas por objetos que já são ganchos naturais de atração e de retenção da atenção.

Estou falando, portanto, da escolha de produtos culturais que tenham por característica serem interessantes por sua temática e por sua linguagem, especialmente os que já contam com a atenção das novas gerações, como, por exemplo, o animê *Boku no Hero* (2016). Nos círculos mais tradicionais de estudo de linguagens, é muito comum que se pense neste tipo de objeto como apenas filmes ou livros cultuados e reconhecidos como clássicos, como se apenas fosse possível encontrar qualidade nos filmes de Jean-Luc Godard ou nos poemas de Camões.

Este livro é escrito sob outra premissa, a de que há na modernidade muitas obras relevantes em todas as linguagens, e mais: a de que mesmo o que frequentemente se chama de "produtos de entretenimento" tem qualidades bastante apreciáveis. É por isso, insisto, que as crianças e os/as jovens se afeiçoam a produtos culturais como *games*, séries e animês.

Para impactar as novas gerações com um trabalho sobre linguagem e metalinguagem que possibilite a criação de metamétodos, é imprescindível que educadores e educadoras saibam identificar essas obras modernas e apresentá-las aos alunos sob vieses inesperados e instigantes. A simples inserção desses produtos culturais no cotidiano escolar já é um procedimento estimulante, mas mais ainda será a capacidade de adicionar conteúdo estimulante e inteligente aos tópicos trabalhados em sala.

Isso, claro, traz a necessidade da construção de relações culturais elaboradas, que só serão possíveis se os educadores e as educadoras se dispuserem a olhar para determinados produtos culturais com respeito, com curiosidade e com generosidade. É preciso aprender a extrair de um animê, por exemplo, tanto suas perspectivas mais claras quanto perspectivas derivadas, ancoradas na linguagem e na narrativa, mas que ampliem o universo de cognição primário da obra e de quem a assiste.

Levar um animê como *Princesa Mononoke* (Hayao Miyasaki, 1997) para a sala de aula propicia que se discuta não apenas questões ligadas à preservação ambiental (bastante óbvias na narrativa), mas também possibilita que se discutam a multiplicidade de pontos de vista, a natureza dos discursos de acordo com o lugar de fala e, até mesmo, definições de gênero (e espécie) e hereditariedade.

Este tipo de análise de produtos culturais conduz naturalmente à consciência de linguagem e, como os alunos e as alunas são versados e versadas nesses produtos, é comum que comentem sobre sua linguagem, mesmo que de maneira não técnica, como seria esperado por seu nível de formação. O professor pode aproveitar essas inserções e suas próprias percepções para discutir esses elementos como meios de expressão, analisando a linguagem em si. Isso conduz a uma discussão de essência metalinguística, que pode promover a concepção de metamétodos.

Quando o professor apresenta análises e discussões como as propostas acima sobre *Princesa Mononoke*, é possível iniciar o processo de recomposição da obra, por meio da reconstrução de seus significados. Como, para esse trabalho, os alunos têm que se valer dos parâmetros da obra original, ganham consciência de linguagem, porque têm que utilizar elementos significantes já previamente definidos em suas criações, e a utilização de elementos de expressão definidos e acordados como dotados de significados específicos é a própria definição de linguagem.

Utilizando os parâmetros de *Princesa Mononoke* como modelo, os/as estudantes fazem primeiramente uma operação cognitiva que é correlata a de usar qualquer palavra de seu vocabulário para significar, justamente, o que aquela palavra significa, como usar a palavra "ônibus" para se referir a um ônibus.

Portanto, os estudantes estarão criando linguagem, orientados por um modelo de linguagem. Ganha-se consciência da utilização da linguagem e a capacidade de trabalhar com ela. Ou seja, o que se consegue é um significativo aumento da consciência metalinguística e da habilidade de recomposição. Estes conhecimentos são fundamentais para a geração de metamétodos.

Nessa perspectiva, um dos mestres era Guimarães Rosa, autor conhecido por seus neologismos e pela poeticidade de sua linguagem. Como se trata de um autor muito estudado e reconhecido, felizmente não se trata seus neologismos como uma falha de linguagem, mas como um alto índice de elaboração criativa.

Para conseguir atingir este tipo de configuração artística, Rosa era orientado por seu conhecimento da Língua Portuguesa. Era por ter um elevado índice de consciência de linguagem que se tornava capaz de gerar uma obra muito pontuada por seus neologismos poéticos. Seu palavreado diferenciado e difícil de traduzir era um recurso, uma habilidade, não uma falha de linguagem. Seus neologismos poéticos eram, portanto, seu metamétodo.

Guimarães Rosa era profundamente metalinguístico, e um mestre da recriação por conta de suas inovações na forma de expressão. É nesse sentido que ele me interessa, sendo ainda possível trabalhar em sala com a comparação destas percepções sobre o autor e uma longa série de produtos culturais de linguagens diversas, o que pode aumentar o interesse dos alunos pela obra roseana.

Pensando em uma instrumentalização útil de todas essas considerações, gostaria de apresentar pequenos quadros conceituais e de ações que considero úteis para a aplicação desta proposta. A ideia é mostrar uma lista de ações gerais a serem adotadas em todas as ações educacionais pautadas pelas perspectivas apresentadas.

O primeiro quadro é referente à lógica geral dessas ações:

Nº	DESCRIÇÃO	O QUE É	JUSTIFICATIVAS
1	Escolha de um produto cultural	Eleição de um produto cultural (como um game, um anime ou uma série) que possa captar a atenção dos alunos e das alunas ou que seja de escolha deles/delas. Preferencialmente, escolher trechos ou episódios que tenham conceitos interessantes.	Esta é uma estratégia de captação e de manutenção da atenção.
2	Apresentação de elementos de linguagem	Identificar e apontar, nos produtos culturais escolhidos, alguns elementos de linguagem (acontecimentos narrativos, formas de composição de imagem, significados específicos) que sejam diferenciados e criativos.	Construir a percepção de linguagem e de existência de elementos de linguagem especialmente relevantes.
3	Mostrar relação com a metalinguagem	Pensar, em discussão com os/as estudantes, o que os elementos de linguagem apontados no item 2 significam no contexto da obra e de sua linguagem específica.	Pensar as linguagens e treinar os alunos para pensar profundamente a respeito de possibilidades de expressão.
4	Proposição de novas relações culturais	Propor, a partir dos significados apontados no item 3, novas relações culturais que podem ser derivadas do produto cultural analisado.	Fazer crescer o repertório dos alunos e fornecer novos modelos de pensamento.
5	Exercícios de recomposição	Propor aos alunos e às alunas que façam suas próprias criações, ao mesmo tempo coerentes com o contexto da obra analisada e ampliando seus significados.	Fazer os alunos e as alunas CRIAREM LINGUAGEM, com coerência e com significação, acionando suas subjetividades e suas singularidades.
6	Metamétodo	Após as recriações serem construídas, fazer os alunos e as alunas perceberem quais metamétodos podem ser deriváveis de suas adaptações. O professor ou a professora deve orientar os alunos e as alunas a pensar se e o quanto suas criações refletem os modos como pensam e agem.	Gerar profunda consciência de linguagem, autoconhecimento e confiança.

O mesmo quadro, se fosse usado para trabalhar o exemplo dado de *Princesa Mononoke*, ficaria da seguinte maneira:

Nº	DESCRIÇÃO	O QUE É	JUSTIFICATIVAS
1	Escolha de um produto cultural	Escolher uma cena que retrata a existência de diferentes pontos de vista (sugere-se a cena da temporalidade -49:33 a -35:48, na Netflix).	Captação e manutenção da atenção, proposição inequívoca do tema.
2	Apresentação de elementos de linguagem	Apontar os contextos de cada personagem, suas posturas corporais e suas justificativas.	Justificar a existência dos diferentes pontos de vista e a possibilidade de coexistência deles, sem prevalências.
3	Mostrar relação com a metalinguagem	Evidenciar os elementos do item 2 como formadores dos discursos e das significações que os personagens desejam imprimir.	Aprofundar o entendimento da formação das significações.
4	Proposição de novas relações culturais	Propor a relação (sumariamente) com os conceitos de dialogismo e de polifonia em Bakhtin, relacionando-os a séries como *Friends* e *The Big Bang Theory*, ou ainda a desenhos animados como *She-Ra* e as Princesas do Poder (disponível na Netflix).	Criar relações culturais, fazer crescer o repertório dos alunos e fornecer novos modelos de pensamento.
5	Exercícios de recomposição	Propor aos alunos e às alunas que façam suas próprias criações, ao mesmo tempo coerentes com o contexto da obra analisada e ampliando seus significados.	Fazer os alunos e as alunas criarem seus/suas próprios(as) personagens e situações baseados em personagens de *Princesa Mononoke*, com significações pessoais.
6	Metamétodo	Orientar os alunos e as alunas a pensar se e o quanto suas recriações refletem os modos como pensam e agem.	Gerar o profundo conhecimento da linguagem do animê *Princesa Mononoke* e dos significados e das operações narrativas nele presentes.

A partir dessas parametrizações, creio que seja possível adaptar esses quadros para a abordagem de qualquer produto cultural que um educador ou uma educadora deseje ou que um aluno ou uma aluna indique. Penso que este tipo de trabalho, montado como uma oficina, responde tanto aos gostos das novas gerações quanto às suas singularidades.

Gostaria, ainda, de deixar algumas indicações de produtos culturais que, creio, são "ferramentas de criação de metamétodos".

PRODUTO CULTURAL	LINGUAGEM	METAMÉTODO A SER DERIVADO
Dr. House (Episódio 1 da Temporada 1 e Episódio 10 da Temporada 3)	Série	O pensamento sempre crítico e que sempre procura soluções diferenciadas e não óbvias.
Sword Art Online (Episódio 1 da temporada 1)	Animê	Neste episódio, os personagens ficam presos em um mundo virtual de um game. Essa situação pode ser comparada com o uso dos smartphones e redes sociais, pensados como um vício, apesar de seus benefícios.
The Last of Us	Game	A princípio uma história de zumbis, na verdade não é: o tema mais profundo deste game são as relações humanas (como a relação que se desenvolve entre os dois protagonistas, Joel e Ellie) e o "não ser zumbi", ou seja, não simplesmente "se adequar" e desenvolver autonomia.
Conto "A princesa da língua bifurcada" do livro *Contos Peculiares*	Literatura	Este conto é sobre singularidade e preconceito com os estereótipos. Por isso, faz pensar profundamente a respeito dos dois temas e é sobre valorizar a própria peculiaridade.
*The End of the F***ing World* (Episódio 1 da Temporada 1)	Série	A perspectiva de andar com os próprios pés e de seguir os próprios caminhos.
The God's Lie (o título não foi traduzido para o português)	Mangá	Força, resiliência, fidelidade aos amigos.

Forneci um modelo e referências que considero relevantes para os trabalhos que proponho. Tenho certeza de que cada educador ou educadora pode encontrar seus próprios objetos significantes que, adicionados daqueles que os alunos e as alunas certamente irão sugerir, serão capazes de gerar discussões agradáveis e profundas, que se tornem relevantes para a concepção dos metamétodos e gerem aprendizados que se tornem úteis para a vida pessoal e para futura vida profissional das novas gerações.

CAPÍTULO 17

O.P.E.R.A.S.: OFICINAS DE PRODUÇÃO EXTRAORDINÁRIA, RANDÔMICA E ALTERNATIVA E SINGULAR – UM MODELO DE TRABALHO

Tanto a proposta de uma educação peculiar quanto sua real implantação necessitam de orientações práticas. Nos capítulos dedicados aos animês, às séries, aos *games*, à Netflix e ao TED, há proposições específicas de atividades. Essas proposições já demonstram como é possível utilizar esses produtos culturais como ferramentas de ensino, mas creio ser útil um capítulo que tanto formalize quanto amplie as indicações já feitas.

Por isso, apresento uma proposta de oficinas, que contém tanto um modelo geral quanto algumas formatações específicas. A utilização deste modelo e dessas formatações é livre, e eu espero sinceramente que essa oferta possa fomentar muitas iniciativas correlatas e melhorias.

Uma vez que os objetivos desta proposição são apoiar e ampliar o alcance do livro, outros produtos culturais serão citados. Abordarei mangás e o Spotify, e os leitores e educadores são livres para usar os modelos dados para a construção de oficinas que utilizem qualquer conteúdo que desejem. O fato de estes trabalhos serem descritos como oficinas quer dizer que são encontros orientados para o lado prático, com especial atenção para o *concepting* e para a criação.

Concepting é a geração de um conceito-base que norteia a obra. No livro *Alice no País das Maravilhas* (1998), de Lewis Carroll, o *concepting* pode ser definido como o *nonsense* e a discussão sobre a loucura, o que também é aplicável ao *game Alice Madness Returns* (2011), baseado no livro de Carroll e que tem, ainda, o tema da recuperação da sanidade.

Como a educação peculiar e estas oficinas são muito baseadas em um pensamento que conjuga e compara conteúdos, é preciso apontar que a percepção e a explanação do *concepting* pode criar margens para congregações saborosas de linguagens e de obras de arte, em especial quando distantes no tempo e nos contextos culturais.

O conto *O Alienista* (1882), de Machado de Assis, também discute a loucura, de forma muito parecida e com suas configurações narrativas e estilo específicos. Por isso, o *concepting* do conto machadiano é parecido com o do livro de Carroll e o do *game Alice Madness Returns*. Assim, uma oficina que aborde esses três produtos culturais pode ser realizada.

Se essas obras de arte são tão distintas umas das outras e se têm um eixo em comum muito claro, é possível entender que um *concepting* de qualidade é um conceito básico que reverbera pela obra toda e que, se bem alinhavado, faz com que essa obra tenha significados relevantes. Além disso, um bom *concepting*, se bem aproveitado, tende a gerar obras bem estruturadas.

Na canção "Geni e o Zepelim" (1979), de Chico Buarque, o *concepting* pode ser identificado como a condenação social dos estereótipos. A protagonista Geni, uma prostituta, é socialmente condenada por sua postura, ligada à poligamia. Um conquistador aparece na cidade e quer destruí-la. Todavia, ele se apaixona por Geni e propõe deixar seu plano de lado, se ela passar a noite com ele.

Geni inicialmente não aceita, pois o conquistador não é o tipo de pessoa de que gosta. Posteriormente, pressionada por figuras de poder, aceita a proposta. Fazendo isto, Geni salva a cidade. De manhã, ao invés de agradecê-la, a cidade, agora já salva, volta a condená-la. O preconceito e os estereótipos venceram.

Durante toda a canção, Chico Buarque soube utilizar o *concepting* da condenação social dos estereótipos. Em toda a letra eles estão presentes, em especial no refrão: "Joga pedra na Geni!/Joga bosta na Geni!/Ela é feita pra apanhar!/Ela é boa de cuspir!/Ela dá pra qualquer um!/Maldita Geni!".

Além disso, o compositor foi sábio ao introduzir outro *concepting* em paralelo, o da ficção científica. O conquistador que surge vem em "um enorme zepelim". O zepelim é um balão dirigível que se tornou uma figura clássica da ficção científica. Um inimigo que aparece do nada querendo causar destruição e apocalipse de uma determinada população também é um elemento típico de fantasia.

Construindo sua canção com esses dois *conceptings* em paralelo, Chico Buarque consegue ao mesmo tempo gerar um "lugar narrativo" que suporta uma criação fantasiosa e construir metáforas profundas. Geni é um símbolo, uma representação de todo o tipo de figura deslocada e colocada à margem, bem como o preconceito contra ela é correlato a todos os tipos de preconceitos e condenações sociais.

Essa breve análise de "Geni e o Zepelim" prova o quanto os *conceptings* são poderosos. Por isso, creio que as O.P.E.R.A.S. devam funcionar baseadas neles. É de extrema importância, ao montar e apresentar cada oficina, expor claramente os *conceptings* que são parte dos produtos culturais abordados.

Como a ideia é fazer com que os alunos e as alunas também criem suas próprias oficinas, é importante que sejam orientados a pesquisar e a identificar os *conceptings* dos produtos culturais com os quais elegerem trabalhar, porque isso será bom para as oficinas e ainda melhor para seu crescimento cultural.

Outro fator fundamental para entender a dinâmica dessas oficinas é sua nomenclatura, que deve ser explicada brevemente aos alunos, tanto na proposição da ideia quanto em sua realização. "Oficinas de Produção" deixa claro o caráter geral: menos uma aula teórica, mais uma discussão aberta e com foco na produção de materiais – autorais – pelos(as) participantes. Além de discutir sobre os produtos culturais dos quais gostam tanto, as crianças e os/as jovens devem ser estimulados a criá-los.

Esta proposição deve estar clara na oferta e ser reforçada logo no início das oficinas, para que não haja dúvidas. O professor ou a professora deve dizer aos/às estudantes que os temas e as narrativas serão discutidos, mas que eles deverão criar seus próprios conteúdos, individualmente ou em grupo. Os alunos e as alunas devem, também, apresentar aos/às colegas seus *conceptings* e suas propostas. Essa apresentação coletiva traz à tona as subjetividades e é a exposição e a discussão delas que pode se tornar um poderoso eixo para a educação peculiar.

Escrever o roteiro de um animê ou pensar na estrutura de um *game*, além de ser um exercício de linguagem muito potente, é também um sonho de muitos e de muitas adolescentes, por exemplo. Não é necessário um elevado nível de elaboração desses trabalhos autorais. O mais importante é que os autores e as autoras se vejam com capacidade de elaboração e de criação, para que, assim, elevem sua confiança e sua autoestima, bem como sua capacidade de criação e de construção cognitiva.

A palavra "extraordinária" significa que a ideia é o estímulo à produção de obras fora do lugar comum e que sejam altamente significantes para os alunos e para as alunas, além de relevantes para as pessoas que possam ser atingidas por elas. Os/as participantes devem ser orientados a entender que o que eles(as) fazem produz bons impactos, o que automaticamente constrói a percepção de uma relevância própria que é muito benéfica.

Por isso, o professor ou a professora devem enfatizar bastante os conceitos originais e as possíveis significações das criações dos alunos, fornecendo também novas referências para aprofundamento das criações. Com isso, é reforçada a visão de que os alunos e as alunas criaram algo sólido e coerente e que suas criações são capazes de coexistir no terreno cultural com outras obras já reconhecidas.

"Randômica" quer dizer que a cada oficina um conteúdo distinto será abordado, sem que haja a necessidade de uma linha guia de temática ou de linguagem. Quanto mais variados forem os temas, maiores as garantias de público e maior sua abrangência. Um/uma jovem pode não comparecer a uma oficina de animê, mas pode ficar interessado(a) em uma de *games*. Os professores e as professoras podem começar definindo temas, desde que conheçam os universos desses produtos culturais que tanto atraem as novas gerações.

Todavia, creio que o ideal é iniciar a proposição das oficinas com um comunicado geral sobre a proposta e o início dos trabalhos, deixar claro que serão abordados *games*, séries e animês e deixar que os alunos e as alunas sugiram os temas. Outras linguagens podem ser incluídas, obviamente.

Para que os alunos entendam o funcionamento geral e as dinâmicas internas, é ideal que os professores e as professoras preparem as primeiras oficinas, abrindo para que os alunos apresentem suas próprias propostas somente a partir da quarta ou da quinta oficina.

"Alternativa" significa que a proposta da oficina não é corriqueira e que parte da proposta delas é desenvolver caminhos criativos e de pensamento diferenciados. Com isso, os alunos e as alunas se veem como alternativos, como independentes, como não padronizados, como capazes de pensar por si mesmos(as) e criar suas próprias soluções para todos os tipos de problema.

"Singular" quer dizer que tanto as obras a serem examinadas como os conteúdos a serem produzidos têm e terão uma orientação de originalidade, desligada de clichês e de lugares-comuns. Como a proposta da educação peculiar está intimamente ligada à ideia de singularidade, esta perspectiva constrói e reforça de que os/as participantes serão preparados(as) e estimulados(as) a desenvolver suas individualidades e suas subjetividades nas oficinas.

As oficinas devem funcionar de modo contínuo e não têm, a princípio, nem um começo e nem um fim determinado. Não é preciso que comecem ou terminem junto com as aulas, que sejam vinculadas a conteúdos específicos da grade de disciplinas, nem que tenham dias e horários fixos. Aliás, realizar as oficinas em dias e horários variados é uma decisão sábia, pois isso provavelmente fará com que mais alunos e alunas possam participar. Uma oficina de sucesso pode, inclusive, ser oferecida em mais de um dia e horário.

Os parâmetros principais já foram apresentados. Creio ser importante, então, delinear o modelo em orientações pontuais. Oferecerei a seguir uma estrutura básica das oficinas e, na sequência, algumas propostas específicas.

O.P.E.R.A.S.: MODELO DE FUNCIONAMENTO

A duração de uma oficina depende do tipo e da quantidade de produtos culturais a serem abordados. Todavia, não creio que uma oficina com mais de 5 encontros seja recomendável, porque isso diminui a adesão e permite menos variedade dos temas. Dentro do mesmo conceito, acredito que é melhor limitar cada encontro a 1 hora e 30 minutos ou a 2 horas.

Pensando tanto na concepção quanto na oferta das oficinas, é possível adotar um modelo básico, que define todas as suas características de forma muito simples:

- **NOME DA OFICINA**: o mais chamativo possível, preferencialmente citando a(s) linguagem(s) que serão foco dos trabalhos. 1 só linha.
- **Tema**: Definição do tema geral e citação dos produtos culturais que serão abordados, bem como a perspectiva de estudos que será adotada. Deixar claro que a oficina é voltada para a produção de conteúdo próprio pelos alunos. Não mais que 3 linhas.

- **Datas**: Definição dos dias em que a oficina será ministrada (listar todos, no caso de mais de um dia).
- **Horário**: Definição dos horários de início e de término.

A operação interna das oficinas, independentemente de seu tema, costuma ser semelhante. Pensando em encontros de 1 hora e 30 minutos, o ideal é que haja a utilização de um episódio específico de uma série ou de um animê; ou o jogar de trechos específicos de um *game*. Pode-se trabalhar com trechos selecionados de filmes ou com uma canção específica.

O professor ou a professora deve abrir a oficina com uma explanação clara e curta sobre o produto cultural abordado, discorrendo um pouco sobre as datas de sua produção e sobre seus conceitos gerais. É possível, também, dar indicações breves do relacionamento do produto cultural e de seus conceitos com outros contextos culturais e obras de arte.

Em seguida, exibem-se os episódios ou trechos de *games* ou filmes, coloca-se a música. No caso dos *games*, os alunos e as alunas podem ser chamados(as) a jogar o mesmo trecho, uma progressão de trechos ou trechos diferentes. É importantíssimo que os conteúdos a serem mostrados e analisados estejam previamente selecionados pelo professor.

Depois da exibição dos objetos, o professor ou a professora inicia a análise da obra, com o apoio dos(as) participantes. As colocações dos(as) estudantes devem ser respeitadas e bastante consideradas e todas as oportunidades em que as subjetividades surjam devem ser encorajadas. Esse tipo de participação é o que faz a oficina se tornar profundamente significante para quem dela participa.

Depois da discussão, os alunos e as alunas são estimulados(as) a, individualmente ou em grupo e com a orientação do professor ou da professora, criar ou iniciar a criação de uma obra autoral em qualquer linguagem em que desejem, e buscando expressar com ela características pessoais que compõem sua singularidade (esse é um ponto FUNDAMENTAL que deve ser enfatizado).

Uma vez que as oficinas ideais são curtas, com não mais que 5 encontros, é vital que a apresentação do conteúdo e a discussão durem em torno de 45 minutos a 1 hora, com abertura de espaço para a criação posteriormente. Por isso, oficinas de animê são as mais fáceis, uma vez que os episódios típicos dos animês seriados têm em torno de 25 minutos. Recomendo que, no caso de uso de uma série ou filme, a duração dos trechos selecionados não ultrapasse esse limite. Uma canção, obviamente, pode ser apresentada inteira sem maiores problemas.

As criações dos alunos e das alunas devem ser bem embasadas e bem orientadas para que se tornem bons *conceptings*, porque mesmo em uma oficina de cinco encontros, finalizar qualquer tipo de criação é muito difícil. Mas este é um segredo das O.P.E.R.A.S.: o objetivo é a geração de muitos *conceptings* e não a finalização de muitas obras.

Essas oficinas foram formatadas para gerar pensamentos conceituais amplos, variados e conectáveis, e não para transformar todos os alunos e todas as alunas em artistas. Obviamente, os/as estudantes devem ser estimulados(as) a finalizar suas criações fora da oficina, mas o importante é que saiam dos encontros com ideias sólidas e bem elaboradas.

Para que o modelo de funcionamento das oficinas fique ainda mais claro, ofereço agora um quadro da estrutura de uma oficina, na linha do tempo, considerando um encontro de 1 hora e 30 minutos. Essa proposição também vale para cada um dos encontros de uma oficina de qualquer número de encontros, na qual o professor deve programar uma apresentação e um entendimento progressivos do(s) produto(s) cultural(is) abordado(s).

ORDEM	TEMPO	DESCRIÇÃO
1	0 a 5 minutos	Explicação clara e curta sobre o(s) produto(s) cultural(is) abordado e sobre possíveis relações culturais e simbólicas com outras obras de arte e contextos.
2	5 a 30 minutos	Exibição do episódio ou dos trechos selecionados ou da música escolhida (pensando em 1 episódio de animê)*.
3	30 a 50 minutos	Análise da obra e discussão coletiva.
4	50 minutos a 1 hora e 30 minutos	Espaço de criação de obras em qualquer linguagem pelos alunos e pelas alunas, individual ou coletivamente, baseadas nos conceitos e nas construções criativas da obra analisada.

* No caso de uso de vários trechos de filmes ou de séries, o tempo dos itens 2 e 3 pode ser dividido, com a discussão coletiva de cada trecho após sua exibição.

Após a demonstração da linha do tempo de um encontro típico, gostaria de oferecer propostas de oficinas de 1, 2 ou de 3 encontros, que seguem o modelo de funcionamento proposto.

1. ALICE NO PAÍS DAS MARAVILHAS, *ALICE MADNESS RETURNS* E *O ALIENISTA*

O que são: Livro de Lewis Carroll, *game* da Spicy Horse e da Electronic Arts e livro de Machado de Assis

Duração: 3 encontros de 1 hora e 30 minutos cada

ENCONTRO 1		
ORDEM	**TEMPO**	**DESCRIÇÃO**
1	0 a 5 minutos	Explicação clara e curta sobre *Alice no País das Maravilhas*, de Lewis Carroll. Mostrar que ele virou uma obra de referência citada em várias mídias e que discute a questão da loucura.
2	5 a 30 minutos	Leitura e/ou exibição de trechos selecionados, como o poema de abertura e trechos selecionados do Capítulo VII, "Um chá muito louco" (essa citação tem como base a edição da L&PM, de 1998), em que se discute a loucura. Exibição das ilustrações originais do livro, de John Tenniel (podem ser encontradas na *web*).
3	30 a 50 minutos	Análise da obra e discussão coletiva. Se forem lidos vários trechos, discussão após cada um deles e durante a exibição das imagens.
4	50 minutos a 01 hora e 30 minutos	Espaço de criação de obras em qualquer linguagem pelos alunos e pelas alunas, individual ou coletivamente, baseadas nos conceitos e nas construções criativas da obra analisada.

ENCONTRO 2		
ORDEM	**TEMPO**	**DESCRIÇÃO**
1	0 a 5 minutos	Explicação clara e curta sobre o *game Alice Madness Returns*. Deixar claro que o *game* é uma adaptação livre do livro de Lewis Carroll. Propor o conceito de adaptação como recriação da obra original e de seu pensamento, como se a adaptação continuasse a obra original. Esse modelo de criação pode servir de modelo para as criações dos alunos.
2	5 a 50 minutos	I. Jogar do trecho *Always Elvenses* do *game* e mostrar imagens de Alice sendo atacada por guardas-carta (são facilmente encontradas na internet, procurando por "alice madness returns card guards"). Comparar essas referências com passagens do livro de Carroll, por meio de imagens específicas: a que abre o Capítulo VII (página 89) e a imagem de Alice sendo atacada por cartas, na página 171.* Nesses trechos citados do *game*, a chaleira e as cartas viram inimigos que Alice tem que enfrentar, e essa é uma liberdade criativa que o *game* toma. II. Jogar do trecho *Harder they fall*, em que Alice fica gigante e tem que lidar com inimigos pequenos, de maneira diferente da que estava habituada. Mostrar que esse trecho tem relação com a obra *Viagens de Gulliver*, de Jonathan Swift. Nos dois momentos, os alunos podem jogar também, para estimular a interação.
3	50 minutos a 1 hora e 30 minutos	Espaço de criação de obras em qualquer linguagem pelos alunos, individual ou coletivamente, baseadas nos conceitos e nas construções criativas da obra analisada. A criação pode continuar os desenvolvimentos do encontro anterior.

*Marcações referentes à edição do livro da L&PM, citada anteriormente.

ENCONTRO 3		
ORDEM	**TEMPO**	**DESCRIÇÃO**
1	0 a 5 minutos	Explicação clara e curta sobre o livro *O Alienista*, de Machado de Assis. Dizer que é uma obra que discute o conceito de loucura.
2	5 a 50 minutos	Leitura de trechos variados, em que se define o que é a loucura, pontuando que esta definição sempre muda e que é essa a estratégia do autor para engendrar a discussão.
3	50 minutos a 1 hora e 30 minutos	Espaço de criação de obras em qualquer linguagem pelos alunos, individual ou coletivamente, baseadas nos conceitos e nas construções criativas da obra analisada. A criação pode continuar os desenvolvimentos dos encontros anteriores.

2. "GENI E O ZEPELIM"

O que é: Música de Chico Buarque

Duração: 1 encontro de 1 hora e 30 minutos

ORDEM	TEMPO	DESCRIÇÃO
1	0 a 5 minutos	Explicação clara e curta sobre a canção, a questão dos estereótipos e a relação com a ficção científica (o zepelim, como explicado anteriormente)
2	5 a 10 minutos	Audição da música
3	10 a 50 minutos	Análise da obra e discussão coletiva, com possibilidade de uma segunda audição, após os apontamentos. O professor também pode mostrar trechos significativos da letra, como o refrão que condena a personagem e a parte em que o prefeito, o bispo e o banqueiro pedem à Geni que passe a noite com o conquistador, pois eles são representativos da administração pública, da igreja e do empresariado.
4	50 minutos a 1 hora e 30 minutos	Espaço de criação de obras em qualquer linguagem pelos alunos, individual ou coletivamente, baseadas nos conceitos e nas construções criativas da obra analisada.

3. *ELFEN LIED*

O que é: Animê de Mamoru Kanbe

Duração: 1 encontro de 1 hora e 30 minutos

ORDEM	TEMPO	DESCRIÇÃO
1	0 a 5 minutos	Explicação clara e curta sobre o animê, deixando claro que ele trata sobre a emergência de uma nova raça de humanoides que ameaça a existência da humanidade e que trata também da convivência entre pessoas diferentes e sobre liberdade.
2	5 a 30 minutos	Exibição do episódio 1 do animê.
3	30 a 50 minutos	Análise da obra e discussão coletiva, com base na necessidade e nas dificuldades de convivência entre as duas raças. É possível focar nos primeiros 8 minutos, nos quais Lucy está presa e se liberta. Para discutir a questão da liberdade, usar o trecho final desses primeiros 8 minutos, em que Lucy opta por levar um tiro na cabeça para se libertar.
4	50 minutos a 1 hora e 30 minutos	Espaço de criação de obras em qualquer linguagem pelos alunos, individual ou coletivamente, baseadas nos conceitos e nas construções criativas da obra analisada.

4. SPOTIFY

O que é: Serviço on-line de músicas

Duração: 1 encontro de 1 hora e 30 minutos

Observação: Para esta oficina, é preciso ter o Spotify Premium, a versão paga do serviço.

ORDEM	TEMPO	DESCRIÇÃO
1	0 a 5 minutos	Explicação clara e curta sobre o conceito do Spotify e o funcionamento do serviço, que disponibiliza uma quase infinidade de músicas por um preço muito baixo. Dizer que essa é uma tendência de desenvolvimento de mercado e de conceito, como no caso da Netflix.
2	5 a 50 minutos	Lançar um tema, como "drogas", e montar com os alunos uma lista de músicas a ser escutada depois, como "*Playlist*" (um dos serviços que o Spotify presta é permitir que os usuários criem suas listas de músicas personalizadas, bastando acessar o menu "Criar *playlist*" (no computador, Windows) ou o menu "Sua Biblioteca" e o sinal de "+", à direita e no alto da tela (nos *smartphones* Android).
3	50 minutos a 1 hora e 30 minutos	Espaço de criação de *playlists* pelos alunos, individual ou coletivamente, baseadas no tema adotado.

5. *BLACK MIRROR*

O que é: Série, disponível na Netflix

Duração: 1 encontro de 1 hora e 30 minutos

ENCONTRO 1		
ORDEM	**TEMPO**	**DESCRIÇÃO**
1	0 a 5 minutos	Explicação clara e curta sobre a série, deixando claro que as discussões feitas são a respeito das tecnologias, em especial das ligadas ao computador e à *web*. Dizer que há vários elementos de ficção científica e que a visão de presente e de futuro é distópica, ou seja, pessimista com relação ao que as tecnologias podem proporcionar.
2	5 a 53 minutos	Exibição do episódio 3 da Primeira Temporada, "Toda a sua história".
3	50 minutos a 1 hora e 30 minutos	Análise da obra e discussão coletiva, com base nos benefícios e nos possíveis malefícios que as tecnologias podem trazer. Uma memória do tipo que é apresentada na série é desejável, ou isso seria, na verdade, bem ruim? OBS.: Pensando na "Possibilidade 1" do item 2 do segundo encontro, se os alunos quiserem rever algum trecho do episódio no encontro seguinte, peça a eles que marquem seu início e fim, na linha do tempo da Netflix.

ENCONTRO 2		
ORDEM	**TEMPO**	**DESCRIÇÃO**
1	0 a 5 minutos	Retomada das explicações sobre a série, e citação dos pontos mais polêmicos da discussão do encontro anterior.
2	5 a 50 minutos	Possibilidade 1: Reexibição de trechos selecionados, escolhidos pelos alunos ou pelo professor. Discussão após cada trecho. Possibilidade 2: Apresentação em Powerpoint ou programa correlato, feita pelo professor, falando sobre os principais pontos do episódio, usando, preferencialmente, imagens colhidas da série.
4	50 minutos a 1 hora e 30 minutos	Espaço de criação de obras em qualquer linguagem pelos alunos, individual ou coletivamente, baseadas nos conceitos e nas construções criativas da obra analisada.

Esses exemplos de oficinas são modelos que podem ser usados literalmente ou adaptados para o uso de quaisquer referências artísticas, de acordo com as necessidades de cada escola e de acordo com a formação de cada professor e professora. Os alunos e as alunas devem ser orientados(as) a, se forem propor alguma oficina, usarem este modelo como base.

Com certeza, o desenvolvimento das oficinas trará sugestões de novos produtos culturais a serem abordados e, principalmente quando essas sugestões vierem dos(as) estudantes, devem ser acolhidas e fomentadas.

CAPÍTULO 18

PARA UMA LUPINOGOGIA EM PRETO E BRANCO

Para Letícia Pena, tão loba branca,
tão cedo e para sempre

A palavra "lupinogogia" é um neologismo, derivado de "andragogia" e de "pedagogia". Pedagogia é um termo conhecido, originalmente relativo à educação de crianças, mas usado derivadamente como sinônimo de "ciência da educação" ou "método de ensino". Andragogia é a arte de ensinar adultos. Em seus contextos específicos e no contexto maior da educação, o que essas duas palavras deixam claro é a necessidade de uma abordagem específica para cada tipo de público.

Uma criança tem, normalmente, muito mais abertura e maleabilidade na aquisição e na elaboração de conceitos do que um adulto, e um dos motivos principais para isso é o fato de que tem menos tempo de exposição à cultura estabelecida. Em geral, também, a pedagogia costuma ter mais relação com a ludicidade, uma vez que a perspectiva de se educar um adulto tende a ser mais séria (em percepções muito generalistas, obviamente).

Aproveitando estes conceitos, é preciso definir o que seria uma lupinogogia. "Lupino" é referente a lobo e, então, a lupinogogia seria a educação de lobos, tomada simbolicamente. A referência para este tratamento é uma antiga e conhecida lenda cheroqui, em que um avô conta a história da batalha entre dois lobos a seu neto.

A narrativa é sobre uma guerra entre um lobo branco e um lobo negro, dentro de cada pessoa. O lobo branco representaria as forças da claridade, o que é bom, sereno, o que visa à tranquilidade e ao bem individual e coletivo. O lobo negro representaria as forças da escuridão, o mal, a agressividade e a raiva, associadas ao que é prejudicial e desagregador.

Na história original, o menino pergunta ao ancião qual dos lobos vencerá, ao que o homem responde algo como "aquele que você alimentar mais". Obviamente, há uma tendência a se pensar a vitória do lobo branco como a mais desejável, uma vez que o lobo negro parece representar apenas coisas negativas. Entretanto, há mais meandros de significação nesta pequena parábola.

Os lobos têm uma imagem ruim na cultura, sendo muitas vezes vistos como animais cruéis e maldosos. Parte dessa percepção equivocada é originada no fato de que, em alguns contextos sociais e culturais, o lobo foi associado, por exemplo, à bruxaria e a pactos com o demônio, além da relação com a licantropia (uma doença mental em que o[a] acometido[a] pensa estar transformado em um lobo) e com as lendas dos lobisomens.

Para constatar rapidamente o impacto deste tipo de perspectiva, basta uma busca de imagens na *web*. Uma parte considerável das imagens que retornam da pesquisa pela palavra "lobo" são associadas a algum tipo de violência ou potencial de agressividade. A figura do lobisomem e sua evidente conotação negativa, nas lendas em que homens que se transformam em lobos, sendo controlados por uma natureza animal que na maior parte das vezes leva a situações de violência, é representativa disso. O clássico conto infantil "Chapeuzinho vermelho" também é parte desse contexto.

Uma busca pelas palavras "lobo branco" traz mais imagens tranquilas, mais iluminadas e serenas. A digitação de "lobo negro" traz imagens mais agressivas, de animais atacando, com dentes à mostra e olhos vermelhos. Então, o mito cheroqui e seus significados são bastante atuais e conhecidos. Por isso, tomo a liberdade de utilizá-lo em um contexto muito específico deste livro e de sua proposta educacional. A lupinogogia que proponho não é, obviamente, nenhum tipo de adestramento de animais, mas sim o utilizar de uma perspectiva que se valha da história e da simbologia do lobo branco e do lobo negro como modelo de construção de uma ótica e de um posicionamento pessoal e profissional.

Creio que a simplicidade das metáforas da história tradicional cheroqui é um excelente instrumental, pois ela expõe conceitos elaborados de maneira clara e eficiente. O simples é o complexo bem resolvido e, se é possível pensar em alguma superficialidade de sua mensagem, é também possível entender essa superficialidade como apenas uma passagem para profundidades mais significantes.

Vou apresentar uma visão bastante pessoal dessa narrativa, baseada em minha experiência educativa e em minhas percepções como educador que se preocupa com o desenvolvimento cognitivo e emocional de seus alunos e de suas alunas.

Em alguns momentos, minhas colocações vão tocar em pontos que são da psicologia e de outras ciências que não são minha área de formação, e por isso é importantíssimo dizer que o que estou apresentando são pontos de vista baseados em experiências educacionais pessoais, e não desenvolvimentos que se pretendem verdades absolutas sobre áreas em que outras pessoas poderiam falar mais tecnicamente.

Todavia, também gostaria de colocar que, justamente pelas experiências pragmáticas, creio que as colocações que apresentarei têm sentido, pois elas não são fruto de experiências isoladas ou de casos específicos, mas sim generalizações que são capazes de fornecer instrumentalização bem definida para o tipo de proposição educativa que apresento.

Retomando a lenda cheroqui, é importante dizer que alguns desenvolvimentos diferenciados da história da guerra entre o lobo branco e o lobo negro apontam a necessidade de se alimentar os dois lobos, pois, do contrário, o lobo negro, sempre relegado a segundo plano, se tornaria mais e mais raivoso, sempre à espera da mais insignificante das brechas para manifestar seu poder destrutivo.

É este o ponto principal da lupinogogia que proponho: alimentar os dois lobos, com a conscientização do papel de cada um. Em minha experiência na educação de crianças e principalmente de jovens, percebo muito claramente a existência de infindáveis e poderosos lobos negros que não com pouca frequência predominam sobre os lobos brancos.

Isto acontece, creio, porque as novas gerações são mais sensíveis e mais autoconscientes, o que as leva a ser mais focadas no desenvolvimento de suas subjetividades e de suas singularidades. Ou seja, isso as leva a olhar mais para dentro de si, e significa, invariavelmente, enfrentar aspectos de formação pessoal que podem fazer aflorar características que, no convívio social, costumam ser sufocadas ou escondidas.

É como o dificílimo exercício de se olhar no espelho durante um longo tempo, de frente e em silêncio: o pensamento começa a explorar regiões normalmente obscuras da mente, das lembranças e das significações construídas, trazendo à tona traumas, revelações, percepções e verdades que são complicadas de se enfrentar.

Este ponto de vista é importante porque, em definitivo, trabalho com a noção de que estamos diante de "gerações lobo branco", capazes de desenvolver e de trazer o melhor de si para a sociedade, em níveis cada vez mais altos e cada vez com mais impactos positivos e profundos. Todavia, também vejo os "efeitos lobo negro" sobre essas crianças e sobre esses(as) jovens, em variadas formas, que variam da apatia à autodestruição.

Como, então, lidar com isso? Muito provavelmente, a resposta está ligada à desconstrução da dicotomia branco-preto, uma das raízes simbólicas da história dos dois lobos. Na maioria dos contextos sociais, o branco está ligado ao positivo, enquanto o negro está ligado ao negativo. Na série de filmes *Star Wars* (iniciada em 1977), por exemplo, o lado obscuro é chamado de "o lado negro da força". A popular expressão "A situação está preta" é também evidência dessa significação.

A desconstrução desta dicotomia para sua reconstrução em uma lupinogogia em branco e preto pode ser extremamente benéfica. E isto é tão simples quanto a estrutura de significação do mito cheroqui. Trata-se, fundamentalmente, da conscientização acerca da existência dos dois lobos e de se tratar bem cada um deles, com alguma diferença nos tratamentos concedidos.

Uma lupinogogia deveria, ao pé da letra, ser o ensinar de lobos. Todavia, no sentido que a trabalho, ela é "ensinar sobre lobos", ensinar sobre o lobo branco e sobre o lobo negro. E não é necessário uma "Oficina de lobos" ou qualquer coisa do tipo, ou uma palestra algo cafajeste sobre "Como ser um lobo branco e espantar os lobos negros da sua vida".

Para o estabelecimento de uma lupinogogia, é preciso ensinar o claro e o escuro, os altos e os baixos, a alegria e a tristeza. É preciso ensinar a conviver com opostos, a conviver com os dois lobos. É preciso ensinar às novas gerações que, ao contrário do que dita a cultura da superficialidade a ser exposta nas mídias sociais, a vida é mais que tirar *selfies* descoladas para postar no Facebook e no Instagram.

Uma lupinogogia bem-sucedida provavelmente se valeria da metáfora cheroqui dos dois lobos em associação com outros produtos culturais. Creio, na verdade, que é possível aplicar a história e os conceitos dos dois lobos sobre quase qualquer narrativa (por exemplo, sobre a narrativa de *O Senhor dos Anéis*). Portanto, uma vez ou outra se pode explorar a lenda cheroqui em si, mas o mais efetivo será aplicá-la como eixo de análise associado.

Valores positivos para o lobo branco, valores negativos para o lobo negro, mas com uma diferenciação: não ficar na discussão simplista de "bom" e "mau". Nem é preciso se falar em um lobo cinza, por exemplo, embora talvez essa metáfora também seja aplicável. O que é a essência deste trabalho é a clarificação de que o lobo negro também é imprescindível.

A cultura de uma felicidade superficial, de "uma felicidade para tirar *selfies*" se instalou como um câncer poderoso na sociedade, há tempos. A publicidade e a TV aberta, em especial, são especialistas nisso, e é estarrecedor notar o quanto de formatação de pensamento e ação há nesses setores: assistir à programação de domingo dos canais abertos ou aos programas de auditório é assistir a um show de horrores, em que se ensina uma vida subjugada pela indústria cultural, em que se dá "instruções de bem viver" que são, na verdade, apenas o reforçar de seus ditames e de seus parâmetros, de suas nefastas normoses.

Felizmente, percebo que as novas gerações, em especial as crianças e os/as jovens mais fora da curva, normalmente se afastam desses constrangimentos culturais. As singularidades das novas gerações são tão desenvolvidas que não acatam, de nenhuma maneira, essas depreciações da inteligência coletiva e individual.

O problema é que, sendo essas crianças e esses(as) jovens tão singulares e diferenciados(as), por conviverem no seio desta cultura da pasteurização midiática e com (ou contra) um modelo educacional que não é feito para desenvolver peculiaridades, tendem a se bater de frente contra todas essas coisas.

Quando fazem isso, geram para si um lobo negro. Estendendo o significado da lenda, é possível pensar o significado do lobo negro como o de um guerreiro que luta de todas as formas por sua sobrevivência física e cognitiva, mas em geral as crianças e os/as jovens não sabem elaborar direito esta metáfora. Por conta de sua inexperiência de vida, é comum que o que aconteça é a geração de um lobo negro típico da lenda indígena, o que tem raiva, é traiçoeiro e prejudicial.

O principal problema do lobo negro é que ele se volta contra seu hospedeiro. No mais das vezes, o problema não é que, por exemplo, o/a jovem se torne agressivo contra outras pessoas, mas, sim, contra si mesmo(a). Começa, infelizmente, um processo de autossabotagem, de machucados autoinfligidos. É um processo muito dolorido psicologicamente, que também leva à construção de uma culpa que na verdade não tem causa real ou sentido, mas que nem por isso se torna menos potente.

Quando algo assim é iniciado, é muito difícil sair dessa linha de ação, até porque o lobo negro tem seus encantos: força, reação, impacto, sensação de poder e de independência, agressão a um mundo que machuca. Todavia, o lobo negro é também um abismo que se autorreplica, e sua destruição continua ficando a cada dia mais forte.

Naturalmente, a solução é o lobo branco, mas é muito difícil ao menos pensar nele quando o lobo negro está tão em evidência. Nesses momentos, o lobo branco parece demasiado inocente, demasiado leve e despropositado, fora da realidade. Inocente e bobo, até. E é exatamente por conta disso que a lupinogogia tem que prever o balancear dos dois lobos.

É preciso que a lupinogogia seja associada ao processo de ensino, ensinando a ver os altos e os baixos. Há ferramentas para isso. O cinema hollywoodiano, por exemplo, que as crianças e os/as jovens estão em larga medida acostumados a acompanhar, se vale muito de um modelo narrativo que é a jornada do herói, que prevê que a narrativa tenha, além de alguns outros pontos-chave, justamente os altos e os baixos.

Animês, *séries* e games também utilizam essa estratégia de construção de narrativas, até porque ela é ancorada na própria vida humana, instável em seus momentos de lobo branco e de lobo negro. Histórias que apresentam esse trânsito entre momentos fáceis e difíceis, com maior ou menor gradação, parecem e são, realmente, histórias mais verossímeis, mais assemelhadas à vida real, ainda que fortemente ancoradas em fantasias muito bem desenvolvidas.

Como esse modelo é quase universal, é possível pensar na aplicação da lupinogogia em todos ou em quase todos os trabalhos lúdicos que se possa desenvolver em uma escola. Nas oficinas que este livro propõe, certamente a lupinogogia pode ser exercida em sua forma mais contundente: na construção de uma perspectiva de equilíbrio entre os dois lobos, que valorize justamente este equilíbrio e que, principalmente, ensine as novas gerações a lidar com o lobo negro.

Não se trata apenas de uma perspectiva inocente do "tudo passa", mas sim um processo de autoconscientização e de empoderamento que se firma com base no entendimento que o lobo negro também é parte, que às vezes é possível sentir-se mal ou triste, que às vezes é preciso (ou necessário) sentir raiva, medo, dor. O modelo de felicidade que se divulga, em especial nas mídias, é um modelo radicalmente contra esta consciência, pois é focado em uma felicidade falsa e asséptica que serve para ser fotografada e divulgada como seu próprio reforço, e é contra isto que a lupinogogia se agiganta, primordialmente.

A lupinogogia é, então, consciência. É preciso que se ensine crianças e jovens a transitarem por esses momentos de baixa, sem que se sintam as piores pessoas do mundo quando isso acontece. É necessário ensinar a ver que o desfavorável pode ser entendido como um momento, porque, principalmente para as novas gerações, que são mais singulares e/ou introvertidas, esses momentos sempre parecem como apontamentos de falha em algum aspecto vital de suas posturas e de suas atuações.

É preciso, também, abrir espaço. Deixar que as novas gerações falem, transformar a sala de aula e as oficinas em espaços abertos de diálogos que permitam a fuga do padrão e o levantar de vicissitudes. Naturalmente, não é preciso que o foco seja direcionado para os problemas que as novas gerações possam ter, mas é preciso estar aberto(a) e atento(a) para quando, mesmo em comentários que parecem superficiais, o lobo negro assoma e mostra suas garras e dentes.

As novas gerações são mais suscetíveis a esses momentos de baixa, simplesmente porque suas subjetividades são mais afetadas por serem mais sensíveis. Uma educação para essas crianças e para esses(as) jovens tem que levar isso em consideração, tem que saber se debruçar sobre as sutilezas de alguns comentários que podem esconder uma afetação maior pelo lobo negro.

Não é preciso e nem prudente construir a fantasia de que tudo são flores. O que é necessário é pontuar o lobo negro como apenas uma parte, como algo inerente à própria natureza humana e que pode ensinar muito. Se uma criança ou um(a) jovem sente e aprende a identificar que mesmo seus momentos menos favoráveis são também ele ou ela, são também congruentes e coerentes com sua vida, que eles não agridem sua condição humana e social, se tornam mais conscientes e capazes de lidar com as provações naturais da vida.

Em outras palavras, aprendendo a lidar com o lobo negro as novas gerações se tornam mais capazes de gerar seus lobos brancos, e essas novas gerações são especialistas em gerar lobos brancos. É uma questão, creio, de produção de serenidade, de tranquilidade, de equilíbrio.

Próximo dos exames e vestibulares, por exemplo, é muito comum que lobos negros ligados à sensação de incapacidade, de não haver estudado o suficiente, de ser pior que outros e de não ser capaz de suprir as expectativas familiares e da escola surjam. Os alunos e as alunas, muitas vezes, são "outras pessoas" nos dias anteriores aos exames e vestibulares que mais os importam, ficando às vezes tão transtornados que seus esforços de aprendizado durante o ano letivo podem ser radicalmente enfraquecidos por sua condição psicológica.

E é muito triste ver potencialidades se perderem por conta desta falta de elementos para lidar com as adversidades. As novas gerações precisam ser ensinadas a transitar por este universo de lobos brancos e negros, extraindo clareza dos dois.

É preciso uma postura atenta e firme na construção desta lupinogogia. A necessidade disso pode ser sentida com um simples exemplo: muitas pessoas tendem a ver a síndrome do pânico e a depressão como "frescura" ("mimimi", numa hedionda definição que está na moda) e como sinal de simples imaturidade, mesmo que sejam condições psicológicas reconhecidas como carentes de cuidados médicos.

A sociedade e sua superficial construção de felicidade midiática não quer abrir espaço para os lobos negros, ou melhor, quer fingir que eles não existem. É preciso se opor a isso, é preciso dar voz aos lobos negros e usá-los para a construção de lobos brancos. Creio que cada enfrentamento de lobo negro gera, quase automaticamente, um lobo branco, correspondente e mais potente que seu irmão de pelos escuros.

Não é preciso muito, quase mais nada além de usar a lupinogogia como perspectiva agregada à educação, e dar espaço para que as novas gerações construam e apresentem seus dois lobos com calma e segurança, em espaços em que se saberão acolhidos para isso. Essa postura, claro, requer abertura e compromisso, mas esses dois atributos são, ou deveriam ser, inerentes a qualquer educador ou a qualquer educadora.

Abrir as pradarias de aulas e oficinas para que os lobos brancos e negros das crianças e dos(as) jovens transitem por elas é garantir às novas gerações mais um instrumental precioso em sua formação e, certamente, também é receber os presentes maravilhosos que vêm de suas subjetividades e de suas singularidades.

CAPÍTULO 19

A PERSPECTIVA DA VALORIZAÇÃO E DA POSITIVAÇÃO

O foco no erro ou na deficiência é típico dos sistemas de ensino mais tradicionalistas. Nesses modelos, estudantes considerados(as) fracos(as) em uma disciplina são forçados a estudá-la mais do que deveriam e muito mais do que gostariam. O problema, além da coerção que quase ganha ares de tortura cognitiva, é que esse obrigar é totalmente improdutivo.

Como se sabe, o que se ganha com isso é apenas a formalização de um "apoio" ineficiente, ou seja, escolas, professores, professoras, pais e responsáveis, ao verem seus alunos e suas alunas ou filhos e filhas estudando a(s) disciplina(s) em que apresentaram pior desempenho, sentem que "estão fazendo alguma coisa", "colocando o(a) aluno(a) nos trilhos" ou algo assim. Adotar esses procedimentos já pode ter sido considerado educação, mas: 1) na verdade, nunca foi; 2) em relação às novas gerações, isso é ainda menos educacional, se é que isso é possível.

Esse antigo sistema é uma máquina perfeita de gerar frustração, pois faz perder tempo com conteúdos que são menos importantes para o(a) aluno(a) e que na verdade o/a atrapalham, já que estudar coercitivamente uma matéria cria sentimentos de inadequação e de revolta (digo, também, por experiência própria). A suposta inadequação ensina ou ao menos sinaliza ao/à estudante que ele(a) não se encaixa nos ambientes que convive; a revolta, mesmo que não seja expressa, ensina o ressentimento e a agressividade.

Esse tipo de orientação geral, ainda, não leva em consideração o fato mais interessante das novas gerações: justamente que elas não se encaixam. O número de crianças e de jovens fora da curva cresce exponencialmente, o que quer dizer que se tem que lidar, cada dia mais, com o aumento do número de estudantes acima da média.

Naturalmente, sob esta perspectiva, "acima da média" não quer dizer "com notas acima da média", pois isso realmente tem pouca importância. Não quero dizer com isso que o desempenho escolar tenha que ser de todo descartado ou desconsiderado, mas sim que é mais do que necessário que seja tomado como apenas um indicador, e não como uma absoluta definição de competência.

Em boa medida, o que as avaliações e os sistemas de ensino mais tradicionais medem é a capacidade que os/as estudantes têm de guardar informações e de raciocinar com elas, mas de uma maneira muito formal e, muitas vezes, desvinculada de contexto. Portanto, o que se cria é a exigência de um saber superficial que, apesar de ter algumas benesses, serve mais à engrenagem comercial do ensino do que ao ensino em si.

Notadamente, tudo isto está vinculado com a existência de sistemas de avaliações de entrada nas instituições de Ensino Superior que demandam esse conhecimento mais formalizado. Esses sistemas, infelizmente, continuarão, ao menos por um tempo considerável. Então, é preciso lidar com essas exigências, fornecendo às crianças e aos jovens instrumentos para isso.

Todavia, por conta das características peculiares das novas gerações, é necessário também outra abordagem, mais aberta, mais inclusiva de conteúdos e mais personalizada. Este livro é quase todo sobre a inclusão de conteúdos extraclasse na educação, e o tópico da individualização dos processos educativos será pensado neste capítulo sob o viés da conscientização e do empoderamento, por meio da valorização e da positivação.

As diretrizes generalizantes dos modelos educacionais tradicionais desmontam ou ao menos fortemente desestimulam o desenvolvimento das subjetividades e das peculiaridades das crianças e dos/das jovens. Este não é exatamente um crime, mas uma decorrência da própria natureza desses sistemas. A formação generalista pode ter funcionado por muitos e muitos anos e para várias gerações, mas ela definitivamente perdeu sua validade.

As noções da valorização e da positivação são capazes de fornecer, justamente, o tipo de suporte que a educação formal não consegue. Para que o entendimento dessas perspectivas se efetive, é preciso expor sumariamente de que se tratam essas noções.

Os pontos fracos devem ser enfocados como "pontos em que se pode melhorar" e desviados de qualquer significação negativista. Uma boa ideia para isto é evocar os talentos e as inclinações naturais, que são direcionados a um tipo de saber, valorizando aquilo em que os/as estudantes são bons/boas.

O foco de todo o trabalho deve estar nos pontos fortes. Os pontos fortes são enfatizados para alavancar todas as outras áreas: em vez de fazer um(a) estudante que não apresenta bom desempenho em exatas estudar repetidamente e contra sua vontade as disciplinas de Física, Matemática e Química, identificam-se seus pontos fortes – que podem ser a Biologia ou a História – e se usam esses pontos fortes para criar autonomia e confiança.

É esse tipo de abordagem que está presente no filme *Viva a Rainha!* (1996), da diretora Esmé Lammers, que abordei no capítulo "Lucy, Frankenstein, Sara e a liberdade para desenvolver talentos diferenciados". Na obra, a protagonista Sara só melhorou seu desempenho na escola quando teve valorizado seu talento em Artes e em conteúdos extracurriculares (no filme, esse conteúdo é o xadrez).

Acredito muito na capacidade dos alunos e das alunas em encontrar suas próprias formas de aprender e em sua habilidade de gerar o seu próprio conhecimento, que será o mais relevante que possam ter.

É por isso que um dos capítulos deste livro, "O metamétodo e a preparação de oficinas de cultura: linguagem, metalinguagem, sentidos profundos e recomposições", trata justamente disso. Os alunos e as alunas são perfeitamente capazes de encontrar suas próprias diretrizes, e tão mais forte desenvolverão isso quanto mais forte e constante for o apoio que recebem para tanto. Se não receberem esse apoio, terão uma de suas maiores alavancas desestruturada.

Trata-se de um "educar em prol", do dedicar-se aos alunos e às alunas para que cresçam pessoal e culturalmente, preferencialmente com a utilização correta, cotidiana e produtiva de suas potencialidades.

A orientação geral e as propostas educacionais deste livro são todas nesse sentido. A ideia é que, ao adotar produtos culturais aos quais as novas gerações têm apreço e adesão, o professor e a professora se mostrem abertos a elas de uma maneira natural, ficando próximo dos objetos de apreço de seus alunos e de suas alunas, e não postado em plataformas hierarquizantes e construtoras de distância.

Minha experiência docente diz que, quando se adota esta postura, os/as estudantes são estimulados(as) a pensarem profundamente sobre seus temas preferidos, o que os leva a pensar também profundamente sobre outros conteúdos e, assim, a serem mais intelectual e humanamente capazes.

O trabalho com a perspectiva correta também faz com que os alunos e as alunas confiem em sua educação e em seus processos de aprendizado, se dedicando mais e trazendo mais de si mesmos para as aulas e para suas atividades.

Quando o aluno e a aluna confiam mais, abrem espaço para que os professores e as professoras os/as afetem mais na construção do conhecimento, e até mesmo como modelo de atuação. Um bom professor ou uma boa professora sabe que tem esta prerrogativa e a sabe utilizar bem, se colocando como alguém imbuído(a) de alguma autoridade, mas também como alguém que compreende e que estimula.

Esse tipo de postura faz com que os alunos e as alunas naturalmente confiem mais e, por isso, concretizem mais os conhecimentos. Ainda, e provavelmente mais importante, essa confiança faz com que os alunos se exponham mais. Alunos que confiam mais no professor ou na professora se expõem mais em suas aulas, e mesmo os mais tímidos e menos confiantes encontram coragem e oportunidade para tecer suas observações.

Nas várias ocasiões em que trabalhei em sala de aula com *games*, animês e séries, simplesmente por conta da utilização desses produtos culturais e também por conta da confiança e da proximidade anteriormente cultivadas, os alunos e as alunas ofereceram o melhor de si, expondo considerações profundas e bastante elaboradas.

Isso é natural. Afinal de contas, eles(as) lidam com esses produtos culturais o tempo todo e, como os amam muito, pensam muito sobre eles, certamente relacionando seus conteúdos e sua linguagem a seus próprios contextos. Isto ocorre porque o amor que os alunos e as alunas dedicam a esses produtos culturais é em si um amor que quer conhecer em profundidade.

É por isso que as novas gerações se sentem acuadas e mesmo ultrajadas quando têm seus produtos culturais de afeição denegridos ou ridicularizados. É por isso que atacar um animê que um/uma jovem gosta é o mesmo que atacá-lo(a).

Portanto, o que quero deixar claro é que é extremamente necessário desenvolver uma perspectiva educacional que, na esteira da valorização e da positivação, seja ancorada no valorizar dos pontos fortes e que seja fundada no agir pelo progresso individual.

As novas gerações são peculiares, formadas por pessoas que precisam se desenvolver com liberdade, sendo valorizadas pelo que são e sem ter que se sacrificar em nome do lugar-comum, do politicamente correto e das coerções sociais. Cabe às escolas, aos professores e às professoras saber inserir, dentro de seus modelos, perspectivas paralelas e mais abertas que propiciem isto.

AGRADECIMENTOS

Este livro é fruto de muitas coisas, de muitas experiências e de muita gente. Se pude atuar como professor em cursos de diversos níveis desde 1998 até hoje, isso foi graças a muitos mestres e mestras, que foram abridores e abridoras de mente e de portas.

Minha formação pré-universitária foi toda realizada no Colégio XIX de Março, em Itajubá-MG. Por essa excelente formação, sou profundamente grato a meu tio, José Márcio de Melo Costa, que propiciou a mim e a todos os seus sobrinhos o frequentar da escola que foi, durante muitos anos, a melhor da região. Muito obrigado, tio, eu não teria atingido muitos patamares sem esta oportunidade.

Professores e Professoras (sim, as duas palavras com maiúsculas) como Nair Simões e Gilberto Cunha foram fundamentais, por exalar em suas aulas a extrema competência, o cuidado e um amor incondicional à educação. É da lembrança de suas aulas e das belas marcas que elas deixaram que extraio muito de meu *modus operandi*. Gilberto, você ia gostar de saber que passei a amar seus círculos de discussão dos quais me esquivava. Pena que você não está mais aqui para saber disso.

Foi a professora Mércia Carvana que me infundiu um amor profundo que cultivo até hoje: a literatura. Suas aulas estavam muito além da mera exposição de autores e escolas, eram eventos de cultivo da literatura e da leitura. Aqueles e aquelas que as souberam ouvir e fruir, adquiriram este belo verme que nos faz cheirar livros novos ou velhos, sempre ter uma longa lista de desejos e muito mais obras na estante do que conseguimos ler (uma biblioteca potencial de matriz Borgeana). Pena que você também não possa ler estas linhas.

Munira T. de Cerqueira foi provavelmente a primeira pessoa que me tratou como um adulto. Creio que o que veio de você foi um sentido de importância das discussões e da conversa informal construtora que até então eu desconhecia. Muito obrigado por isso, essa é a matriz mais forte de minha docência.

Sandra Ferreira foi quem, no Anglo de Itajubá, me deu ótimas aulas de redação e quem fez por mim um movimento vital: o de me tornar um autor reconhecido. Obviamente, não se trata de uma "aclamação best-seller", mas, sim, de propiciar o estabelecer da autoria, por conta do reconhecimento das argumentações e das referências nas redações, o que certamente lançou ecos que se consolidaram em meu trabalho e, em especial, em todo o meu lecionar sobre linguagem escrita e na tessitura de meu livro de redação.

Minhas professoras de piano têm também um papel fundamental. Leila Rezeck Biaso e Alba Regina, vocês me ensinaram a tocar este que considero o mais belo instrumento, construtor incomparável de percepções de linguagem e de significações. Certamente, minha sensibilidade musical e muito de minha inteligência começam em vocês. Leila, ainda que você esteja distante há tempos, seu amor gigantesco, seu sorriso franco e seus braços sempre abertos são belas e ternas lembranças, além de todo o aprendizado musical, que foi imenso. Alba, como outra pianista percebeu, a fôrma de minhas mãos, mesmo depois de longos anos de hiato, permanece. Seu registro sempre será o da dama silente e profunda, como a Galadriel de *O Senhor dos Anéis*. E sua herança mais linda você sabe muito bem qual é. Uma pena que outro hiato tenha se estabelecido.

Felizmente, a retomada das coisas boas é sempre possível e devo à Ana Carolina Taricio minha volta aos estudos de piano, realizada na escola Fermata, em Jundiaí, no ano de 2021. Ana Carolina, muito obrigado por toda a paciência, pelo constante estímulo e pela construção de percepções surpreendentes e inteligentes acerca da história e da linguagem da música, que certamente fizeram crescer muito minha capacidade de entender e de admirar esta linguagem e esta arte tão simbólica e encantadora. À escola Fermata, o meu franco e gigantesco agradecimento por construírem e por oferecerem um lugar tão propício ao aprendizado e ao engrandecimento da cultura.

No Yázigi, ainda em Itajubá, Simone Ellen Tiburcio era a professora mais terna e competente, e seu cuidado e doçura ainda me são próximos. Foi muito bom, inclusive, viajar para os EUA em sua companhia, para aprofundar nosso conhecimento da língua de Shakespeare, Neil Gaiman e Alan Moore. Patrícia Bocaiuva era a professora amiga sem deixar de ser uma ótima docente. Lembrando de você hoje, percebo que herdei de suas aulas a primeira matriz de interação natural, propulsora e não-acabrestada de contato com os alunos e com as alunas, e isso foi extremamente relevante, para toda a minha atividade como professor, em todos os lugares em que trabalhei.

Felipe foi um impacto surpreendente, ainda naquela escola de inglês. Suas aulas, que chego a pensar que não cabiam em si mesmas, eram sempre incríveis por elevarem o aprendizado de inglês ao nível do aprendizado cultural e da discussão edificante, na costura que fazia de suas muitas referências. "Puxa, dá para fazer isto", era o que eu pensava, e continuei fazendo e isso se tornou um *modus operandi* de minhas aulas.

Em dois meses de estudo no International English Institute, Carol foi uma professora atenta, muito competente e "a sight for sore eyes", como a protagonista da sublime série *Anne com "E"* provavelmente diria. Muito obrigado por sua presença, pela delicadeza e gentileza, pela competência e por aquele cartão.

Na Universidade de Mogi das Cruzes, onde me graduei em Publicidade e Propaganda, devo agradecer aos professores Eduardo Santos, Adolpho Caldeiron, Rafael Souza e Ricardo Zagallo. O professor Eduardo permitiu minha participação em um projeto visionário de cinema e o professor Adolpho deixou que eu trabalhasse em uma longa série de projetos educacionais impactantes, me orientando em todos eles.

Rafael Souza foi meu orientador de iniciação científica e meu primeiro modelo de diálogo acadêmico profundo. Nossas discussões sobre meu tema, o *Frankenstein* de Mary Shelley, repercutem até hoje, uma vez que sigo ministrando cursos sobre esta linda obra, em especial na Casa Guilherme de Almeida. Ricardo Zagallo foi quem me mostrou possibilidades de construção e principalmente de desconstrução do saber acadêmico padrão, e o primeiro a me colocar à frente de uma turma de graduação, em 2004.

Num evento com professores externos, conheci Dany Kanaan, que ministrava uma oficina sobre Clarice Lispector e que me apresentou muitas coisas interessantes, como o filme *Viva a Rainha!*, citado e trabalhado neste livro. Dany foi a primeira pessoa a me convidar para dar um curso de extensão e com certeza o responsável pelo início de um tipo de trabalho que estimo muito.

Na PUC-SP, Leda Tenório da Motta foi minha orientadora e mestra inconteste. Ter trabalhado com você em meu mestrado sobre *Watchmen* foi maravilhoso. Sua gentileza, sua ética e suas aulas profundamente cultas me elevavam a cada instante. Como eu já disse uma vez, meus livros sempre lhe serão devedores.

Ainda naquela universidade, Lucia Santaella foi também um modelo de competência a toda prova. Professora, suas aulas são sábias. Seus seminários Peirceanos reverberam em inúmeras instâncias de minha mente e ser, e seus livros são boa parte de minhas balizas.

Jerusa Pires Ferreira foi minha mentora e minha amiga. Pudemos dividir alguns cafés e almoços e trabalhamos em alguns projetos marcantes. Suas "aulas hiperlink" serão sempre meu maior modelo de recepção de conteúdos e de pessoas e sua memória estará sempre viva em mim. Ainda, por seu intermédio pude conhecer e conversar com Boris Schnaiderman, um grande mestre, como poucos. Pena que o senhor foi embora, professor, mas seus livros e sua sabedoria ficaram como presente para o mundo. E muito obrigado pelo chá e pelos dois livros com dedicatórias, um dos quais tem ainda uma missão a cumprir.

Na Universidade Federal de São Carlos, pude conhecer um grupo de pesquisadores muito competentes e completamente diferenciados, liderados pelo professor Valdemir Miotello. Estudávamos Bakhtin e isso por si só já é relevante, mas o mais importante era a natureza das interações. Miotello, muito obrigado por montar um contexto de profundidade dialógica e de polifonia tão construtor. E por me mostrar duas coisas: que meu trabalho de mestrado não era apenas estruturalista e que é possível ser, ao mesmo tempo, acadêmico e um *concierge* tão diferenciado. Lembranças carnavalizadas a seus asseclas: Pedro Bombonato, Fabrício Oliveira e Allan Pugliese.

Na Casa Guilherme de Almeida, devo profundos agradecimentos a Marcelo Tápia, Donny Correia e Simone Homem de Melo. Marcelo, sua ampla cultura e sua postura sempre aberta me são modelares e sinto muita honra em ter obtido sua confiança desde meu primeiro curso, ainda em 2010. Donny, obrigado por programar constantemente meus cursos, me permitindo falar de coisas tão díspares como Isaac Asimov, Guimarães Rosa, Jorge Luis Borges, *Alice Madness Returns*, *Frankenstein* e Katy Perry, e pelos sempre bons diálogos. Simone, nossas conversas não foram tão frequentes, mas sua cultura e sua cordialidade são sempre boas estrelas-guia para ter por perto. Denise Soaraes, muito obrigado pela assessoria constante em todos os cursos em que pude contar com sua colaboração e pela culta e instigante apresentação sobre a Gretchen, no meu – lendário – curso sobre a Katy Perry.

No Centro Universitário Belas Artes de São Paulo, onde lecionei nas pós-graduações de Direção de Arte em Comunicação e Design Digital e Novas Mídias, devo agradecer profundamente ao professor Elcio Sartori (você é uma sua ausência quase inconcebível no mundo, meu caro amigo e professor). Elcio foi quem me deu as primeiras oportunidades na instituição e quem sempre me apoiou em projetos paralelos, além de discutir comigo acerca do desenvolvimento profissional e pessoal dos alunos e das alunas, de uma forma que transbordava amor e atenção, o que foi um ensinamento como poucos poderiam oferecer.

Frederico Barbosa, que conheci como diretor da Casa das Rosas em São Paulo, além de me proporcionar atuar em alguns cursos naquele museu incrível, permitiu-me também trabalhar em um curso de design de jogos de tabuleiro no Colégio Equipe, que me possibilitou estabelecer inúmeros caminhos e padrões de trabalho, seguidos até hoje. Nossos diálogos cultos e abertos ficaram também profundamente marcados.

No Centro Universitário Senac/SP, Roberta Santos foi a melhor amiga e coordenadora possível, um paradigma para esta posição e atuação. O que pudemos fazer em parceria com os alunos e com as alunas, contra muitas marés negativistas da própria instituição, estabeleceu para mim um *modus operandi* e uma eterna esperança. Espero que, algum dia, possamos replicar aquela experiência tão impactante. Obrigado por todo o suporte e companheirismo, e também pela belíssima e nerdíssima apresentação desta obra.

À Theodomiro Carneiro Santiago, que para minha extrema alegria figura em minha árvore genealógica, devo o agradecimento pelo exemplo maior de construção de obra relevante destinada à uma comunidade de pertença. Além disso, fica a lição da polimatia, na forma de uma pessoa formada na área do Direito e fundador da instituição que, hoje, se tornou a Universidade Federal de Itajubá, referência internacional em qualidade de educação nas Engenharias e em outros campos do saber. Como ele mesmo diria: "Revelemo-nos, mais por actos do que por palavras, dignos de possuir este grande Paiz"*.

*Preservada a grafia original